공감
대화

공감
대화

존중과 치유로 가는 한 사람,
한 시간의 이야기

정병호 엮음

푸른숲

내가 공감대화의 필요성을 처음 느낀 것은 2000년대 초 탈북 청소년 적응 교육을 하는 과정에서 한국에 온 탈북 청소년들이 겪는 어려움을 목격하면서였다. 한국 학교에 편입한 함경도 출신의 한 아이는 서울말을 익히려고 연필을 입에 물고 연습했다. 이야기를 나눌 남한 친구도 없었지만 집에서 쓰는 말투가 묻어날까 봐 학교에서 거의 말을 하지 않는다고 했다. 운동회 날에도 부모에게 학교에 오지 말라고 했단다.

어떻게 위로해야 할지 막막했다. 그때 한 교사가 말했다.

"나도 서울에 처음 왔을 때 경상도 말만 하면 사람들이 쳐다봐서 속상했어. 지금도 가끔 힘들어."

아이가 눈을 크게 뜨고 사투리 억양이 남아 있는 교사를 쳐다봤다.

"서울 사람들, 참 웃기지?"

서울말을 하는 나는 내 안의 편견을 다시 돌아봤다.

'대화는 저렇게 하는 거구나.'

그때 탈북 아이들이 남한의 또래들과 자기 경험을 솔직하게 이야기할 기회가 있으면 좋겠다고 생각했다. 여러 해 뒤 그 생각을 남한, 북한, 다문화 배경 아동과 청소년을 위한 대화 프로그램으로 현실화했다.

한국에 입국한 북한 출신 아동과 청소년이 특히 힘들어하는 문제는 남한 사회의 편견, 또래와의 소통이다. 비록 남북 청소년의 피상적인 교류 행사는 많았으나 대개는 형식적이었고, 탈북 청소년은 '편견이 담긴' 질문을 받고 '듣고 싶어 하는' 대답을 하는 입장에 놓이곤 했다. 그런 자리를 경험한 탈북 청소년들은 남한 청소년과의 만남 자체를 꺼리게 되었다.

이런 방식의 집단교류 한계를 극복하고자 '남과 북, 그 막힘과 트임'이란 제목으로 남북 청소년들이 서로 자기 이야기를 하는 모임을 만들었다. 자기 이야기의 힘은 강력했다. 이것은 서로의 관점을 이해하는 계기로 작용하기도 했다. 그러나 이 모임은 모든 참가자가 직접 대화하는 소규모 만남이 필요하다는 사실도 확인해주었다. 몇 사람이 대표로 이야기하고 나머지는 관객으로 있는 행사보다 서로에 대한 인식 변화와 관계 형성이 가능하기 때문이다. 이 경험을 바탕으로 우리는 주로 20명 내외의 소집단이 서로 자기 이야기를 하는 대화 모임을 기획하기 시작했다.

2011년 나는 국가인권위원회 의뢰로 '이주민 인권 가이드라인' 마련을 위한 실태조사를 하면서 탈북민뿐아니라 조선족과 고려인을 비롯한 한민족 이주민도 한국 사회에서 겪는 차별에 따른 상처가 심각하다는 사실을 알았다. 이주민 집단끼리도 서로를 향한 편견이 강했다. 고민 끝에 우리는 상호이해를 위한 '한민족 디아스포라 워크숍'을 소규모로 시행했다. 우선 충분한 '자기소개' 시간을 정하고 자유롭게 이야기하는 집단대화를 진행했다.

참가자들은 억지로 자기 이야기를 해야 한다는 압박을 받지 않아서 좋다고 했다. 자발적인 집단대화 방식에 대한 만족도는 높았으나 자기 목소리를 충분히 내지 못하고 눌리는 마음으로 돌아가는 사람들도 있었다. 결국 모든 참가자가 온전하게 존중받는 평등한 집단대화 방법 개발이 중요한 과제로 떠올랐다.

2012년 9월, '동서포럼 Ost-West Forum'을 이끄는 악셀 슈미트 괴델리츠 Axel Schmidt-Gödelitz 대표와 함께 탈북민과 남한 사람이 참여하는 '남북한 주민의 삶이야기' 모임을 1박 2일 일정으로 기획했다. 동서포럼은 독일 통일 이후 사람들이 직접 만나 교류하면서 오히려 서로를 향한 편견과 오해가 깊어지는 역설적 현상을 극복하기 위해 시작한 집단대화 프로그램으로 학력·직업·지위가 다른 남녀노소 10여 명이 2박 3일 동안 자신의 '생애사'를 이야기하면서 함께 대화하도록 구성한다. 참가자 중에는 전직 대통령, 기업가, 노동자, 농부뿐 아니라 비밀경찰 출신과 고문 피해자도 있었다.

'남북한 주민의 삶이야기' 참가자들이 서로 공감하는 대화를 위해서는 출신·성별·세대 구성에서 균형을 맞춰 위축되는 사람이 없도록 섬세한 배려가 필요했다. 이 모임에서 모든 참가자는 한 시간씩 자신의 삶이야기를 한 뒤 질문과 대화를 나눴다. 한 사람의 이야기가 끝나면 2~3분 동안 그의 삶을 조용히 반추하는 되새김 시간을 보냈다. 개인적인 이야기를 해준 사람에게 보내는 존중의 표현이자 그 이야기를 들은 사람들이 마음을 가라앉히고 자신의 느낌을 성찰하는 시간이었다.

이 모임의 마무리 대화 자리에서 괴델리츠는 "한국문화는 독일문화에 비해 공감대화에 꼭 필요한 정서적 소통을 더 익숙하게 하는 특성이 있는 것 같다"라며 성찰적 대화 내용과 서로 아픔을 나누는 분위기에 감동했다고 말했다. 첫 번째 삶이야기 모임에서 사회를 본 나도 참가자들의 변화를 확인하고 깊은 감동을 받았다. 나아가 이처럼 평등한 공감대화의 장점을 잘 활용하면 차별당하는 소수집단 처지인 탈북민과 한민족 이주민뿐 아니라 경쟁 사회에서 갈등하는 남한 사람을 위한 프로그램으로 응용할 수도 있겠다는 생각이 들었다.

실험적인 '남북한 주민의 삶이야기' 프로그램 경험을 토대로 우리는 2012년 10월 말부터 한양대 글로벌다문화연구원을 중심으로 북한이탈주민, 중국 조선족, 러시아 사할린동포, 중앙아시아 고려인, 재일동포, 재미동포를 비롯해서 다양한 배경의 남한 사람들이 참여하는 '한민족다문화 삶의 역사 이야기'와 '경계를 넘는 삶이야기'라는 총 16회의 공감대화 모임을 진행했다.

삶이야기 모임에서는 배경이 다양한 참가자 6~8명이 1박

2일 동안 함께 지내면서 한 시간씩 자기 이야기를 하고 다른 사람들의 이야기를 들었다. 정치 이념을 비롯해 성별, 학력, 직업, 출신 지역 등 사회적 배경이 다른 사람들이 고루 참가하는 이 모임에서는 토론과 비판을 삼가고 판단을 유보했다. 대신 상대방의 삶이야기를 있는 그대로 존중하며 경청한 뒤 궁금한 부분이나 이해하기 힘든 점은 질문했다. 그렇게 한 개인의 이야기가 끝나면 짧게나마 매번 그 사람의 삶을 조용히 되돌아보는 시간을 가졌다.

모두가 존중받는 대화 자리를 마련하자 평소 눌려 지내던 여성과 소수자가 당당하게 자기 목소리를 내기 시작했다. 공식적인 자리에서는 밝히기 어려웠던 불법, 탈법 사실을 털어놓기도 했다. 식민과 분단 시대에 법 제도는 늘 지배집단 편이었으니 남성보다는 여성이, 공식보다는 비공식 생활전략 이야기가 더 큰 울림을 주었다.

특히 한민족 이주민 참가자들은 국경을 넘나들며 살아온 소수자의 생존전략을 들려주었다. 소련 체제 붕괴 후 연해주를 누비며 밀수로 자식들을 교육시킨 사할린동포 여성은 남한 식당에서 일하며 북한에 있는 자식들에게 몰래 송금하고 있는 탈북 할머니의 이야기에 바로 공감했다. 조선족 할머니도 중국 대기근 시기에 갖은 방법으로 곡식을 감춰 자식들을 굶기지 않았노라고 당당하게 이야기했다. 이들은 어려운 시대를 살아낸 어머니들의 억척스러운 생활력의 기억을 일깨우며 모든 참가자를 숙연하게 만들었다.

다른 참가자들의 지지에 힘입어 자신을 '삶의 주인공' 관점에서 돌아보고 과거의 자신과 화해하는 사람도 있었다. 애썼다고, 그때는 누구라도 그럴 수밖에 없었을 것이라고 자신을 토닥이며 앞으로 나아갈 힘을 얻은 것이다. 일곱 살 때의 기억에 울컥해서 5분 넘도록 침묵한 자신을 가만히 기다려준 다른 참가자들 덕분에 "중년이 되도록 넘지 못했던 일곱 살의 고갯길을 그때 비로소 넘을 수 있었다"라고 말한 여성도 있었다. 그녀는 "누구도 북받치는 내 침묵을 깨고 들어오지 않았다"라며 자기 인생에서 가장 중요한 '눈물 지점'을 존중받았기에 솔직하게 이야기할 수 있었다고 한다.

2014년 세월호 참사로 아이들을 잃은 안산 사람들의 상처는 깊었다. 그다음 해부터 우리는 3년간 '다문화 도시 공동체의 치유와 재생'을 주제로 한 삶이야기 프로그램을 진행했다. 세월호 관련 활동가뿐 아니라 공무원, 교사, 문화예술가, 통일운동가, 마을공동체 활동가, 이주노동자 등 다양한 사람이 참여한 이 대화 모임을 통해 지역사회에서 고립된 섬처럼 살아온 사람들은 전인격적 만남의 기회를 얻었고 지금까지와 다른 신뢰 관계를 형성했다.

자기 이야기를 하고 다른 사람들의 이야기를 조용히 들어줄 뿐인데 어떤 이는 "위로를 받고 생애가 확장되는 느낌"이었다고 했다. 충고와 조언과 평가로부터 자유로운 안전한 공간에서 자기 이야기를 하고 진지하게 들어주는 사람들을 만나는 외롭지 않은 시간, 다른 사람들의 이야기에 공감하며 자신을 돌아보는 시간, 고정관념을 떨치고 새로운 눈이 열리는 시간 그리고 그 시간을 함께하며 느끼는 해방감!! 그렇게 대화 모임을 거듭하며 우리는 이 프로그램을 '공감대화'라고 부르기로 했다.

'공감대화'는 평등한 조건에서 서로의 이야기를 듣고 질문하면서 다른 사람에 대한 자신의 인식을 성찰적으로 바꿔나가는 과정이다. 우리는 참가자의 성격과 대화 목적에 따라 각각 다른 명칭을 쓰면서 대화 방법을 변형해왔다. 프로그램 진행은 크게 네 가지 주된 과제를 염두에 두고 이뤄졌다. 바로 ① 다른 집단 구성원과의 상호이해, ② 다른 위치에 있는 사람들과의 평등한 만남, ③ 정당한 사회적 존재로서 소수자들의 의미 확인, ④ 참가자 개개인의 존중과 치유가 그것이다.

이 책은 우리가 지난 10년간 다양한 사람들과 함께 이야기를 나눈 경험을 모은 것이다. 그동안 열린 50여 차례의 모임에 아홉 살 어린이부터 아흔 살 노인까지 모두 약 300명이 참가했다.

1부, '평등한 시간, 평등한 공간: 아이들의 해방 체험'에서는 다문화 배경 초등학생들이 상처를 말하며 서로 연결된 이야기 캠프, 고려인 중학생들이 이산과 이주의 어려움을 나눈 이야기 모임, 통일교육과 다문화 교육을 연결하고자 시도한 고등학생들의 공감대화를 소개한다.

2부, '개인으로 이야기하기: 국적과 이념, 가해자와 피해자의 벽을 넘어'에서는 냉전 시대를 살아온 사람들이 체제, 이념, 국적이 규정한 적대 관계를 어떻게 극복하고 가해와 피해의 경계를 허물었는지 밝힌다. 나아가 국민, 국적, 고향이 다른 사람들이 겪는 문제를 소개하고 그 경계에 대한 본질적 질문을 던진다.

3부, '공감의 연결 고리를 찾아서: 여성, 이주, 가족'에서는 여성과 남성이 공감하며 연대의 파트너로 연결되는 순간과 공식적인 삶이야기 시간이 끝난 뒤 오히려 더욱 활발하게 이어진 비공식적 대화에서의 자매애를 소개한다. 나아가 배려와 환대로 시작하는 여성단체 조각보의 대화 모임이 동창 모임과 새로운 진행자 양성으로, 차별 사회를 바꾸기 위한 연대활동으로 이어지는 과정도 소개한다.

4부, '공감대화란 무엇인가'에서는 공감대화의 이론과 방법을 소개한다. 그리고 프로그램을 직접 시행해보고자 하는 사람들을 위해 '공감대화 프로그램 가이드'를 실었다. 아울러 부록으로 이 대화모임을 계기로 참가자들이 함께 실천한 활동 사례를 덧붙였다. 어린이집과 학교, 직장, 단체 등 다양한 곳에서 이를 활용해 서로 이해하는 관계가 넓어지길 바란다.

공감대화는 말보다 자리에 의미가 있다. 즉, 이야기 내용이 아니라 어떤 이야기라도 들어주는 사람들이 있어 울림을 준다. 또한 삶이야기는 신기하리만큼 한 사람의 삶의 맥락을 느끼게 해준다. 비유하자면 개개인의 삶이야기는 단편소설 같아서, 매번 모임마다 한 권의 소설집이 만들어진다. 때로는 주제가 연결된 하나의 장편소설이 되기도 한다. 저자들이 눈앞에서 들려주는 그 자전적 소설은 웃음과 눈물이 교차하는 감동과 재미를 안겨준다.

사실 한 시간 동안의 이야기가 전달할 수 있는 내용은 그 사람이 겪은 삶의 일부분에 지나지 않는다. 더구나 오래전 기억을 되살려 들려주는 이야기가 모두 사실일 리는 없다. 과장과 생략, 허구도 들어 있을 것이다. 그럴지라도 삶이야기는 그 사람이 '보여주고 싶은 자신', '살고 싶던 삶'의 갈구라는 점에서 현재의 그를 이해하게 해주는 진실의 한 단면이라고 할 수 있다.

삶은 모순적이다. 사회가 정한 규칙대로만 살 수는 없다. 운동경기도 전략적 반칙을 하지 않나. 살아가는 동안 누구나 실수도 하고 죄도 짓는다. 또 남몰래 반성도 하고 용서도 빈다. 불완전한 우리가 함께 살아가려면 서로의 단면만 보고 재빨리 판단하기보다 느리더라도 삶의 맥락을 이해하는 공감대화가 필요하다.

그동안 이 프로그램의 든든한 거점이 되어준 한양대 글로벌다문화연구원과 실천 연구를 뒷받침해준 한국연구재단에 감사드린다. 또한 연구자들이 쓴 글을 다양한 독자가 읽고 활용할 수 있는 책으로 만들어준 푸른숲 출판사 조한나 편집자의 창의력과 노고에 감사드린다. 마지막으로 지난 10년간 다양한 주제의 대화 모임을 함께한 참가자, 진행자, 연구자, 자원봉사자 들에게 감사드린다. 길 없는 길을 걸어온 우리의 시도가 서로 존중하는 사회로 가는 또 하나의 길이 되길 기원한다.

2022년 6월
저자들을 대표해
정병호

차례

1부

평등한 시간,
평등한 공간:

아이들의 해방 체험

1장

한국에서 '다문화'로 산다는 것: 상처를 말하며 서로 연결되다

이향규

상처받지 않고 살 수 있다면 얼마나 좋으랴. 그러나 그런 삶은 없다. 어린이부터 노인까지 누구나 살면서 저마다 상처를 입는다. 그것을 더러는 드러내지만 묻어두는 것이 더 많다. 묻어두면 시간이 지나면서 낫는 경우도 있으나 어떤 상처는 오래간다. 괜히 잘못 다루면 덧나기도 한다. 다른 사람에게 자신의 상처를 이야기하는 것은 치유에 도움을 줄까? 비슷한 상처를 입은 사람들끼리 모여서 이야기하면 더 큰 위로를 받을까? 위로를 딛고 앞으로 나아갈 힘을 얻을까?

아이들이 모였다. 사는 곳, 가정환경, 학교, 나이가 제각각이다. 한 가지 공통점이 있다면 '다문화'라고 불린다는 것이다. 몽골, 중국, 일본, 필리핀, 영국, 러시아 등 부모의 출신 국가가 제각각 다르다. 조금씩 다른 상황에 놓여 있는 그들은 각자 속상했던 이야기를 나누면서 비슷한 처지임을 확인했다. 그동안 어디에서도 하지 못한 이야기였다. 그들은 솔직하게 털어놓고 맞장구치고 공감했다. 그리고 마음이 가벼워졌다.

다문화 학생들이
한자리에 모이기까지

이 글은 2013년 5월 한양대학교 글로벌다문화연구원(이하 '연구원')이 다문화 학생들과 1박 2일 동안 진행한 이야기 캠프를 바탕으로 기록한 것이다. 캠프 기간에 이들은 자신이 학교에서 받은 차별 경험을 이야기했다. 이 책에서 소개하는 다른 삶이야기 프로그램과 달리 이 모임은 이야기 주제가 분명했고 진행자의 질문도 미리 정했다. 형식이 다른 캠프인데도 여기에 소개하는 이유는 '이야기'가 어떻게 공감과 이해, 위로를 끌어내는지 그 힘을 보여주기 위함이다.

2021년 4월 기준으로 한국에는 16만 명이 넘는 다문화 학생이 초등학교, 중학교, 고등학교에 다니고 있다. 다문화 학생은 부모가 국제결혼을 해서 부모 중 한 명이 외국인이거나 부모 둘 다 외국인인 초·중·고 학생을 말한다. 국제결혼 가정 자녀(82.2퍼센트)가 외국인 가정 자녀(17.8퍼센트)보다 훨씬 많다. 외국인 부모의 출신 국가는 베트남(32.2퍼센트)과 중국(31.8퍼센트, 한국계 포함)이 가장 많고 그다음으로는 필리핀(10.0퍼센트), 일본(5.2퍼센트) 순이다. 그 외에 태국, 몽골, 캄보디아, 말레이시아, 인도, 러시아, 미국, 우즈베키스탄 등 매우 다양하다(〈2021년 교육기본통계〉).

현재 다문화 학생 비율은 전체 학생의 약 3퍼센트다. 아직 전체 학령인구 가운데 큰 비중을 차지하지는 않지만 저출산으로 학령인구가 급격히 감소하는 상황에서 다문화 학생 수가 증가하는 것이라 그 비율은 계속 높아질 전망이다. 다시 말해 문화 배경이 다양한 아이들이 한 반에 같이 모여 공부하는 것은 점점 더 자연스러운 모습이 될 것이다.

당시 연구원은 '이주배경청소년지원재단'의 요청으로 '청소년을 위한 다문화 감수성 교육 프로그램 개발 연구'를 수행하고 있었다. 다문화 감수성 교육이란 사람들 사이에 존재하는 문화 차이와 유사성을 알아차리는 한편, 상대를 고정관념이나 편견 없이 보고, 있는 그대로 존중하며 소통하는 능력을 기르는 것을 말한다(여기서 '다문화 감수성'은 다문화 상황을 수용하는 것multicultural acceptance과 문화 차이를 알아차리고 평등하게 소통하는 능력인 문화 간 감수성intercultural sensitivity을 아우르는 개념이다). 연구진은 다문화 학생들이 학교와 또래 집단 사이에서 경험하는 어려움이 무엇인지 직접 듣고 그 사례로 구체적인 스토리텔링 교육자료를 만들고자 했다.[1] 당사자가 말하는 불편함을 생생하게 전해 듣고 다수자가 성찰해야 할 지점을 찾는 것이야말로 좋은 교육자료를 만드는 데 필요한 작업이라고 생각했기 때문이다.

우리는 다문화 학생을 1:1로 인터뷰하는 대신 또래 아이들이 둘러앉아 각자 겪은 차별 경험이 어떤 것이었는지 서로 이야기를 나누게 했다. 즉, 이 모임은 다른 '삶이야기' 프로그램 참가자처럼 스스로 구성한 자기 삶을 이야기하는 것이 아니라, 진행자가 던지는 질문을 중심으로 자신의 경험을 이야기하는 방식으로 진행했다. 그 점에서 이는 삶이야기 모임이라기보다 이야기 형식을 띤 초점집단인터뷰Focus Group Interview, FGI라고 할 수 있다. 초점집단인터뷰는 연구자가 알고 싶은 문제와 관련된 경험과 특징이 있는 사람들을 선별해 연구주제를 중심으로 그들의 경험과 의견을 듣는 질적 연구방법론 중 하나다. 이러한 방식을 취한 것은 다음과 같은 이유에서였다.

첫째, 집단인터뷰를 한 것은 더 풍부한 사례 수집이 가능했기 때문이다. 비슷한 처지의 또래 집단이 각자 자기 경험을 나누는 것은 청소년이 어른 연구자와 1:1로 만나 질문에 답하는 것보다 훨씬 다양한 역동을 만들어낸다. 더욱이 캠프에 참가한 학생들은 다른 프로그램에서 이미 만난 사이였고 서로 친하게 지내는 터라 신뢰와 유대감(라포)을 갖추고 있었다. 덕분에 집단대화를 하면서 다른 이의 이야기가 내 경험을 되살리기도 하고, 내 이야기가 다른 이의 공감을 불러일으키기도 하는 등 다양하고 흥미로운 일이 일어났다. 연구자는 그 역동을 잘 관찰하고 필요한 경우 질문함으로써 풍부한 사례를 수집할 수 있었다.

둘째, 캠프 형식을 취한 것은 인터뷰 참가자들이 그 과정에서 의미 있는 시간을 보내고 가치 있는 경험을 하길 바랐기 때문이다. 일반적으로 연구자는 연구 프로젝트를 진행할 때 면접자로부터 필요한 정보와 의견, 경험을 '수집'하고 그들의 수고에 사례비나 기념품을 제공한다. 우리는 초등학생과 중학생이 자신이 '차별받은 경험', 그러니까 아픈 경험과 상처를 이야기해주었다고 기념품으로 사례하는 게 왠지 꺼려졌다. 그래서 이야기하는 것 자체가 수고이자 보상이 되도록, 즉 말하고 듣는 그 시간이 자료 수집뿐 아니라 참가자들에게 위로와 성찰 경험이 되도록 인터뷰를 조직할 방법을 찾고자 했다. 이것이 이야기 캠프를 하기로 한 이유다.

'솔직 토크'를
위한 질문들

이 캠프의 이름은 '솔직 토크'다. 우리는 다문화 청소년으로서 오해나 몰이해, 차별을 받은 경험이 있었다면 이를 함께 공유하면서 정서적 지지를 경험하게 하고 싶었다.

참가자들은 서울과 경기도에 거주하는 초등학교 3학년 이상 중학교 3학년 이하 나이로 국제결혼 가정 자녀였다. 이들은 당시 연구원이 수행하는 '글로벌 브릿지' 프로젝트에 참가하고 있었고 이미 2년 동안 이 교육 프로젝트를 함께하면서 친하게 지내고 있었다. 연구진은 캠프의 취지, 진행 방법, 일정 등을 상세히 설명한 가정통신문을 사전에 학부모에게 발송해 참가희망자를 모집했다. 최종 참가자는 열일곱 명이었다. 우리는 참가자 나이를 고려해 반을 세 개로 나눴다.

캠프는 파주에 있는 임실치즈스쿨로 택했다. 이 장소를 선택한 이유는 두 가지다. 하나는 이 체험학습장 숙소가 독립건물 한 동이고 그날은 우리 말고 다른 손님이 없어서 학생들이 방해받지 않고 자유롭게 지낼 수 있어서다(실제로 프로그램이 끝난 뒤 아이들은 밤새 건물 안에서 뛰어놀았다). 다른 하나는 이곳이 한국에 치즈 공장을 처음 도입한 벨기에 출신 지정환 신부를 기념해서 만든 체험학습장이기 때문이다. 외국 문화와 문물을 그 나라 출신 사람들이 한국에 도입하고 발전해온 과정을 다문화 학생들에게 설명하기에 적절한 교육 공간이라 판단했다.

사전에 준비한 질문은 크게 세 가지 영역이었다.

먼저 차별받은 경험을 이야기하게 하고 그 일이 일어났을 때 어떤 감정을 느꼈는지, 어떻게 대응했는지 물었다. 다음은 지금 시점에서 그때를 다시 돌아보는 것이었다. 앞으로 비슷한 일이 일어나면 어떻게 대응할지 물은 것은 아이들이 차별에 적절히 대응하는 방법을 이후에 알게 되었는지 확인하고 싶었기 때문이다. 이때 다른 참가자들에게 나라면 어떤 감정이었겠다 혹은 나라면 어떻게 했겠다는 의견을 말하도록 했다. 보통 삶이야기 모임에서는 타인의 경험을 두고 의견이나 조언을 말하지 않는 것이 원칙이나 이 캠프에서는 아이들이 나나 타인이 당하는 차별에 대응하는 방법을 알고 있는지 확인하고자 이 질문을 준비했다. 마지막으로 사회에 바라는 것을 물었다. 이 바람은 이주민을 대하는 정주민 다수자가 귀담아들어야 할 것이었다. 질문은 다음과 같다.

한국에서 다문화 학생으로 산다는 것

- 차별받은 경험이 있다면 언제 어디서 누가 무엇을 왜 그렇게 했나? 그때 어떤 기분이 들었나? 나는 어떻게 반응했나?
- 앞으로 비슷한 일이 일어나면 어떻게 대응하겠나? [이야기 를 듣고 나서] 나라면 이렇게 느꼈겠다, 나라면 이렇게 대응 했겠다.
- 사회, 학교, 친구가 이렇게 해주면 좋겠다.

여기서 중요한 것은 진행자가 자연스러운 이야기 흐름을 방해하지 않고 위 질문을 다루는 것이었다. 가령 이야기 흐름에 따라 질문 순서를 바꾸거나, 어떤 문제에 긴 시간을 할애하거나, 질문을 생략할 수 있었다.

진행 과정은 연구원 학부생 조교 두 명이 초등반을 맡고, 나는 이 과제의 연구책임자로서 중등반을 맡았다. 진행자 세 사람 모두 글로벌 브릿지 프로젝트도 담당하고 있어서 참가한 학생들과는 충분한 라포를 형성하고 있었다. 그룹별로 두 시간 동안 이야기를 나누고 모두 모여 마지막에 30분 동안 정리했다.

공감의 말들

참가자는 반별로 방에 모였다. 세 반 아이들은 모두 약속이라도 한 듯 구석에 쌓아놓은 이불을 가져와 방 한가운데에 편 다음 이불 속에 발을 넣고 동그랗게 앉았다.

초등 1반: 말로 어루만지는 위로

초등 1반 아이들은 모여 앉자마자 진행자가 순서를 시작하기도 전에 벌써 이야기를 시작했다. 마치 오늘 속상했던 경험을 다 털어놓고 쌓인 감정을 풀고 가려고 작정한 사람들 같았다. 말하는 규칙도 없이 아이들끼리 대화를 시작했다.

> 진희: 누구 먼저 얘기할까?
>
> 유진: 너부터 얘기해.
>
> 진희: 4학년 때 교과서에 '다양한 가족을 배워봅시다' 그거 나오잖아. 근데 선생님이 나한테 이상한 표정을 지으면서 "다문화 가정을 발표해보렴." 이렇게 말하는 거야. 대놓고. 그래서 그때 좀 부끄러웠어. 애들이 막 "아, 쟤……" 그러고. 눈치 없는 애들이 막 내 이름 부르고. 그때 많이 부끄러웠어.
>
> 은이: 나는 학교에서 회장 선거할 때 애들이 다문화라고 막 너 나가지 말라고 그런 적 있었어.
>
> 유진: 나는 학교에만 오면 애들이 다문화라고 놀렸어. 외국인이냐고 무시하고. 그러면 집에 가도 마음에 걸리지. 싸울 때는 내 약점을 아니까 애들이 질 것 같으면 그냥 다문화라고 해. 내가 5학년 때는 자주 울었어. 6학년 때는 잘 안 우는데…….

소영: 나는 예전에 우리나라가 일본의 식민지였잖아. 그래서 애들
이 막 일본 욕하잖아. 그럴 때마다 약간⋯⋯.

유진: 둘 다 일본이야?

소영: 아빠가.

아이들은 저마다 자기 경험을 이야기했다. 각자 자기 이야기
를 하고 궁금한 것은 질문했다. 이야기 순서는 자연스럽게 돌아갔
고 진희와 유진이가 다른 아이들보다 다소 길게 이야기하긴 했지
만, 누구도 대화의 중심에 있지는 않았다.

얼마 후 진행자가 개입했다. 학생들이 잘 따르는 대학생 남자
조교였다. 진행자가 생기자 대화의 흐름이 바뀌었다. 순서 없이 자
발적으로 진행하던 이야기는 진행자의 질문에 참가자가 대답하는
방식으로 바뀌었다. 이 개입은 아이들의 자연스러운 대화를 통제
해 그들 사이의 상호작용을 제약한 측면이 있으나 적극적인 아이
들을 중심으로 이뤄진 대화에서 소외되었던 다른 참가자가 발언하
도록 격려하고 이끌어주었다. 그 이전까지 침묵하고 있던 일국이
와 창혁이는 진행자가 질문을 던진 후에야 이야기를 했다.

진행자: 일국이는 뭐 없었어?

일국: 방금 하나 생각났어요. 3학년 때.

진행자: 지금 몇 학년이지?

일국: 6학년이요. 3학년 때 그냥 자리를 바꿨는데 새로 짝이 된 애

들이 자꾸 다문화라고 왕따를 했거든요. 한 달 동안.

진행자: 애들이 다문화인지는 어떻게 알아?

일국: 학기 초에 안내장이 나가거나 그러면 옆에서 보기도 하고.

진행자: 다문화 이거 학생에게 안내장이 따로 나가? 그래서 애들이 왕따를 시켜?

일국: 한 달간. 별로 피해를 보거나 딱히 그런 건 없지만 그냥 왠지 주변이 차가운 느낌.

진행자: 그럼 그렇게 지낼 동안 친구는 어떻게 사귀었어?

일국: 혼자 다녔어요.

진행자: 혼자 다녔구나. 창혁이는 뭐 없어?

창혁: 중국에서 살다가 2학년 때 왔는데 다문화 가정이라고 무시하고.

진행자: 어떻게 했는데?

창혁: 제가 밥을 먹으면 애들이 와서 반찬을 가져가버리던지 그렇게.

진행자: 그렇게 했을 때 너는 어떻게 했어?

창혁: 그냥 보기만 했죠. 참다 참다.

진행자: 화내고 그러진 않았고?

창혁: 10월부터 그 애들을 묵사발 내주고…….

아이들이 경험한 차별은 형태가 다양했다. 아무도 곁에 오지 않거나 "왠지 주변이 차가운 느낌"을 받는 것처럼 콕 짚어 뭐가 문제라고 말하기 어려운 은근한 배제도 있고, 외국인 혹은 중국인(또는 다른 출신 배경)이라고 욕하거나 놀리는 언어폭력도 있고, 밥을 먹을 때 반찬을 가져가거나 아이의 물건을 함부로 망가뜨리는 직접적인 공격도 있었다. 그 대응 방식은 개인마다 달랐다. "그냥 무시한다"라며 아무런 대응도 하지 않는 아이가 많았지만 창혁이처럼 치고받고 싸운 경우도 있었다.

아이들이 자신의 경험을 털어놓지 자발적이고 역동적인 대화가 살아났다. 흥미로운 것은 아이들이 '자신이 겪은 차별 경험'을 넘어 타인이 겪거나 겪을 법한 부당한 일도 말하기 시작한 점이다.

> 유진: 나는 은이가 머리 색깔 때문에 놀림을 많이 받을 것 같은데?
>
> 은이: 머리 색깔 때문에 그 뭐지, 동생이랑 놀다 보면 어떤 꼬맹이들이 나한테 와가지고 누나냐고 물어보고서, 근데 왜 여기서 사냐고 하고.
>
> 진희: 나는 일본이나 중국 쪽이 놀림을 많이 받을 것 같아. 그쪽이 한국이랑 사이가 좋은 편이 아니라서, 애들이 많이 놀릴 것 같아.
>
> 유진: 나는 중국을 더 많이 놀릴 것 같은데?
>
> 창혁: 놀릴 때가 많은데, 하나는 5학년 때 청일전쟁 이런 거 있잖아. 청일전쟁을 한국에서 치렀잖아. 그러니까 애들이 다 우리를 다 쳐다보고.

아이들은 타인이 겪은 '속상한 일'에 그 나름대로 공감을 표현했다. 이런 공감은 그 일을 겪는 아이에게 좋은 위로를 주었을 것이다. 예를 들면 은이는 자신의 이야기에 공감해주는 진희와 창혁이의 말에 힘을 얻었으리라고 본다(은이는 금발에 눈이 파랗다).

> 은이: 근데 속상했던 적 하나 더 있어. 애들이 눈 색깔이 파라니까 다 파랗게 보이냐고 물어보잖아. 그때 그 말 듣고서는 나는 그걸 물어봤어. 너네는 검정색이니까 다 검정색으로 보이겠네? 그랬더니 개네가 "야, 외국인. 깝치지마." 그랬거든. 그때 속상했어.
>
> 진희: 그럼 나는 온 세상이 갈색으로 보이겠네.
>
> 창혁: 그럼 난 주황색.

진희와 창혁이가 말한 상대를 비난하거나 은이에게 거창한 위로를 해준 게 아니다. 그저 자신의 눈 색깔을 이야기하면서 그런 말이 얼마나 어처구니없는 것인지 덧붙였을 뿐이다. 그것으로 충분했다. 공감의 언어는 아이들의 마음을 위로하고 비슷한 경험을 한 사람들끼리 연대 의식을 갖게 한다.

초등 2반: 부끄러움과 창피함, 공통 감정 확인

아이들은 이야기하면서 자신이 느낀 감정이 어떤 것인지 생각해보고 그것을 말로 표현했다. 그리고 다른 아이의 이야기를 들으면서 그 아이가 느꼈을 감정을 이해하고 공감을 표시했다. 다문화 학생은 수업 시간에 배우는 교과 내용에서, 학부모가 참여하는 참관 수업에서 대부분의 일반 학생이 느끼지 못하는(혹은 느낄 이유가 없는) 어떤 감정을 이야기했다. 안타깝게도 그것은 '부끄러움'과 '창피함'이다.

> 혁진: 5학년 사회시간 때, 그거 몽골족이 한국에 쳐들어와서 뭘 태우고 이랬다고 배우는데, 아이들이 다 저를 쳐다봐가지고 제가 막 "아, 왜 봐" 하고 얘기했어요. 그리고 쉬는 시간에 계속 애들이 뭐라고 했어요. 한국에 와서 [문화재를] 막 태웠다고.
>
> 진행자: 아이들이 쳐다볼 때 어떤 기분이 들었어?
>
> 혁진: 부끄러웠어요.
>
> 진행자: 부끄러운 기분이 들어?
>
> 혁진: 네.
>
> 진아: 저희 아빠는 외국 사람인데, 옛날에 유치원 같은데 아빠 데려오라고 그러면 좀 속상하고 그랬어요. 애들이 "저 사람 누구야?" 막 그러고.
>
> 윤호: 왠지 공감 가.
>
> 진서: 나도.
>
> 진행자: 그런 적 있어?
>
> 진서: 엄마가 학교 와서, 아무리 한국에서 오래 살았다 해도 발음이 좀 그렇잖아요. 그러면 좀 어색하고 창피했어요.
>
> 진행자: 그러면 엄마나 아빠에 대해서 어떤 생각이 들어?
>
> 진아: 좀 원망스럽고.

진서: 왠지 좀 창피해요.

외국인 부모가 남들의 주목을 받는 것이 싫은 아이들은 그 상황을 창피하고 부끄러워했다. 그리고 엄마, 아빠가 외국인이라는 것에 창피함을 느꼈다. 이런 이야기는 남들 앞에서 하기 어렵다. 그렇게 생각하는 것 자체가 엄마, 아빠에게 미안한 일이라고 여길 수도 있다. 그렇지만 이들은 그 속마음을 털어놓았다. 동시에 나만 그렇게 느낀 것이 아니라는 생각에 안도했다.

중등반: 차별 경험 공유, 그리고 공평한 이야기 시간

중학생들은 초등학교 때부터 있었던 차별 경험을 쏟아냈고 자신을 괴롭힌 아이들의 '실명'을 말하고 싶어 했다. 그러는 것만으로도 그 아이의 잘못을 세상에 폭로하는 듯한 기분을 느끼는 것 같았다(이 글에서 밝힌 그들의 '실명'은 모두 가명이다).

민정: 저, 또 있어요. 올해 일이에요. 실명 까도 되죠? 최유라라고 있어요. 이름이 최유라.

성식: 생매장하려고?

민정: 최유라라고, 개랑 전에 한 번 트러블이 있었거든요. 그 후에 개가 계속 저한테 엄마가 일본사람인데 왜 일본어를 못하냐는 거예요. 우리 반에 해영이라고 있는데 개도 엄마가 중국사람인데 개는 중국어 잘하거든요. 해영이랑 비교하면서 너는 왜 못하냐고,

좀 해라 그러는 거예요. 완전 짜증났어요.

지영: 제가 초등학교 저학년 때 일이에요. 집에 가고 있는데, 실명 말해도 되죠? 은호랑 은찬. 남자 쌍둥이예요. 저는 거의 맨날 혼자였다고 그랬잖아요. 집에 갈 때도 혼자였거든요. 근데 걔네가 갑자기 시비를 터는 거예요. 일본인이면 일본으로 돌아가라고.

민정: 나도 그런 적 있어.

성식: 그래서 어떻게 했어?

지영: 엄마한테 얘기했는데, 그때 엄마는 아직 한국에 온 지 얼마 안 됐어요. 엄마가 그냥 무시하라고 그랬어요. 그래서 그냥 무시하고 다녔는데, 걔네랑 한패인 다른 남자애가 내 머리를 치고 확 튀는 거예요. 그래서 집에 와서 울고불고했어요.

중등반 진행자는 이야기할 주제를 던져준 후에는 학생들이 말하는 동안 거의 개입하지 않았다. 이는 앞의 초등 1반 진행자와 반대의 경우다. 그 결과 중등반 이야기 모임은 학생들이 자기 경험을 제법 길고 상세하게 묘사했다. 특히 엄마가 일본인 지영이와 민정이는 그동안 자신이 겪은 부당한 일을 다 이야기하겠다는 태도로 적극적이었다.

중학교 3학년인 성식이는 그룹 중에 가장 나이가 많았다. 성식이는 자기 얘기를 하기보다 다른 아이들의 이야기를 이끌어주거나 조언하는 '오빠' 같은 역할을 했다. 엄마가 일본인 지영이와 민정이는 한일관계가 악화할 때마다 곤란한 질문을 받는다고 했다. 부모가 한국인인 학생들은 "독도는 누구 땅이라고 생각하냐?"는 질문으로 이들이 누구 편인지 확인하고 싶어 했다. 위안부를 어떻게 생각하느냐는 질문도 같은 맥락이었다. 그런 질문을 받으면 지영이와 민정이는 갑자기 자신이 가해자 입장에 선 것 같아 당황스럽다고 말했다. 그 이야기를 하는데 성식이가 개입했다.

> **성식**: 근데 너한테 애들이 위안부 문제에 대해 도대체 뭐라고 물어봐? 어떻게 생각하냐고?
>
> **지영**: 어떻게 알았어? 그러니까 일본군이 성적인 그런 걸 한 것에 대해서 넌 어떻게 생각하냐고……, 어제 뉴스에 나왔다고.
>
> **성식**: 그래서 뭐라고 그랬어?
>
> **지영**: 내가 어떻게 아냐고.
>
> **성식**: 그러면 안 되지. 너희는 고정관념이 있어. 다문화라는 거에 너무 속박되어 있어. 자기가 다문화면 어때? 그냥 무시해. 자기가 다문화인 것에 대해서 너무 얽매이지 말고 생각한 것을 말해.
>
> **지영**: 그러다가 아무도 친구 하지 않으면 어떻게 해?
>
> **민정**: 근데 오빠, 올림픽은 어떻게 해? 올림픽 때 누구 응원할 거냐고 하면 뭐라고 해야돼?
>
> **성식**: 그때 좋은 방법이 뭔지 알아? 한국은 패스를 잘하고 일본은 슛을 잘해. 뭐 이렇게 구체적으로, 아니면 둘 다 비판하든지. 근데 사실 일본 싫어하고 한국 싫어하고 그런 거는 정치적인 게 제일 심각한데, 그게 다 어디서 나왔냐면 그걸 부추기는 사이트들이야.

내가 보기엔 그래.

대화의 역동이 지영이와 민정이가 자기 경험을 얘기하고 성식이가 '정답'을 가르쳐주는 것처럼 흘러갔다. 이런 대화는 곧 지루하고 피곤해졌다. 민정이와 지영이가 에둘러서 불만을 표현했다.

민정: 근데 오빠, 일단 말하는 게 너무 많다.

지영: 오빠 수다쟁이야.

이야기 모임에서 지켜야 할 규칙은 판단하지 않고 듣는 일이다. 좋은 의도에서 하는 조언이라도 상대에게는 평가하는 언어로 들린다. 이때 중요한 것은 진행자의 역할이다. 사전에 이야기의 규칙을 충분히 설명했어도 누군가가 다른 이의 말을 평가하거나 조언하면 진행자가 개입해서 규칙을 상기시켜야 한다. 그런데 이때는 진행자가 필요한 개입을 하지 않아 아이들이 '오빠'의 조언을 계속 들어야 했다.

진행자였던 나는 대화 모임이 끝난 뒤, 중등반 진행자로서 제대로 하지 못한 게 무엇인지 나 자신을 평가했다.

첫째, 참가자에게 이야기 시간을 공평하게 주지 못했다. 한 사람이 이야기하는 시간을 조절하거나 순서를 정하고 말하게 하는 것처럼 대화 규칙을 미리 정할 필요가 있었다. 그 점을 소홀히 한 탓에 지영, 민정, 성식이 대화를 주도했고 서빈과 명주, 동철은 자신의 이야기를 충분히 하지 못했다.

둘째, 듣는 사람의 평가와 판단이 말한 사람에게 전해지는 것을 통제하지 못했다. 이것도 처음에 규칙을 명확히 하고 그것이 잘 지켜지지 않을 때 개입했다면 막을 수 있는 것이었다. 결과적으로 진행자가 참가자의 자유로운 소통을 유도하는 것도 중요하지만, 자칫 방임적인 태도로 흐르지 않도록 주의하는 것 또한 필요함을 확인했다.

타인이 나를 부르는
말에 대하여

그룹별 이야기 모임이 끝난 뒤 큰 방에 모여 함께 정리하는 시간을 보냈다. 이때 그룹별로 이뤄진 이야기를 요약해 공유한 후 진행자가 몇 가지 질문을 했다. 질문 중 하나는 '다문화'라는 명칭 문제였다. 진행자의 질문과 참가자들의 이야기를 소개하면 다음과 같다.

> 진행자: 친구가 없거나 놀림을 당하는 게 혹시 여러분이 다문화이기 때문에 그런 것 같아요?
>
> 모두: 네.
>
> 진아: 솔직히 저는 다른 이유 없이 놀림을 받는 건데, 그렇다면 내가 다문화이기 때문에 그런 거죠.

민정: 저는 어릴 때는 말할 때 발음에 일본말투가 있어서 놀린 것 같아요. 발음은 고치면 되는데, 저는 성격도 괜찮고 이제 말투도 괜찮은데 애들이 왜 싫어하는지 잘 모르겠어요. 그러니까 자꾸 일본 가정끼리 놀게 되는 것 같아요. 그러니까 다문화 때문이라고 생각되지요.

창혁: 저는요, 말투나 말할 때 발음 있잖아요. 뭐, 중국인이면 중국인다운 말투가 있잖아요. 그게 놀림의 대상이 된다고 생각해요.

진희: 저는요, 지금은 놀림을 안 받는데 저학년 때는 왕따 같은 걸 당했거든요. 그런데 그 원인 중 하나가 싸움이 날 때마다 다문화 소리가 나오고 아빠가 외국인이니까 그런 얘기가 많이 나와서 대체로 그거 때문인 것 같아요. 다문화 때문인 것 같아요.

유진: 외모 때문에 놀림을 많이 받아서 다문화 때문이라고 생각해요.

지영: 근데 다문화가 아닌데도 따돌림받는 애들이 있잖아요. 그니까 무조건 다문화 때문은 아닌 것 같아요. 자기 성격도 좀 고칠 생각도 해야 할 것 같아요. 무조건 다문화 때문으로만 돌리면 언제라도 놀림받을 수 있는 대상이 될 수 있다고 생각해요.

마지막에 말한 지영이의 얘기는 의외였다. 지영이는 반별로 이야기할 때 자신이 '다문화라는 이유로', '엄마가 일본인이라는 이유로' 얼마나 따돌림을 받았는지 길게 이야기했었다. "일본인이면 일본으로 돌아가라"는 말도 들었고 자기를 때리고 도망간 아이들도 있다고 했다. 나중에 엄마가 때린 아이 엄마에게 연락해 사과를 받았지만 솔직히 '사과해도 용서받을 수 없는 일'이라고 생각했다. 그렇게 자신이 다문화라서 차별받았다고 말했던 아이가 전체 토론 시간에는 그 따돌림을 "무조건 다문화 때문으로 돌리면 안 된다"고 말했다.

어떻게 이런 변화가 일어난 것인지는 설명하기 어렵다. 그 짧은 시간에 생각이 바뀐 것일 수도 있고, 본래 두 가지 생각이 다 있었는데 다른 아이들의 한결같은 말을 듣고 다른 편의 마음을 열었을 수도 있다. 어찌 되었든 이러한 생각의 변화를 보는 것은 흥미로운 일이었다.

이날 이야기 모임의 마지막 주제는 다문화라는 명칭을 어떻게 생각하느냐는 것이었다. 아이들은 그동안 자신을 규정해온 다문화라는 말을 생각해보고 다음과 같이 말했다.

진행자: 여러분은 다문화라는 말을 어떻게 생각하나요?

유진: 말이 문제예요. 왜 똑같은 사람인데 거기에 명칭을 붙여서 얘기하냐고요.

진아: 솔직히 그냥 인간은 인간이지. 그냥 사람마다 개인으로 이렇게 판단하면 될 텐데 꼭 그렇게 다문화라는 명칭을 써서 다른 사람 차별 대우하는 것처럼 하는 행동은 별로라고 생각해요. 똑같은 사람인데 특별한 명칭을 붙여가지고 혼혈인, 다문화 뭐 이렇게 하면 소외되는 느낌이 들고 솔직히 다문화라는 말을 들으면 기분이

좋지가 않고. 다문화라는 특별한 명칭이 있으니까 더 놀림을 많이 받는 것 같아요.

민정: 저는요, 사람들은 대부분 다문화라는 걸 다 안 좋게 생각하는 거 같은데. 다문화이면 혜택도 많이 받고 다문화센터에서 무료로 공부도 가르쳐주시고 다문화 행사도 많잖아요. 그러니까 다문화라서 창피하긴 하지만 다문화 가족이라서 좋은 점이 있다고도 말할 수 있어요. 지는 다문화는 괜찮은데 태어난 국적은 공개 안 하고 싶어요.

지영: 솔직히요, 다문화라는 말 뜻 자체는 좋은데 놀릴 때 애들이 "넌 다문화니까 안 돼"라던가 "너는 다문화니까 이상해" 그런 말을 많이 쓰잖아요. 사람 머리에, 아예 다문화라는 말이 머릿속에 부정적으로 박힌 것 같아요.

성식: 다문화가 혼혈이면 혼혈이 아닌 일반학생을 단문화 학생이라고 해야 되는 거 아니에요?

아이들은 자신을 다문화라는 집단 이름으로 부르고 구별하는 그 자체에 거부감을 보였다. "사람마다 개인으로 판단하면 될 텐데" 특별한 명칭을 붙여서 판단하는 것은 적절치 않다는 유진이와 진아의 말은 귀담아들을 만하다.

한편 다문화라고 불리는 것에 여러 복잡한 감정이 얽혀 있다는 것도 드러났다. 민정이는 다문화라서 받는 이점을 이야기했다. 그러나 정책적 배려대상이 되는 순간 지불해야 하는 것도 있다. 민정은 이렇게 표현했다.

"다문화라서 창피하긴 하지만 다문화 가족이라서 좋은 점이 있다고도 말할 수 있어요."

남이 나를 부르는 이름은 부끄럽지만 그 부끄러움을 감수하면 얻는 혜택이 있다는 말이다. 이는 지원을 받으려면 타인이 부르는 이름을 창피해도 받아들여야 한다는 말로 들린다. 그런데 그 이름은 단지 단어가 아니라 지영이의 말처럼 '부정적인 이미지'를 내포하고 있다. 아이들의 이야기를 들으면서 소수자를 집단으로 부르는 다수자의 호명을 생각해봤다.

마지막에 성식이는 다수자가 소수자를 구별하고자 만든 말의 논리를 그대로 거울로 반사하면(미러링) 다수자에게 '단문화'라는 이상한 이름을 붙일 수 있다고 말했다. 아이들은 이 구분이 신선하고 통쾌했던 모양이다. 이날 아이들은 부모가 모두 한국인인 학생들을 단문화 학생이라고 불렀다. 사회에서는 아무도 그런 말을 쓰지 않는다. 당사자에게 뭐라 불리기를 원하는지 묻지도 않고 [자기들 생각에 마땅하다고 여기는] 이름을 붙이는 행위는 늘 다수자의 몫이다.

지금껏 이 아이들은 사람들이 자신을 부르는 말인 다문화를 놓고 이토록 오랫동안 이야기해본 적이 없었다. 또 자신과 마찬가지로 이 말로 불리는 다른 아이들의 이야기를 들어본 적도 없었다. 이야기하는 것만으로도 그동안 속상했던 마음이 풀리는 듯했다. 모임이 끝날 때 진희가 말했다.

"한국 애들한테는 이런 거 말해도 이해를 못 할 텐데, 여기서 말해서 좋아요."

◖◗

다음 날 캠프 종료 전에 참가자들에게 '솔직 토크'의 소감을 적어달라고 했다. 아이들은 이렇게 적었다.

- 내가 다문화여서 주목받거나 놀림받은 것을 솔직히 말하니까 좋다.
- 그동안 내 마음속에 있던 마음이 같은 다문화 애들이 있어 공감되고 마음이 후련했다.
- 솔직 토크로 다른 아이들이 받은 상처, 그런 걸 서로 나누고 공감할 수 있어서 좋았다.
- 솔직 토크를 통해 다문화의 좋은 점, 나쁜 점을 말해서 좋았다.
- 마음에 있는 외국인으로 답답한 것이 뻥 뚫렸다.
- 서로 답답했던 것을 털어놓아서 속이 시원해서 좋았다.
- 언니, 오빠들과 함께 자신이 느낀 것에 대해 솔직하게 말할 수 있어 좋았다.
- 학교 친구들과는 할 수 없었던 이야기를 이렇게 말할 수 있어서 좋았다.

참가자는 대부분 그 시간이 좋았다고 했지만 냉정하게 평가하자면 프로그램에 허술한 점이 많았다. 특히 진행자의 역할을 개선할 필요가 있었다. 진행자는 통제도 방임도 아닌 안내자 역할을 해야 한다. 초등 1반의 경우 진행자가 1:1로 질문하는 것이 이야기의 자유로운 흐름을 다소 방해했고, 중등반은 진행자가 지나치게 방임해 모든 참가자가 공평하게 발언할 기회를 얻는 걸 어렵게 했다.

아쉬운 점이 있긴 했어도 학생들이 '답답한 것이 뻥 뚫리고', '속이 시원하고', '마음이 후련해진' 것은 온전히 이야기의 힘 덕분이었다. 이야기가 그들 스스로를 치유하게 했다. 특히 그동안 자신의 이야기를 직접 할 기회도 없이 타인이 만든 이름으로 불리고, 타인이 만든 이미지 속에서 살았던 이른바 '다문화' 아이들은 자기 언어로 자신을 표현하는 것만으로도 위로를 받았다.

그들은 단지 모여서 이야기한 것뿐이다. 흥미롭게도 안전한 공간에서 자기 이야기를 스스로 하는 행위가 주는 해방이 있다. 함께 이야기를 나누는 것은 다문화 아이들이 경험한 상처를 위로하고 치유하는 데 도움을 주었다. 그런 의미에서 이야기 모임은 이 아이들뿐 아니라 그동안 다른 이들이 붙인 이름과 시선에 갇혀 있던 많은 소수자에게도 자신의 상처를 바라보고 어루만지는 계기가 되리라고 본다.

프로그램 참가자 명단

	참가자	성별	학년	문화 배경	구술 날짜
초등 1반	진희	여	초5	영국(부)	2013년 5월 18~19일
	소영	여	초6	일본(부)	2013년 5월 18~19일
	유진	여	초6	영국(부)	2013년 5월 18~19일
	은이	여	초6	러시아(모)	2013년 5월 18~19일
	창혁	남	초6	중국(모)	2013년 5월 18~19일
	일국	남	초6	중국(모)	2013년 5월 18~19일
초등 2반	진아	여	초3	영국(부)	2013년 5월 18~19일
	아영	여	초5	일본(부)	2013년 5월 18~19일
	진서	남	초5	중국(모)	2013년 5월 18~19일
	혁진	남	초6	몽골(모)	2013년 5월 18~19일
	윤호	남	초6	중국(모)	2013년 5월 18~19일
중등반	서빈	여	중1	중국(모)	2013년 5월 18~19일
	지영	여	중1	일본(모)	2013년 5월 18~19일
	민정	여	중1	일본(모)	2013년 5월 18~19일
	동철	남	중2	중국(모)	2013년 5월 18~19일
	명주	여	중2	중국(모)	2013년 5월 18~19일
	성식	남	중3	필리핀(모)	2013년 5월 18~19일

2장

고려인 청소년들의 흔들림과 어울림: 이야기할수록 단단해진다

김기영

경기도 안산은 한국으로 이주한 고려인이 가장 많이 사는 곳이다. 이주 초창기에는 땟골마을이라 불리는 선부동에 가장 많이 모여 살 았지만, 이들의 거주지는 한양대학교 에리카 캠퍼스 근처 사동 원 룸촌 등으로 점차 분산되고 있다. 러시아와 중앙아시아 등 구소련 권에서 태어나 한국어를 배운 적 없는 중도입국 청소년 증가는 학 교 내 문화 다양성을 높였으나, 학교에서는 체계적인 교육 프로그 램을 미처 마련하지 못했다. 한국어에 익숙하지 않은 학생들이 학 교 적응과 학습에 제한을 받으면서 교사도 학생도 어려움이 커졌 다. 학교에서는 방과 후 한국어 교실을 열었고 나는 한국연구재단 박사후과정 현장 연구를 위해 안산 공립중학교에서 한국어 강사로 일하며 고려인 학생들을 만났다.

　중학교 1~3학년에 재학 중인 이들은 '질풍노도'를 온몸으로 관통하고 있었다. 한국에 들어온 시기는 제각각 달랐고 개인의 기

질과 노력, 가정환경에 따라 한국어 실력도 천차만별이었다. 우리
는 1년 동안 일주일에 두 번씩 한국어 시간에 만났다. 강사 계약기
간이 끝날 무렵 나는 학교 적응에 어려움을 겪는 아이들이 염려스
러웠다. 무엇보다 이들의 적응을 어렵게 만드는 요인이 무엇인지,
고려인 중도입국 청소년이 느끼는 공통적인 감정이 무엇인지 궁금
했다. 이를 공유하면 다른 사람들의 삶이야기를 들으며 자기 삶을
다른 관점에서 돌아보고 치유할 수 있지 않을까?

고려인, 다문화 학생
그리고 중도입국 청소년

이 글은 2018년 연
구원이 고려인 청소년들을 대상으로 진행한 삶이야기 프로그램을
토대로 기록한 것이다. 그동안 연구원에서 진행한 '삶이야기'는 각
기 다른 배경에서 삶의 경계 경험을 넘나든 '성인'을 대상으로 했
다. 일제강점기와 한국전쟁을 경험한 초국적 한인은 주로 노인이라
살아온 세월만큼 삶이야기가 깊고 길어서 한 시간 안에 다 담아내
기 어려웠다. 인문도시 프로젝트에서 진행한 삶이야기의 대상자인
시민사회단체, 세월호 활동가, 마을공동체 활동가 역시 30대부터
50대에 걸쳐 있었고 그들도 우여곡절이 깊었다.

성인 참가자들은 자신이 살아온 이야기를 스스로 꺼내놓는 과
정에서 치유를 경험한다. 나는 다르면서도 닮은 서로의 삶이야기를

주고받으며 화해하는 과정을 목격한 바 있다. 마찬가지로 나는 편견과 차별에 눌려 자기 목소리를 내지 못했던 고려인 청소년들이 자기만의 시간과 공간을 평등하게 보장받는 모임에서 평소 마음속에 꾹꾹 눌러놓았던 자기 이야기를 꺼내는 경험을 해볼 필요가 있다고 보았다.

고려인이란 주로 러시아와 중앙아시아를 비롯한 구소련 국가에 거주하면서 러시아어를 모국어로 사용하는 한민족 동포를 말한다. 자국 경제 상황이 어려운 데다 2007년 한국의 외국인 정책이 방문취업제* 도입과 재외동포법 확대 적용으로 바뀌면서 고려인의 한국 이주는 갈수록 급증하고 있다.

2019년 8월 기준 한국 거주 구소련 지역 재외동포 인구는 8만 명이 넘었는데 이는 2015년보다 세 배 이상 증가한 수치다. 고려인 입국이 증가하면서 부모를 따라 한국으로 온 중도입국 청소년도 늘어났다. 러시아와 중앙아시아에서 나고 자라 학교생활을 하다가 외국인 신분으로 한국에 들어온 이들은 동포 사회에서는 고려인으로 불리고, 학교에서는 다문화 학생 혹은 중도입국 청소년으로 불린다. 바로 이 청소년들의 한국살이에 우려가 커지고 있다. 한국어 미숙으로 학교 적응에 어려움을 겪을 뿐 아니라 같은 언어권 친구들하고만 어울리고 학교를 그만두는 사례가 늘고 있기 때문이다.

---

* 중국 및 옛 소련지역에 거주하는 동포를 대상으로 한국에 방문하고 취업할 수 있는 비자(H-2)를 발급하는 제도.

과연 10대 중반을 질주하는 청소년들과도 '삶이야기'가 가능할까? 나는 "말하는 소리가 작으면 듣는 귀가 커야 한다"라는 이주 인권활동가 이란주의 말처럼 청소년이 마음속 이야기를 꺼내놓을 수 있는 안전한 장을 만들고 듣는 귀를 키워 이들의 이야기를 들어보고자 했다.

먼저 거의 6개월간 일주일에 두 번씩 만나 지지고 볶았던 중학교 한국어 수업 학생들에게 연락했다. 삶이야기 프로그램을 열심히 설명했더니 여학생 네 명이 재미있을 것 같다며 고개를 끄덕였다. 성비 균형을 맞추고자 남학생을 섭외했으나 네 명 중 세 명이 거절했고 한 명이 되물었다.

"여자친구 데려가도 돼요?"

카자흐스탄에서 태어나 안산에서 중학교에 다니는 이고르다. 우크라이나에서 온 여자친구와는 만난 지 두 달 되었는데 동네 놀이터에서 만나 첫눈에 반했다고 한다. 여자친구는 한국에 온 지 석달이 넘었는데도 아직 학교에 다니지 않고 있었다. 이는 중도입국 청소년이 공교육에 진입하는 문턱이 아직도 높다는 것을 방증한다.

여자친구가 한국어를 한마디도 하지 못한다는 말에 데려와도 좋을지 선뜻 답하기 어려웠다. 내 망설임이 빛의 속도로 전달되었나 보다.

"친구 안 되면 저도 안 갈래요."

청소년들은 자신의 존재를 걸고 말한다. 어른이 청소년을 이길 수 없는 이유이기도 하다. 결국 여섯 명이 참가하기로 했다.

라이프사이클,
청소년 삶이야기의 시작

청소년을 대상으로
한 삶이야기는 성인을 대상으로 한 기존 삶이야기의 큰 틀 안에서
몇 가지 방식을 추가하거나 변형했다.

첫째, 1박 2일 일정을 1일 프로그램으로 바꿨다. 함께 시간을
보내며 마음을 열고 서로의 이야기를 경청하려면 물리적 시간과
공간이 필요하지만, 다른 한편으로 이것은 프로그램에 쉽게 참여
하기 어려운 이유였다. 또한 청소년들이 1박 프로그램에 참여하기
위해서는 부모의 동의가 필수라서 숙박 장소 예약과 부대비용 부
담도 고려 대상이었다.

둘째, 숙박하는 대신 1일 프로그램에서 심리적으로 안전한 시
공간을 만들기 위해 서로 친해지고 마음을 여는 시간을 마련했다.
그 출발은 놀이전문가가 진행하는 몸으로 놀기와 마음 풀기 시간이
었다. 프로그램에 참여한 청소년들의 긴장감과 어색함을 풀기 위해
서였는데 한 시간 동안 몸을 움직이면서 땀을 흘리고 팀별로 미션
을 수행하고 나자 훨씬 편안하고 밝아져 서로를 스스럼없이 대했다.

셋째, 삶이야기를 회상하기 위한 준비 작업으로 라이프사이클
그리기를 했다. 라이프사이클이란 태어난 이후 살아 있는 시점까
지 삶의 한 주기를 말한다. 라이프사이클 그리기는 인생에서 경험
한 사건, 전환점이 된 시기 등을 그리면서 살아온 시간을 되돌아보
는 방법 중 하나다. 청소년은 성인에 비해 살아온 시간이 길지 않

지만 자기 삶을 스스로 정리해서 이야기하기란 그리 쉽지 않다. 이런 이유로 청소년들이 삶의 경험을 떠올려 정리하도록 사전에 도화지를 주고 그 위에 자신이 살아오면서 겪은 일을 그래프로 그리도록 했다. 그 이후의 삶이야기는 자신이 그린 라이프사이클을 다른 참가자에게 보여주면서 어떤 경험을 했고 그 의미가 무엇인지 등을 이야기하게 했다.

넷째, 성인을 대상으로 한 기존의 삶이야기 프로그램에서는 이야기 시간을 한 사람당 한 시간씩 안배했으나 청소년들은 15분간 이야기하고 5분 동안 서로 궁금한 점을 물어보는 질의응답 시간으로 구성했다. 이때 참가자뿐 아니라 진행자도 궁금한 것을 물었다. 삶이야기는 15분을 훌쩍 넘기는 청소년이 있는가 하면 10분도 채우지 못하는 청소년도 있었다. 여기에는 이들의 한국어 능력도 영향을 주었기에 말을 하다가 막히면 자국 언어로 해도 된다고 미리 이야기해주었다. 한국에 온 지 3개월 된 한 참가자는 러시아어로만 이야기했다.

다섯째, 말하는 중간에 다른 사람이 끼어들지 않도록 인형 마이크를 쥔 사람만 이야기하고 그것이 다 끝난 뒤 질문하기로 약속했다. 프로그램 초반부에 이야기를 듣다가 궁금한 것이 생기면 불쑥 끼어들거나 옆자리 친구와 소곤거리는 경우가 있었다. 그래서 마침 회의실에 있던 작은 인형을 활용해 인형 마이크를 쥔 사람만 이야기하고 나머지 사람에게는 하고 싶은 말을 할 시간을 따로 주는 것으로 중간에 규칙을 만들었다.

여섯째, 식사, 간식, 휴식 시간을 신경 써서 준비했다. 가령 점심으로 러시아식당을 예약해 샤슬릭(고기 꼬치구이), 보르시(수프), 라그만(국수), 리포슈카(식사용 빵) 등을 준비했다. 음식을 화제 삼아 자연스럽게 이야기를 하고 본국에서 먹었던 기억을 나누기 위해서였는데, 역시나 본국에서 경험한 맛과 지금의 맛을 비교하며 화제를 이어갔다. 간식으로 초콜릿과 과자, 과일을 준비했다. 이때 두 명의 이야기를 듣고 20분간 휴식을 취해 피로감에 지치지 않도록 했다.

이 중에서도 청소년들이 자기 이야기를 꺼내는 데 도움을 준 것은 라이프사이클 그리기였다. 삶이야기를 할 때 보통 망설임이 앞서지만 미리 도화지에 그린 것을 보면 일차적으로 정리하기가 수월하고, 다른 친구의 이야기를 들을 때도 시각적으로 도움을 주기 때문이다.

헤어짐과 이산: 중도입국 청소년들의 공통 감정

아이들의 눈물: "엄마가 벗어놓고 간 옷 냄새를 맡았어요"

2016년 한국청소년정책연구원에서 중도입국 청소년 577명을 대상으로 조사한 바에 따르면 학교 적응과 진로에 어려움을 겪는 가장 큰 이유로 한국어 미숙을 꼽았다. 또한 이들은 부모를 따라 이주한 것으로 이주 결정에 주체적으로 참여하지 못했다. 나는 이들이 이주 경험 자체를 부정적으로 받아들이는지, 이들을 정말로 힘들게 만드는 것은 무엇인지 알아보려 했다.

'삶이야기'로 관찰한 결과 아이들이 이주를 받아들이는 감정은 각기 달랐다. 부모가 자신의 의사를 묻지 않은 것에 서운해하기보다 한국으로 이주하면서 "설레고 기분 좋았다"는 아이가 있는가 하면, "한국으로 이주하는 것은 좋았지만 자신이 하던 음악 공부를 포기하고 친구와 헤어지는 것은 싫었다"고 얘기하는 아이도 있었다. 이처럼 본의 아니게 한국으로 온 중도입국 청소년들은 자기감정을 주체적이고 솔직하게 표현하려 했다.

개별적이면서도 다양한 이야기 속에서 그들이 공감하는 공통감정은 '헤어짐과 이산'이었다. 그들은 '친구와 싸워서 멀어짐', '강아지의 죽음', '엄마의 한국행' 같은 사건을 겪었을 때의 슬프고 힘든 감정을 공유했다.

> 진행자: 인생에서 제일 아래로 내려갔을 때가 친구랑 싸운 거예요?
>
> 율리아: 네. 그 친구랑 싸워서 다른 친구들이랑 멀어졌어요. 제 뒷담을 하고 그 애 때문에 갑자기 다 멀어졌어요. 그게 제일 힘들었어요.
>
> 진행자: 그래프 제일 낮을 때가 보니까 열한 살 때, 강아지?
>
> 신잔나: 네. 그때 강아지 돌아가셔서.
>
> 진행자: 아, 그때 같이 살던 강아지가 죽었구나. 그때 엄마는 어디?

신잔나: 엄마는 한국에요.

아이들에게 한국으로의 이주는 라이프사이클 곡선상 최저점
이 아닌 상승곡선에 있었고 오히려 가장 낮은 지점은 '친구와의 싸
움', '강아지의 죽음', '엄마의 한국행' 등이었다. 율리아와 신잔나의
경우 친구와 싸우고 강아지가 죽은 때는 엄마가 한국에 있어서 가
족의 이산을 경험하던 시기와 겹친다.

율리아: 저 같은 경우 엄마가 한국 온 지 1년 후 저희가 한국에 왔
는데 그 시간이 어색해졌어요. 잔나는 엄마 만나서 어색하지 않았
어요?

신잔나: 있어요. 말을 편하게 못 해요. 엄마에게.

진행자: 시간 지나서 괜찮아졌어요?

율리아: 네. 그게 너무 신기해요. 1년밖에 안 지났는데, 엄마인데 눈
을 못 맞추고 그냥 고개 이렇게. (아래로 떨군다) 그게 음……, 너무
이상했어요. 가장 편한 게 엄마잖아요.

신잔나: 저는……, (갑자기 러시아어로 말함) 엄마가 한국 가기 전에
옷을 갈아입고 그 티셔츠를 의자에 걸어두고 가셨어요. 한국에.
그다음 날 아침에 그걸 보고, 그 티셔츠 보고 이렇게 (손으로 가져
다 코에 대는 손짓을 하며) 냄새 맡으며 있었어요. 엄마 기억했어요.
(눈물)

한 친구가 엄마가 먼저 한국에 가고 1년 후 자신이 한국에 와서 엄마와 재회했는데 엄마가 어색하게 느껴져 말을 편하게 하지 못했다는 경험을 털어놓자, 듣고 있던 다른 친구도 자신은 엄마가 먼저 한국으로 떠난 뒤 엄마가 벗어놓은 옷의 냄새를 맡았다며 엄마를 그리워했음을 털어놓았다. 부모와 함께 이주한 학생은 부모와의 갈등 관계나 우울감을 표현하지 않았으나 부모가 모두 해외이주한 뒤 나중에 재결합한 율리아와 신잔나는 한국으로 온 이후 가족관계에서 경험한 어색함을 토로했다.

이처럼 부모가 해외로 이주하거나 본인이 이주하는 것도 큰 일이지만 부모의 부재, 특히 주양육자인 엄마의 부재를 경험하고 한국 이주 이후 재결합한 청소년은 또 다른 낯섦에 처한다. 결국 물리적으로 떨어진 상황에서 어떻게 정서적 유대를 지속해야 하는지, 재결합 이후 가족관계를 어떻게 회복해가야 하는지를 중요하게 살펴봐야 한다.

SNS를 이용해 본국과 네트워크로 연결: "그래서 우리 바빠요"

소셜미디어에 익숙한 청소년들은 지리적으로 떨어져 있어도 인터넷 공간에서 모국의 친구들과 일상적으로 소통하며 많은 것을 함께하고 있었다.

> 신잔나: 친구들이 잘 갔다 와~ 방학 때 말했어요. 지금은 페북하고 있어요. 아니면 인스타 있어요.

진행자: 아, 페북하고 인스타. 그럼 전화 통화도 해요?

신잔나: 네. 거의 매일.

진행자: 가수는 누구 좋아해요?

신잔나: 저는 BTS RM. 제 친구들 다 아미예요

진행자: 친구? 어디 있는 친구?

신잔나: 우즈벡 애들이랑 우리 반(한국) 애들 거의 다요.

진행자: 우즈벡 친구들도 BTS 좋아해?

신잔나: 제가 처음에 좋아가지고 링크 보내줬더니 다들 난리 났
어요.

중도입국 청소년들은 유튜브로 본국의 음악을 듣고 친구들과
SNS로 소통하며 인터넷상에서 만난다. 부모가 먼저 한국으로 간
경우 부모가 보낸 돈으로 조부모와 함께 생활하며 한국어와 태권
도를 배우면서 한국행을 기다린다. 그리고 한국으로 이주한 뒤에는
본국에 남아 있는 친구들과 한국의 일상이나 K-pop 등을 동영상으
로 실시간 공유한다. 이와 함께 한국의 친구들에게는 모국 문화를
소개하는 등 자신의 위치에서 여러 가지 역할과 모습으로 관계를
맺는다.

좋은 나라와 좋지 않은 집, 친절한 선생님과 편하지 않은 학교

중도입국 청소년들에게 한국의 집은 어떤 느낌일까? 본국에서 한
국행을 기다리며 지내던 중도입국 청소년들은 막상 한국에 와서

자신이 살아야 하는 집에 도착하면 실망한다. 그러나 부모가 어렵게 장만한 상황을 이해하며 스트레스를 감내한다.

> 율리아: 우리 우즈베키스탄 집은 되게 넓었어요. 마당이 넓어서 강아지도 키우고 그 옆에 창고도 있고 밭도 있고. 그런데 한국 집은 완전. 또 집들이 엄청 가깝게 붙어 있는 거예요. 창문 열면 바로 옆집. 벽에서도 소리가 다 들리고. 남동생이 그냥 이렇게 걷는데 엄마가 조용히 해라, 조용히 해라. 층간소음? 그게 너무 스트레스.
>
> 신잔나: 처음에 한국 왔는데 원룸에 일곱 명이 살았어요. 아침마다 화장실 가는 게 너무 바빴어요. 답답해서 울었어요. 지금은 엄마랑 이사해서 방 두 개예요. 그런데 반지하.

고려인 밀집 지역인 안산 사동에 있는 율리아의 집은 다세대주택 2층이다. 전체 공간은 15평 남짓으로 현관문을 열면 주방 겸 거실이 보이고 작은 방 두 개가 나란히 있다. 부모와 남동생이 방 한 칸을 쓰고 율리아와 여동생이 다른 방 한 칸을 같이 사용하고 있다. 특히 한국의 독특한 주거 형태인 반지하*는 러시아나 중앙아시

---

* 1970년 한국 정부는 비상시 지하를 벙커로 쓰기 위해 건축법을 개정했고 주택에 지하실 설치를 의무화했다. 그러다가 1984년 정부는 건물의 지하공간이 층고層高의 2분의 1, 즉 반만 묻혀 있어도 지하 생활공간으로 인정하도록 건축법을 완화한다. 결국 반지하는 남북 갈등에 따른 벙커 용도에다 대도시 인구 밀집과 주택난, 민간건설업체의 주택 공급 전략이 맞물려 등장한 것으로 볼 수 있다(출처: 한은화, '생활 건축: 반지하가 벙커였다고?', 〈중앙일보〉, 2020년 2월 22일).

아 같은 대륙에서는 보기 힘든 주거 공간이다. 모국보다 '잘사는 나라'라고 생각한 한국에 와서 막상 자신의 거주공간이 반지하라는 걸 아는 순간, 청소년들은 본국의 집을 향한 그리움과 한국의 열악한 집에서 느끼는 상대적 박탈감으로 복합적인 감정에 휩싸인다.

한편, 학교라는 공간은 한국의 사회구조를 담고 있다. 한국 사회는 필요할 때는 고려인을 동포라고 부르며 환대하지만 모든 법과 제도는 외국인으로 대하며 차별한다. 한국의 다문화 교육 역시 다문화 학생과 한국 학생이 서로의 차이를 배우고 맞춰가기보다 다문화 학생이 한국 교육 시스템에 동화하게 하는 방식으로 이뤄진다.

중도입국 학생들은 선생님은 착하고 친구들은 친절하지만, 학교 시스템에 적응하는 과정에서 주눅이 들고 불편함을 느낀다고 말했다.

> **율리아:** 저는 충격받은 게요. 학교 처음 갔을 때 저랑 타티아나는 검은 바지에 흰색 티셔츠 입고 갔어요. 교복, 그런 거 몰랐어요. 우즈베키스탄에서는 교복 안 입어요. 애들이 다 쳐다보는데 저도 깜짝 놀랐어요. 애들이 다 교복 입고 있는 거예요. 우리는 교복 어디에서 파는지도 모르고. 그래서 다음 날부터 학교에 안 갔어요. 그냥 집에 있었어요. 3일 뒤에 담임선생님이 찾아오셨어요. 그래서 아빠랑 같이 갔어요. 그래도 담임선생님이 친절해서 좋았어요.

한국에서 전학을 가는 학생이 해당 학교 교복을 입는 것은 상식에 속한다. 그러나 율리아의 부모는 한국의 교육 시스템과 학교 문화를 사전에 제대로 인지하지 못했고 미리 안내를 받지 못한 율리아와 타티아나는 본국에서 하던 방식으로 등교했다.

비록 학생의 집까지 찾아가는 교사의 선의와 열정으로 문제를 해결하긴 했지만, 이는 중도입국 청소년을 대하는 한국 학교의 초기 적응 안내 시스템 부재를 여실히 드러내고 있다. 율리아는 담임교사를 '친절'하다고 표현했다. 교사는 친절했으나 대응 시스템은 전혀 친절하지 않았다. 교복뿐 아니라 매 순간 낯선 경험을 하는 중도입국 청소년들은 문제를 해결하지 못하고 이를 자신의 노력 부족으로 여기는 '착각'에 빠져 좌절감이나 열패감을 느낀다.

> 신잔나: 반명함판 사진. 그거 뭔지 몰랐어요. 그리고 교복에 이름표 새기는 거요. 그거 선생님이 해오라고 했는데 엄마도 모르고. 그래서 계속 그냥 다녔어요. 그랬더니 선생님이 왜 말 안 듣냐고 했어요.

학교에서 교사들은 학생의 이름을 부른다. 학생의 이름을 알지 못할 경우 교복에 붙은 이름표를 보고 부른다. 따라서 중학생이 교복에 이름표를 부착하는 것은 '당연'한 일인데 그 당연한 것을 달지 않은 학생은 '보편 영역'에서 벗어난다. 한국어 의사소통이 초급 수준인 청소년들은 교복 천에 기계 자수실로 이름을 새긴 [한국식] '이름표'를 실로 꿰매야 한다는 사실을 모르고 있었다. 보통 학기 초에는 학교 앞 체육사 등에서 한 개당 3천~4천 원을 받고 이름표를 만들어주지만, 학기 중에는 이름표를 만들어주는 곳이 거의 없다.

이처럼 중도입국 청소년은 자신의 의도와 상관없이 한국 공교육 시스템의 '보편'에 들어가지 못하고 경계에 서는 경험을 자주 한다. 부모의 이른 출근과 늦은 퇴근 그리고 한국어 미숙과 낯선 환경 때문에 '반명함판 사진 두 장 준비와 이름표 달기'는 학생에게도 부모에게도 엄청난 과제로 다가온다.

태어난 곳, 사는 곳, 살고 싶은 곳

고려인의 공통적인 특징은 러시아어가 제1언어이고 한국어(조선어) 성姓에 러시아어 이름을 조합해서 사용한다는 점이다. 구소련 땅에 사는 고려인은 후손에게 이름은 러시아식으로 지어주되 한국식 성은 유지하는 방식으로 민족 고유성을 포기하지 않고 살아왔다.

부계 혈통을 따르기 때문에 아빠가 고려인일 경우 텐(천)나탈리아, 뱍(백)알료나처럼 러시아식으로 변형한 성姓 형태지만 이름을 보면 고려인임을 쉽게 유추할 수 있다. 4세대는 엄마가 고려인이어도 나마조바 율리아, 알렉세이 이고르 같이 성과 이름 모두 러시아어인 경우도 있다. 중도입국한 청소년은 외국인 등록증에 러시아어 이름을 영어로 표기하고 있는데, 참가자들은 부모가 준 이

름을 그대로 사용하는 한편 때로 한국의 학교 현실에 맞게 임의로
이름을 줄이거나 변형했다.

> 진행자: 율리아는 이름 바꾸고 싶어? 안 바꾸고 싶어?
>
> 율리아: 저는 [이름이] 세 글자라 괜찮은데, 김베로니카 이름 바꿨
> 어요.
>
> 진행자: 뭐라고?
>
> 율리아: 김베카. 엘리자베타는 리자. 그런데 친구들이 자꾸 그리
> 자, 그리자 놀려서 다시 엘리자로요.

학교 출석부에는 이들의 러시아 이름을 러시아어 알파벳이
아닌 외국인 등록증에 있는 영문명으로 기재한다. 가령 텐나탈리
아는 'Ten Natalia'라고 적혀 있다. 이들은 글자 수가 많은 것을 부
담스러워하며 공식 서류나 출석부 외에는 자기 이름을 줄여서 사
용한다. 러시아식 이름, 고려인임을 드러내는 이름을 줄이거나 바
꿔서 정체성 변형을 시도하는 것이다.

'고려인' 하면 떠오르는 이미지의 마인드맵을 그리고 그중 대
표적인 것 두 가지를 말해보라고 하자 청소년들은 라면, 비빔밥, 드
라마, 염색 머리, K-pop, 한국어 공부, 인스타그램, 안산, '한국인도
외국인도 아닌 그런 사람' 등을 거론했다. 이러한 구술자의 발화發
話 속에는 '한민족'이라는 정체성으로 수렴할 수 없는 경계인으로서
의 삶과 의식을 드러내는 내용이 담겨 있다.

진행자: 고려인이란 단어를 들을 때 낯설거나 불편하거나 그런 건 없어요?

타티아나: 없어요.

율리아: 근데, 저는 외국인이라고 하는 게 좀…… 더 편한 거 같아요. 중국인처럼. 고려인보다, 고려인보다는 외국인으로. 그 한국인도 아니어서. 한국인도 아니고, 우즈벡 사람도 아니고, 러시아 사람도 아니고.

진행자: 그게 좀 더 멀게 느껴져요? 차라리 외국인이라고 하는 게 나아요?

신잔나: 애들이 고려인이 누군지 몰라요.

율리아: 외국인인 줄 알아요. "나, 고려인이야." 이렇게 하면 "고려인이 누구니?" 물어봐서 그냥 외국인.

율리아: 그니까 음, 한국인도 아니고 외국인도 아닌 그런 사람이라고 생각합니다. 고려인. 왜냐면 어…… 네, 맞아요. 고려인한테 물어보면 "너는 한국인이라고 생각해?" 물어보면 아니라고 하는 사람들이 많아요. "그러면 뭐니?" 그러면 그냥 Кореец, Кореец(카레이츠, 고려인을 뜻하는 러시아어). 근데 대한민국인이 아니에요. 네.

타티아나는 고려인으로 불려도 불편함을 느끼지 않는다고 했지만, 율리아는 한국인도, 우즈베키스탄사람도, 러시아사람도 아니라서 '외국인'이라는 이름이 더 편하다고 했다. 한국의 또래 친구들이 고려인을 잘 알지 못해 설명하기 어려워서 그럴 수도 있지만 고려인이라는 민족 정체성에 공감대를 형성하지 못했을 수도 있다.

삶이야기에 이어 자신을 어느 나라 사람이라고 생각하는지, 앞으로 어디에서 살고 싶은지 물었다. 구체적으로 말해 중도입국 청소년들에게 스스로 생각하는 "내 나라는 어디인가요?$^{Где\ живёт\ страна?}$", "나중에 어디에서 살고 싶은가요?$^{Где\ живёт\ Хочу?}$" 하고 질문했다. 참가자들은 제각기 고유한 이유로 자기 인식을 표현했다.

> 진행자: 이번 질문은 내 나라는 어디인가요? 당신의 나라는 어디
> 인가요? (러시아어로) Где живёт страна?
> 타티아나: 러시아!
> 진행자: 신잔나, 내 나라는 어디입니까?
> 신잔나: 우즈베키스탄.
> 진행자: 왜 우즈베키스탄이라고 생각했어?
> 신잔나: 내가 태어난 곳이니까요.

같은 우즈베키스탄에서 온 신잔나와 타티아나는 각기 다른 답을 했다. 타티아나는 자신의 고향은 러시아라고 했다. 자신이 사용하는 언어가 '러시아어'이기 때문이란다. 반면 신잔나는 고향이 우즈베키스탄이라고 말했다. 태어난 곳이 우즈베키스탄이라서다. 카자흐스탄에서 온 나타샤 역시 자신의 고향을 러시아라고 했다. 자신이 현재 러시아어를 사용하고 있고 언어와 문화적 동질성이

러시아에 가까워서 그렇단다.

러시아어를 공용어로 사용해 구소련에 향수와 귀속감을 느끼는 부모 세대의 정체성이 청소년들에게도 영향을 미친 듯하다. 고려인 청소년은 우즈베크어가 국가 공용어인 우즈베키스탄에서 나고 자랐어도 러시아어를 사용했고 자신의 나라를 '러시아'로 인식하고 있었다. 잔나는 고향과 국가를 동일시해서 태어난 곳(고향, родина)을 내 나라(국가, страна)로 답했다. 율리아는 내 나라를 한국이라고 했다.

> 진행자: 율리아에게 당신의 나라는 어디인가요?
>
> 율리아: 근데 저는 약간 모호해요. 왜냐면 옛날에는 내가 태어난 곳은 이제 내 나라다 그러면 우즈베키스탄인데, 근데 지금 한국에 오고 보니까 저는 어…… 한국인인 것 같아요. 한국.

중도입국 청소년들에게 어느 나라에서 살고 싶은지도 물었다. 타티아나는 한국에서 살고 싶다고 했고 잔나는 한국에서도 살고 싶고 미국에서도 살고 싶다고 했다. 그중에는 한국과 카자흐스탄, 러시아 세 나라의 장단점을 알고 있는 청소년도 있었다.

> 타티아나: 네. 근데 저 살고 싶은 나라는요, 저 한국이에요. 왜냐면 여기서 저, 어, 고등학교 잘 끝나서 그런 거 같아요. 저, 사람으로 될 수 있다고 생각합니다.

신잔나: 한국.

진행자: 한국에서 살고 싶고.

신잔나: 아니면, 미국.

진행자: 미국? 미국은 왜?

신잔나: 거기 이모 살아요. 나중에 미국 가서 살고 싶어요.

신잔나는 한국에서 살고 싶지만 또 언젠가 미국에 가서 살고 싶기도 하다. 미국에 가서 구체적으로 무얼 하고 싶은지, 미국에 가기 위해 현재 영어 공부를 열심히 하고 있는지에는 답이 없었으나 신잔나는 초국가적 가족관계 네트워크상 우즈베키스탄 - 한국 - 미국이 다 연결된 삶을 살고 있었다.

진행자: 이고르는 나중에 어디에서 살고 싶어?

이고르: 엘리자베타(여자친구 이름) 있으면. (웃음) 아니면 아무거나요.

진행자: 아무거나요? 어~ 왜냐면 이것도 저것도 다 비슷해요?

이고르: 근데 다 아니요. 러시아하고 카자흐스탄 있잖아요. 근데,

진행자: 잠깐만. 어, 지금 카자흐스탄하고 러시아를 비슷하게 생각해서 둘 중에 고민이 되는 거 아니면 카자흐스탄, 러시아, 한국 중에 뭐가 제일 가깝게 느껴져요?

이고르: 근데 다 세 나라에서 좋은 것도 있는데 싫은 것도 있어요.

진행자: 좋은 것도 있고 싫은 것도 있어요, 네.

이고르: 왜냐면 저 카자흐스탄에서 저 지금 음…… 일 없고 근데 저, 저, 어려운 거요. 리시아에서 어, 지금 지금보다 사람이 좀, 너무 좀 나빠졌어요.

진행자: 나빠졌어요. 살기가 나빠요. 살기가 어려워졌어요. 네, 한국은?

이고르: 어, 근데요. 한국은요. 그, 아…… 맨날마다 일할 때 조금 어렵잖아요. 근네 몸이 안 좋아졌어요.

진행자: 어, 한국은 일을 할 거는 많지만 일하는 것이 어려워서.

이고르: 그래서 러시아, 카자흐스탄, 한국 그냥 다 상관없어요.

이고르는 어느 나라에서 살고 싶은지 묻는 진행자에게 아무 데나 상관없다고 했다. 뒤이은 설명을 보면 러시아는 살기 어려워졌다는 것, 카자흐스탄은 일자리가 부족하다는 것 그리고 한국은 노동시장이 척박하다는 것 등 각국의 경제 상황을 알고 있었다.

이고르는 열네 살 때 용돈을 벌기 위해 시간당 3천 원을 받고 하루 열두 시간씩 공장에서 상자를 접는 아르바이트를 했다. 그런 이고르는 러시아, 카자흐스탄, 한국을 모두 어려운 나라로 느꼈다.

∞

온종일 울고 웃으며 삶이야기를 끝냈다. 푸른색 상장 케이스에 각자 이름이 적힌 수료증을 전달하며 한 명씩 안아주는데 아이들이 내 품으로 쏙 들어왔다. 한국어 교실에서 1년 가까이 만난 시간을 다 더해도 그날 하루만큼 진하고 깊게 만난 적이 있을까 싶을 정도였다. 프로그램에 참여하느라 피곤했을 법한데도 우리는 아침보다 백 배는 환해진 얼굴로 인사하며 헤어졌고 한 달 뒤 후속 모임을 열었다. 프로그램을 경험한 소감과 앞으로의 일을 다시 이야기해보는 시간을 마련한 것이다.

아쉽게도 현실은 늘 계획과 다르게 흘러간다. 세 시까지 오기로 한 이 친구들은 30분이 지나도 감감무소식이었다. 내가 전화하자 한 명이 늦어서 기다리고 있다며 늦어서 죄송하다고 했다. 네 시가 훌쩍 넘어 도착한 청소년들은 저마다 볼이 부어 있었다. 약속 시간에 늦은 친구는 미안하다고 사과하지 않은 모양이고 기다리다 화가 나서 한마디씩 하며 티격태격한 듯했다.

다시 시간이 흘렀다.

자신을 한국인도 고려인도 아닌 외국인이라고 불러주는 게 '차라리' 좋다던 율리아에게 연해주 독립운동의 대부인 '페치카' 최재형 선생 일대기를 다룬 뮤지컬 동영상을 소개했다. 율리아는 그 영상을 보고 내게 메세지를 보냈다.

"이런 분이 계셨는지 저는 정말 몰랐어요."

한국에서 고려인이라 불리는 이들 청소년은 자신의 할아버지와 그 할아버지의 이야기를 알지 못했다. '정말 몰랐다'는 그 말이 놀랍고도 아프게 들렸다. 율리아는 다시 더듬어가며 역사를 공부했고 뮤지컬을 본 감상문을 적어 공모전에 제출했다. 그때 수상한

문화독립군상보다 더 기뻤던 것은 율리아가 '삶이야기'에서 꺼내 놓은 마음속 이야기가 좀 더 확장되었다는 점이다. 율리아는 누군 가가 놓은 디딤돌을 딛고 자신의 뿌리와 역사를 찾아 앞으로 나아 가고 있었다.

그즈음 이고르에게 연락이 왔다. 술집에서 바텐더로 일한 이 고르는 코로나-19 탓에 비자발적 실업자가 되었다가 경기도 화성 의 어느 공장에서 용접을 시작했다. 야간작업 마치고 오전에 잠이 오지 않아 전화했다는 이고르는 앞으로 연애도 하지 않고 술도 마 시지 않겠다고 했다. 이유를 물었더니 "그냥요"라며 웃고 만다. 그 간 어떤 삶을 건너왔는지 다시 한번 '삶이야기'의 장을 열어야 하 나 싶었다.

이주 청소년을 바라보는 어른들의 시선은 걱정과 염려로 가 득하다. 안타깝게도 그들이 흔들리는 것을 보면 '혼란'이라는 딱지 를 아주 쉽게 붙여버린다. 즉, 심리치료, 미술치료를 받아야 하는 '치료 대상'으로 본다. 이들은 단지 끊임없이 흔들리고 어울리는 살 아 있는 존재일 뿐이다. 비록 마음을 표현하는 데 서툴긴 하지만 안전하면서도 마음껏 편안하게 이야기할 장을 마련해주면 마음을 밖으로 표현하면서 다듬어지고 단단해진다.

이 장은 〈문화교류와 다문화교육〉에 발표한 '중도입국청소년의 경계경험과 중층적 정체성: '고려 인' 청소년들의 삶이야기를 중심으로'(10권 3호, 2021년)에 담긴 자료를 내용을 기반으로 했으나 주 요 사례를 제외하면 전면 개정한 글임을 밝힌다.

프로그램 참가자 명단

참가자	성별	학년	출신국	이전 거주국	한국 거주기간	구술 날짜
율리아	여	중3	러시아	우즈베키스탄	3년	2019년 12월 20일
이고르	남	중3	카자흐스탄	카자흐스탄	3년	2019년 12월 20일
엘리자베타	여	–	러시아	우크라이나	3개월	2019년 12월 20일
타티아나	여	중3	러시아	우즈베키스탄	3년	2019년 12월 20일
김나타샤	여	중2	우즈베키스탄	우즈베키스탄	3년	2019년 12월 20일
신잔나	여	중1	우즈베키스탄	우즈베키스탄	4년	2019년 12월 20일

3장

한국, 탈북, 다문화 학생의 만남: 어떻게 함께 살 수 있을까

이향규

'삶이야기'는 자기 자신과 타인을 이해하는 데 매우 유용한 프로그램이다. 우리는 자기 이야기를 하면서 자신의 생각과 감정을 돌아보고, 타인의 삶이야기를 들으면서 그가 경험하고 느낀 것을 상상한다. 그렇게 이야기하고 듣는 과정에서 우리는 내 안에 있는 다른 사람의 모습을 보고 또 다른 사람 안에 있는 내 모습을 발견하기도 한다. 그때 발견한 공통 지점은 나와 타인을 잇고 나아가 편견, 고정관념, 무관심으로 단절된 세상을 가늘지만 촘촘하게 연결하는 고리 역할을 한다.

삶이야기를 청소년 교육에도 적용할 수 있을까? 이야기 나누기로 배경이 다른 청소년들이 서로를 존중하며 함께 사는 능력을 기를 수 있을까? 이를 통일 교육에도 적용할 수 있을까? 남북한의 오랜 분단이 초래한 두 체제 사람들 간의 단절을 이야기로 연결할 수 있을까? 이 질문의 답을 찾고자 서로 배경이 다른 고등학생들을 모아 삶이야기 캠프를 진행했다.

교육에서 '가르치는 것'과 '배우는 것'은 다른 문제다. 학교 수업을 예로 들면 교사는 교육내용을 열심히 가르치지만 학생은 별로 배운 게 없는 경우가 허다하다. 반면 어떤 경우에는 교육자가 지식이나 관점처럼 가르칠 내용을 직접 제시하지 않아도 학습자 스스로 배운다. 이는 배움이 일어날 수 있는 환경을 조성했기 때문이다.

이 캠프는 학생들의 자발적인 참여와 성찰 과정으로 분단, 통일, 평화롭게 함께 사는 것에 관해 교수자가 일방적으로 설명하거나 설득하는 것보다 훨씬 더 근본적인 변화를 불러일으켰다. 삶이야기에 참여한 여덟 명의 학생은 각각 남한 청소년, 탈북 청소년, 다문화 청소년이라는 꼬리표를 떼고 서로의 처지를 구체적으로 이해하고 공감하는 한편 함께 사는 사회를 생각했다. 불과 1박 2일 동안이지만 그들의 대화는 그런 각성과 변화를 일으켰고 그것은 오래 지속되었다.

'삶이야기'의 확대

이 글은 2014년 글로벌 다문화 연구원이 '삶이야기' 라는 프로그램으로 시도한 고등학생 통일 교육 캠프를 바탕으로 기록한 것이다. 연구원이 통일 교육을 한 이유는 통일연구원에서 진행하는 '통일교육 컨텐츠 개발'

을 위해서였다. 당시 통일연구원은 다른 분야에서 축적한 교육성과를 통일 교육과 접목할 방안을 모색하면서 연구원에 통일 교육과 다문화 교육을 연결하는 프로젝트를 요청했다. 이때 연구원은 통일 교육과 다문화 교육을 연결할 수 있다고 판단하고 이 프로젝트에 참여했다.[1] 그 이유는 다음 두 가지였다.

첫째, 남한과 북한 사회는 분단된 지 70년이 지나면서 많은 점이 달라져 이제 더 이상 '민족 동질성'에 기반한 접근만으로는 통일을 준비하기 어려워졌다. 일상의 교류를 완전히 차단한 채 두 세대 넘게 시간이 흐르자 북한은 어느 면에서 자유롭게 여행할 수 있는 가까운 외국보다 더 낯선 사회가 되었다. 따라서 통일을 준비하고 통일 이후 남북한 주민이 함께 살기 위해서는 공통의 문화유산만 강조하는 것을 넘어 차이를 섬세하게 다루고 존중하는 것이 필요하다. 다른 문화를 보는 민감성을 기르고 문화 차이가 사회 차별로 발전하는 것을 경계하는 다문화 교육은 그 점에서 도움을 줄 수 있다. 특히 다양한 문화 집단 간의 이해와 존중, 대화로 함께 살아가는 방법을 모색하는 문화 간 교육intercultural education은 통일 교육에 시사하는 바가 크다.

둘째, 현실적으로 우리 사회의 이민자 비중이 높아지면서 통일 문제는 더 이상 한민족만의 문제가 아닌 상황이 되었다. 한국에는 결혼으로 영구 정착하는 이주민이 계속 늘어나고 있고, 다문화 가정 자녀도 증가하고 있으며* 이러한 경향은 앞으로도 계속될 전망이다. 남북 분단과 통일은 이 땅에 사는 모든 주민의 삶에 큰 영향을 미치는 문제다. 그래서 청소년 통일 캠프에 남한과 북한 출신 청소년뿐 아니라 다문화 청소년도 참여할 필요가 있다고 판단했다.캠프 진행 방법은 '삶이야기' 형식을 따랐다. 물론 참가자가 청소년임을 고려해 다소 수정한 부분도 있다. 예를 들어, 본격적인 이야기 모임을 하기 전에 다양한 활동 프로그램을 충분히 배치해 어색함을 풀고 서로 친해질 계기를 마련했다. 그리고 한 사람당 자신의 삶이야기를 하는 시간을 조절했다.

한 사람에게 주어지는 이야기 시간으로 보통 성인은 약 한 시간(이야기 40분과 질문 20분)을 배정하지만 고등학생은 그 시간을 30분(이야기 20분과 질문 10분)으로 줄였다. 아직 10대 후반이라 살아온 시간이 성인에 비해 짧기도 하고, 처음 시도하는 것이라 청소년 참가자가 부담을 느끼지 않도록 하기 위해서였다. 1박 2일 캠프라서 사전·사후 활동을 하고 나면 할애할 수 있는 이야기 시간이 저녁 식사 후에 4~5시간이라는 현실적인 제약도 고려했다.

참가인원은 여덟 명으로 정했다. 그보다 많으면 1박 2일 동안 한 사람, 한 사람의 이야기를 충분히 듣기 어렵고 더 적으면 다양한 배경의 학생들을 초대하기 어렵다고 판단했기 때문이다. 관건은 배경이 다양한 참가자를 모집하는 일이었다. 연구원이 지금까지 진행

＊　저출산으로 아동 인구가 감소하는 상황에서 다문화 아동 비중은 점차 늘고 있다. 취학인구 통계를 보면 초·중·고 학교에 재학하는 다문화 학생 비율은 2012년 조사를 시행한 이후 계속 증가했고, 2021년에는 초등학생 인구의 4.2퍼센트가 국제결혼 가정의 자녀로 나타났다 (《2021년 교육기본통계》, 교육부).

한 프로그램에 참여한 적 있는 고등학생과 지인의 소개로 여덟 명이 모였다.

탈북해서 초등학생 때 한국에 온 윤정(고3)과 초희(고3), 어머니가 필리핀사람인 소정(고2)과 준형(고1), 서울 일반계 고등학교에 재학 중인 혁진(고1)과 강서(고1), 안산 일반계 고등학교에 다니는 혜림(고1), 집은 안산이지만 제천에 있는 기숙형 대안학교에 다니는 서빈(고1)이 모였다. 캠프 안내문에는 "다양한 배경의 청소년들이 모여 통일을 주제로 이야기한다"라고만 밝히고, 그 '다양한 배경'이 무엇을 의미하는지 자세히 적지 않았다. 그래서 참가자들은 캠프에 오기 전까지 1박 2일 동안 누구를 만나 어떤 이야기를 나눌지 알지 못했다.

캠프는 토요일과 일요일에 걸쳐 진행했다. 첫날 오후 어색함을 푸는 여러 활동을 한 다음 저녁 식사를 한 뒤 본격적인 이야기 시간에 들어갔다. 다음 날 오전에는 통일 사회를 상상하는 활동을 하고 전체 프로그램을 평가한 후 점심을 먹고 헤어졌다. 그리고 이 활동이 개인의 삶에 미친 영향을 알아보고자 한 달 뒤 후속 모임을 열었다. 프로그램의 전체 개요를 표로 정리하면 다음과 같다.

프로그램 개요

1박 2일 캠프	일시	2014년 7월 19일(토)~20(일)	
	참석자	남한 청소년 네 명(남 2, 여 2) 탈북 청소년 두 명(여 2) 다문화 청소년 두 명(남 1, 여 1)	
	장소	한양대학교 에리카 캠퍼스(강의실과 게스트하우스)	
	활동	[1일 차 오후] 사전 활동: 협력 게임, '사람책 도서관' [1일 차 저녁] '내 이야기' 나누기(개인별 30분) [2일 차 아침] 2040년 상상하기(페이스북 프로필 만들기) [2일 차 점심] 정리 활동: 내 경험 나누기 ※ 평가 방법 - 사전·사후 설문지	
후속 모임	일시	2014년 8월 23일(토) 1:00~4:00	
	장소	경기도 과천 소재 음식점	
	활동	'지난 한 달 동안 내 삶의 변화' 나누기	

사람책 도서관, 타인을 향한 고정관념과 편견 돌아보기

캠프 첫 번째 날 정오에 한양대학교 게스트하우스에 참가자들이 도착했다. 참가자 여덟 명 중 탈북 여학생 두 명, 다문화 학생 두 명, 서울 남학생 두 명, 안산 여학생 두 명은 각각 둘씩 서로 친구였다. 그 외에 다른 참가자는 이곳에서 처음 만난 사이였다. 이들이 제일 먼저 한 일은 같이 점심을 먹는 것이었다. 식사하면서 이름, 학교, 학년을 이야기하며 간단하게 자기소개를 했다. 학년이 밝혀지자 언니, 누나 등 호칭이

금세 정리되었다.

오후에는 어색함을 해소하고 친밀감을 쌓기 위한 활동을 했다. 둥그렇게 서서 상대방의 어깨 주물러주기, 풍선에 상대방 얼굴 그리기 같은 가벼운 활동으로 시작해 두 조로 나눠 협력 게임을 했다. 조원들이 눈을 가리고 긴 줄로 정삼각형 만들기, 동작만으로 단어를 표현해서 알아맞히기, 파스타 면과 테이프와 실을 이용해 탑 높이 쌓기 등은 간단하고 흥미로우면서도 팀워크가 필요한 게임이었다. 참가자들은 몰입하면서 즐거워했다. 사전 활동 중 가장 중요한 순서는 사람책 도서관Human Library이었다.

사람책 도서관은 덴마크 코펜하겐에서 처음 시작한 활동으로, 타인을 향한 고정관념이나 편견을 돌아보기 위해 사람이 직접 책이 되어 자기 이야기를 들려주는 프로그램이다. 이것은 전 세계 80여 개 나라에 알려졌고 한국에도 이 프로그램을 운영하는 도서관이 여럿 있다. 보통은 사람책을 초대해 독자들이 그 이야기를 듣는 방식으로 진행한다.

이 캠프에서는 모든 참가자가 사람책인 동시에 독자의 역할을 하도록 프로그램을 구성했다. 처음 10분 동안에는 자신이 이야기할 주제를 생각하고 도화지 위에 제목과 표지 그림을 그리게 했다. 무슨 이야기를 들려줄지는 전적으로 사람책의 작가, 즉 자신의 선택이었다. 책 표지를 완성하면 두세 명씩 나와서 자신의 책을 다른 이들에게 보여주었다. 그러면 나머지 학생과 진행자는 읽고 싶은 책 앞에 가서 그 이야기를 들었다. 10분 정도 진행한 후 다음 차례의 사람책으로 순서가 돌아갔다.

학생들이 책 표지에 적은 제목은 '커피를 좋아하시나요?', '심심한 기숙사에서 노는 법', '서울 유학기', '영화 속의 방언 - 〈해무〉를 중심으로' 같은 것이었다. 제목만으로는 사람책 저자의 삶과 어떤 관계가 있는지 쉽게 짐작하기 어려웠지만 책을 청해서 들으니 바리스타가 되고 싶은 꿈이, 기숙사 생활의 고독이, 지방에서 서울로 이주해온 어려움이, 영화 〈해무〉에 나오는 함경도 사투리와 자기 가족 이야기가 딸려 나왔다. 자신이 선택한 사람책 이야기를 듣는 동안 참가자는 진지하게 경청했다.

이 활동은 사실 자신의 이야기를 본격적으로 나누는 본 프로그램 전의 워밍업 단계였다. 참가자들은 사람책 도서관이라는 사전 활동으로 자신이 중요하게 여기는 것이 무엇인지, 다른 이에게 무엇을 말하고 싶은지 미리 생각해보는 시간을 경험했다.

자신에 관해 무엇을 얼마만큼 밝힐지는 전적으로 본인이 선택하는 문제다. 예를 들어 탈북한 참가자 두 명 중 윤정이는 사람책 도서관 활동에서 벌써 자신이 함경북도에서 왔다고 이야기한 반면, 초희는 자신이 어디에서 왔는지 처음부터 밝히지 않았다. 모든 사람은 심리적으로 안전한 범위에서만 자신의 속 깊은 이야기를 털어놓는다. 그 범위는 누구와 어떤 방식으로 이야기하는가에 따라 달라진다. 초희에게는 사람책 도서관 활동이 아직 자신이 북한 출신이라는 걸 드러낼 때가 아니었던 듯하다.

그건 다른 참가자들도 마찬가지였다. 사람책 도서관 활동에서는 모두 자신이 드러내고 싶은 만큼만 말했다. 저녁에 본격적인 이야기 나누기 시간을 시작하고 나서야 참가자들은 사람책 도서관 활동을 할 때보다 훨씬 더 깊은 이야기를 털어놓았다.

내 이야기를 하는 시간: 나를 행복하게 하는 것과 지금 걱정하는 것

본격적인 삶이야기 나누기는 저녁 식사 후 진행했다. 모두 둥근 탁자를 가운데 두고 둘러앉았다. 탁자 가운데에 촛불을 켜서 차분하고 집중할 수 있는 분위기를 만들었다. 한 사람이 말하는 시간은 20분으로 정했다. 진행자는 주어진 시간 안에 잘 마무리할 수 있도록 5분 전에 알려주었다. 어떻게 시작해야 할지 어려우면 다음 질문을 키워드로 삼아도 좋다고 말했다.

- 나를 색깔로 표현한다면 무슨 색인가?
- 나를 행복하게 하는 것은 무엇인가?
- 내가 걱정하는 것은 무엇인가?

이 세 가지 질문을 준 것은 성인의 삶이야기가 유소년 시절, 청장년 시절 그리고 현재로 이어지는 시간 순으로 생애사의 궤적을 따르는 것과 달리, 고등학생 참가자는 현재의 자신을 중심으로 이야기를 진행하도록 하기 위함이었다. 연대기를 작성하듯 과거부터 삶을 이야기하라고 하면 굳이 밝히고 싶지 않은 과거를 말해야 한다는 부담을 느낄 수 있다. 예컨대 탈북 청소년의 경우 유소년 시절을 말해야 한다는 압박을 느낄 수 있다. 그러나 시간을 해체하면 본인이 불편한 경우에는 북한에서의 생활이나 탈북 과정을 굳이 이야기할 필요가 없었다. 삶이야기에서 참가자들은 자신을 행복하게 하는 것과 지금 걱정하는 것을 자연스럽게 표현할 수 있었다.

이야기 시간 20분이 끝나면 질문 시간 10분이 이어졌다. 듣는 사람에게 주어진 규칙은 다음 세 가지였다. 첫째, 말하는 사람의 눈을 쳐다보며 진지하게 경청한다. 둘째, 말하는 사람과 그의 이야기를 평가하거나 판단하지 않는다. 셋째, 질문할 때는 자기 의견을 말하는 게 아니라 발표자가 이야기한 내용과 관련해 궁금한 점을 묻는다.

저녁을 먹고 일곱 시 반부터 시작한 이야기 모임은 자정이 넘어서 끝났다. 여덟 명은 각자 자신의 이야기를 했고 다른 사람들은 그 이야기를 들으며 자기 삶의 어떤 부분을 떠올렸다. 그래서 울기도 하고 안타까워하기도 하고 홀가분함을 느끼기도 했다. 그 역동을 이해하기 위해서는 먼저 그날 모인 여덟 명의 청소년이 어떤 사람이었는지 알 필요가 있다.

다음은 그날 이야기한 순서대로 참가자가 들려준 삶이야기를 요약한 것이다. 각자 20분 동안 자기 이야기를 하고, 10분 동안 질문을 받고, 잠시 묵상한 뒤 다음 사람으로 넘어갔다. 말한 '순서'는 중요하다. 앞선 사람의 이야기가 다음 사람의 이야기에 영향을 미치기 때문이다. 이를테면 혁진이 이야기는 초희가 자신의 이야기를 어디까지 말할지 정하는 데 영향을 주었다.

이 글에서는 편의상 '내 이야기를 하는 시간'과 '네 이야기를 듣는 시간'을 구분해서 기술했으나 실제로 이 둘은 시간상 선후가 아니라 동시에 일어났다. 참가자들이 나음과 같은 이야기를 한 데는 이어지는 내용에 나오듯 그 자리의 '역동'이 작용했다.

강혁진

나는 서울에 산다. 나를 색깔로 표현하면 하얀색이다. 하얀색은 아무것도 없어서 무엇이든 그려갈 수 있기 때문이다. 고등학교 진학을 앞두고 많은 걱정을 했다. 공부를 잘하는 편이 아니어서 인문계 고등학교에 가는 것보다 기술을 배우는 게 낫겠다고 생각했는데, 내가 원하는 학교에 가지 못했다. 막상 인문계 고등학교에 입학하고 보니 친구들도 좋고 학교생활도 즐겁다. 학교에서 통일부 동아리 활동을 하면서 강화도 평화전망대에 다녀왔다. 북한 사람들의 모습이 우리와 크게 다르지 않다는 것을 목격하고 통일과 관련된 생각이 많이 바뀌었다. 장래 희망은 동물조련사가 되는 것인데 조련사가 되려면 어떻게 해야 하는지 방법을 모색하고 있다.

김윤정

나는 초등학교 때 북한에서 왔다. 지금 나를 행복하게 만드는
것은 어린 시절의 추억이다. 고향의 모습이 따뜻한 느낌으로 남
아 있다. 한국에 와서는 내가 말투부터 남들과 다르다는 걸 느
끼고 내가 북한사람이라는 것을 두고 많이 고민했다. 그러다가
한국에서 실향민 노인들을 만나 이야기하면서 마음의 위안을
받았다. 그분들을 만나면서 우리가 시간을 조금만 거슬러 올라
가도 남한사람과 북한사람을 구별하는 것이 무의미하다는 것
을 알게 되었다. 나는 심리상담사가 되는 것이 꿈이다. 내 경험
이 다른 사람의 마음속 상처를 치유하는 데 도움을 줄 거라고
본다. 나는 책 읽는 것을 좋아한다. 독서를 하면서 내가 북한사
람이라서 느껴지는 열등감에서 자유로워졌다. 나를 색깔로 표
현하면 파란색이다. 희망적인 색이라서 좋다.

서혜림

나는 안산에 산다. 아주 평범하다. 나를 표현하는 색은 검은색
이다. 검은색은 튀지 않고 어디서나 어울릴 수 있는 색이기 때
문이다. 나는 칭찬받을 때 행복하다. 칭찬받고 싶어서 공부도
더 열심히 하기 시작했다. 요즘 꿈을 두고 많이 고민한다. 항해
사가 되고 싶었는데 세월호 사건 이후 너무 큰 충격을 받아서
지금은 잘 모르겠다. 단원고등학교는 우리 집 부근에 있어서 중
학교 때 친구 중에 단원고에 간 아이들이 많다.

정소정

우리 엄마는 필리핀사람이다. 나는 어릴 때 필리핀에서 살았는
데 그때는 사람은 원래 모두 다 독특하고 다양한 존재라고 생각
했다. 한국에서는 그런 것 같지 않다. 초등학교 때 한국에 왔다.
한국어를 완전히 배우지 못하고 말투도 어눌해서 공부를 따라
가는 데 어려움을 많이 겪었다. 중학교 때도 성적이 잘 나오지
않았다. 지금도 공부에 미련은 없다. 언어를 대신할 수 있는 것
으로 그림을 선택했고 재능도 있다고 생각한다. 중학교 3학년
때 한양대학교에서 실시하는 '글로벌 브릿지' 프로그램에 참여
해 큰 도움을 받았다. 학교 공부를 따라가는 데 도움을 받은 것
뿐 아니라 나 자신을 표현하는 데도 자신감을 찾았다. 현재의
꿈은 바리스타가 되는 것이다.

김초희

나는 초등학교 때 북한에서 왔다. 한국으로 오는 과정에서 1년
도 넘게 학교를 못 다녀 마침내 학교에 간다니 정말 기대가 컸
다. 그런데 내가 북한에서 왔다는 것이 알려지자 반 아이들은
북한말을 해보라고 하고 거기에 먹을 게 없어서 왔냐고 놀려댔
다. 중학교에서도 선생님이 실수로 내가 북한에서 왔다고 애들
한테 말했다. 나는 얕잡아 보이지 않으려고 '날라리' 행세를 했
다. 마음을 터놓을 수 있는 진짜 친구를 찾기가 어려웠다. 나중
에 몇몇 친구에게 먼저 용기를 내 마음을 열고 나서 조금씩 진

짜 친구를 사귈 수 있었다. 나를 표현하는 색깔은 흰색과 검은 색이다. 무엇이든 분명한 것이 좋다. 나를 행복하게 하는 것은 가족이다. 내 꿈은 간호사인데 아버지의 반대가 커서 고민이 많다.

유강서

나를 표현하는 색은 빨강이다. 정열적이다. 나를 행복하게 하는 곳은 학교다. 친구들과 만나 어울리는 것이 좋다. 학교 선배 소개로 통일부 동아리에 가입했다. 중학교 때 공부를 열심히 하지 않아 성적이 잘 나오지 않았는데 친구들과 목표를 정해 같이 공부했다. 결국 친구들 모두 같은 학교에 합격했고 그때 큰 기쁨과 성취감을 느꼈다. 하지만 집안 사정상 갑자기 이사하면서 지금의 고등학교로 전학을 갔다. 처음에는 아쉬웠는데 지금은 새롭게 좋은 친구들을 만나서 만족하고 있다.

김서빈

나는 열네 살 때 대안학교에 입학했다. 학교가 지방에 있어서 기숙사에서 산다. 대안학교 특성상 입시 위주의 교육을 받기보다 세상의 다양한 모습을 배운다. 학교 현장학습 덕분에 제주 4.3사건 현장을 방문하기도 했고 필리핀으로 봉사활동을 떠나기도 했다. 어릴 때 안산의 외국인 밀집 지역에 살았던 경험이 있어서 지금 학교에서 다문화를 주제로 논문을 준비하고 있다.

사람들이 대안학교를 잘 몰라서 편견이 있는데 대안학교를 좋게 바라봤으면 좋겠다. 현재 특별한 꿈은 없지만 세상에 보탬이 될 수 있는 사람이 되고 싶다.

조준형

나는 다문화다. 아버지가 필리핀인 새어머니와 재혼하면서 우리 집은 다문화 가정이 되었다. 초등학교 1학년 때 부모님이 이혼하던 날 엄마에게 혼났던 일이 기억난다. 부모님이 이혼한 후 나는 아버지와 살았다. 초등학교 때 아버지를 따라 필리핀에 가서 살았는데 아버지는 그때 새어머니와 재혼했다. 나는 필리핀과 한국을 오가며 초등학교를 총 여덟 군데를 다녔다. 중학교에 와서 새어머니랑 크게 싸운 뒤 사이가 많이 나빠졌다. 새어머니와의 관계, 이복동생과의 관계를 어떻게 만들어야 좋을지 몰라 고민 중이다. 진학과 관련해 내가 원한 고등학교에서 떨어지고 될 대로 되라는 심정으로 외고를 지원했는데 합격했다. 외고는 학비가 아주 비싸서 나는 무조건 공부를 잘해 성공해야 한다. 아버지도 그걸 바란다.

삶이야기를 떠올릴 때는 대체로 행복하고 즐거웠던 일보다 아프고 슬펐던 일이 더 잘 생각나는 모양이다. 진행자가 사전에 '행복하게 하는 것'을 키워드로 제시한 것은 불행하고 힘든 일을 말해야 한다는 부담을 주지 않기 위해서였으나 참가자들은 행복한 기억보다 묻어두었던 상처를 더 많이 이야기했다.

네 이야기를 듣는 시간: 내 상처 보기

상처는 말하면서 드러났다. 그래서 말하는 사람은 눈물을 흘렸고 듣는 이는 숙연해졌다. 타인의 이야기가 묻어둔 내 상처를 건드린 경우도 있었다. 이럴 때 말하는 사람은 그저 예사로운 이야기를 했을 뿐인데 듣는 사람은 눈물을 흘린다. 참가자들은 각자 자신의 삶이야기를 하다가 자신 안에서 다른 이를 만나고, 다른 이의 삶에서 자신을 만난다.

이러한 역동을 가장 크게 경험한 사람은 초희였다. 첫 번째로 이야기한 혁진이가 학교의 통일부 동아리에서 임진각을 방문한 경험을 말했을 때 갑자기 초희가 울기 시작했다. 혁진이가 한 이야기는 이렇다.

혁진: 제가 며칠 전 강화도에 있는 통일전망대에 갔다 왔어요. 처음으로 북한을 봤거든요. 처음으로 북한을 봤는데……, 북한을 보니까 생각이 많이 달라졌어요. 제가 예전에는 굳이 통일해야 하나, 하는 생각을 했거든요. 지금 이대로 삶도 나쁘지 않은데, 통일을 하면 미래는 좋아지겠지만 지금 상황이 엄청 변해야 하잖아요. 근데 북한을 한번 보니까 아, 이렇게 가까우면 그 마을에 사

는 분 중에 이산가족이 있을 수도 있고, 그분들이 우리 쪽 전망
대를 볼 때마다 얼마나 마음이 아플까 생각이 들었어요. 망원경
으로 봤는데 북한사람이 보였어요. 근데 저희랑 진짜 다를 게 없
어요. 밭일을 하고 계셨는데 제가 시골에서 본 사람들과 거의 다
똑같고……, 그게 아마 제 생각을 바꾼 터닝 포인트가 된 것 같
아요…….

이 이야기를 하는데 갑자기 초희가 눈물을 흘렸다. 모든 참가
자가 당황했다. 제일 놀란 사람은 혁진이었다. 그는 자기가 말실수
를 했나 싶어 무척 난감해했다. 사람책 도서관 활동을 하면서 자신
이 북에서 왔음을 밝힌 윤정이와 달리 초희는 아무 말도 하지 않아
초희가 탈북했다는 것을 아는 이는 윤정이와 진행자밖에 없었다.
더구나 초희의 겉모습은 북한사람을 생각할 때 떠오르는 일반적인
이미지와 조금 달랐다. 한국 사회는 '탈북민' 하면 신체가 상대적으
로 왜소하고, 함경도 말씨를 쓰고, 동시대 남한 젊은이의 머리 스타
일이나 옷차림과 어쩐지 다를 거라는 고정관념을 보인다. 그런데
초희는 키가 크고 긴 생머리에 옷차림이 세련되고 서울 말씨였다.

아무도 초희가 눈물을 흘린 맥락을 짐작하지 못했다. 혁진이
이야기가 끝난 뒤에도 초희는 자신이 왜 울었는지 바로 말하지 않
았다. 대신 질문 시간에 이렇게 물었다.

초희: 통일에 대해서 긍정적인 마인드를 갖고 계시잖아요. 그러면

만약에 북한 여자가 결혼을 하자고 한다면 그 정도까지 다 받아들일 수 있는 거예요?

혁진: 그게 거절할 게 돼요?

초희: 그 정도로 그 사람의 문화, 이런 걸 다 받아줄 수 있다는 거예요?

혁진: 일단 결혼한다는 것 자체가 서로가 좋아서 한다는 건데 [안 될 이유가 있나요?]

초희의 질문에 혁진이는 선선히 대답했다. 전혀 아무렇지도 않게 대답해서 한참 망설이고 질문했을 초희의 마음이 가벼워졌을 것이다.

두 번째로 이야기를 시작한 윤정이는 너무 떨려서 머리가 하얘지는 것 같다고 했으나, 일단 이야기를 시작하자 오랫동안 성찰해온 것 같은 여러 경험과 생각을 들려주었다. 그중 하나는 자신이 '북한사람'이라는 낙인을 어떻게 극복했는가 하는 점이었다.

윤정: 6.25를 겪으면서 많은 사람이 이동을 했잖아요. 오고 가고. 이산가족 상봉할 때 보면 많은 분이 신청을 하고 그런 상황이잖아요……. 제가 고1 때부터 독거노인 분들을 위한 봉사활동을 했거든요. 그때도 보면 독거노인 중에도 실향민이 많아요. 그 시간이 유일하게 저의 어린 시절을 이야기할 수 있는 시간이기도 했어요. 얘기하다 보면 세대 차이가 별로 안 느껴지더라고요. 그런 거

보면 우리가 북한사람, 남한사람 구분 짓는 것이 너무나 의미 없는 일이 아닐까 하는 생각이 들어요. 그 생각을 하면서 저도 바뀌었어요. 옛날에는 애들이 "쟤 북한사람이래"라고 하면 되게 두근거렸어요. 내가 막 못된 짓 한 것 같고 물건을 빌려온 사람처럼 내가 약간 여기 빌려 있는 느낌이 강했는데, 이제는 '너도 북한사람일지 모르는데?' 막 이런 식으로 생각해요. 감히 얘기는 못하더라도 속으로는 '너도 북한사람일지 몰라!' 하고. 그때 또 하나 깨달은 거는 지금까지 다른 사람의 인식 때문에 힘든 게 아니라 내가 그렇게 생각하니까 힘들었던 것 같아요. 그래서 좀 구분하게 되었어요. 내가 책임져야 할 것과 내가 책임지지 않아도 될 행동에 대해서. 그러다 보니 훨씬 괜찮아지더라고요. 그리고 뭔가 북한사람이라는 게 나쁜 것만이 아니고 오히려 나만이 가질 수 있는 고유함, 그런 게 있거든요.

윤정이의 이야기가 끝나자 자신은 너무 평범해서 할 이야기가 없다고 생각했던 혜림이가 망설이며 질문했다.

"물어봐도 되는지 모르겠는데······, 어떻게 내려오게 됐어요?"

이 질문에 윤정이는 북한에서 한국으로 오는 여러 경로를 설명하고 아버지가 수용소로 끌려간 뒤 엄마, 언니와 함께 북한을 탈출한 이야기를 들려주었다. 혜림이를 포함해 참가자는 대부분 처음 들어보는 그 이야기를 주의 깊게 들었다.

초희는 다섯 번째로 이야기했다. 그녀는 자기 이야기를 이렇게 시작했다.

"저는 북한에서 왔어요. 내가 이걸 모르는 사람에게 직접 밝히는 것은 처음이에요."

그녀의 이야기에 따르면 처음 한국에 왔을 때, 초등학교 선생님이 반 아이들에게 초희가 북에서 왔다는 것을 알려주었다. 처음에는 호기심 어린 질문과 환대를 받았지만 곧 무관심과 은근한 따돌림을 경험한 상처가 있다. 그래서 가능한 한 남한사람처럼 말하고 꾸미고 행동했다. 그녀는 이야기하다가 여러 번 흐느꼈다. 그래서 계속 말이 끊겼다. 초희의 이야기가 다 끝났을 때 잠시 침묵이 흘렀다. 참가자들은 무슨 질문을 해야 할지 망설이는 것 같았다. 진행자가 질문했다.

"처음에 혁진이가 평화전망대에 갔다 온 이야기를 할 때 왜 눈물을 흘렸나요?"

초희가 대답했고 그 후 윤정이가 말을 이었다.

초희: (울먹이며) 그게 할머니, 할아버지가 다 보고 싶으니까. 지금 할머니, 할아버지 얼굴 기억이 하나도 안 나거든요. 몇 년 전까지만 해도 기억이 났었는데, 정말 보고 싶으면 꿈에도 나왔어요. 근데 이제는 할머니, 할아버지라고 하면 하나도 기억이 안 나고. 그냥 지나가는 사람들이 다 내 할머니, 할아버지 얼굴이랑 겹쳐 보이는 것 같고 그래서 너무 보고 싶은 거예요. 저는 어렸을 때부터 할머니랑 커가지고. 그래서 혁진이가 봤다길래 내 할머니, 할아버

091

지인 것 같아서. 모든 가족이 다 거기에 계시니까.

윤정: 저도 되게 울컥했었는데, 저는 아빠 얼굴이 그래요. 사진 이나 이런 게 있으면 좋을 텐데……, 너무 부랴부랴 나오다 보니 까……. (울먹이며) 엄마는 통일 뉴스가 나오면 하루 종일 TV 앞에 있어요. 뭐 계속, 마치 한 줄기 빛이라도 잡고 싶은 사람처럼. (울먹이며) 그렇게 매일 앉아서 TV를 봐요. 통일 뉴스만 나오면……. 저한테는 통일을 해야 하는 이유가 너무 분명한 거예요. 많은 북한사람이 그렇게 살거든요. 엄마는 할머니랑 하루아침에 이별을 했고, 지금까지 그렇게 살고 있잖아요. 언제 만날지 모르는 그 사람들을 기다리면서. 그런 거 보면 되게 안쓰러워요. 그래서 이게 너무 고마웠어요. 통일에 관심이 있다고 그래가지고. 진짜 너무 고마웠고……. (울음)

이 두 사람이 이야기할 때 눈물을 훔친 이가 여럿 있었다. 자기를 키워준 할머니가 보고 싶어서 우는 초희와 아빠 얼굴을 잊을까 걱정하고 생이별한 할머니를 그리워하는 엄마가 안쓰러워 울먹이는 윤정을 보면서 그들은 무엇을 느꼈을까? 자신의 할머니가, 아빠가, 엄마가 생각났을까? 그 순간 그들은 그동안 피상적으로 알고 있던 북한사람을 내 주변에 있는, 나와 비슷한 생각과 감정이 있는 사람으로 만났을 거다. 막연한 북한사람이 아니라 초희와 윤정이로 말이다.

마지막 순서는 준형이었다. 준형이는 이렇게 말을 시작했다.

"여러분 이야기를 들으면서 뭔가 제 삶이랑 닮은 점이 많다고 생각했어요."

그는 이런 이야기를 들려주었다.

준형: 제가 원래는 다문화 가정이 아니었어요. 원래는 아버지도 어머니도 둘 다 한국분이었어요. 초등학교 1학년 때 부모님이 이혼을 했어요. 제가 어렸을 때 기억이 진짜 없어요. 근데 유일하게 기억나는 것이 그날이거든요, 이혼했던 날. 그때 어머니가 방 청소를 하시는데 제가 방에 있었어요. 근데 제가 뭔가 실수를 한 것 같아요. 확실히 기억은 안 나는데, 어머니가 청소기로 저를 때리셨어요. 그리곤 구석으로 몰아가시면서 "누구 때문에 이렇게 되었는데"라고 하셨는지, 확실히 기억은 안 나요. 그런 다음에 한 다섯 시간 뒤에 여섯 시쯤이었어요. 그건 기억이 나요. 그때 어머니가 현관 근처에서 무릎을 꿇으시고 미안하다고…….저는 몰랐어요. 그게 이혼인지도, 그게 어머니가 떠나시는 건지도 몰랐어요. 그냥 미안하다고, 그렇게 하신 다음에 다음 날 보니까 어머니가 안 계신 거예요…….

준형이는 새어머니와의 관계에서 어려움을 겪는다고 했다. 중학교 3학년 때 새어머니와 갈등이 있었다. 그는 어머니의 사랑을 갈구했던 모양이다. 새어머니에게 "나는 어머니를 사랑하려고 하는데 어머니는 왜 나를 사랑해주지 않느냐"고 물었다고 한다. 그분의 대답은 "나는 너희들 키우려고 네 아버지랑 결혼한 게 아니다"
였다.

준형이는 이야기하는 내내 이를 악물어서 양쪽 턱관절이 불
거졌다. 울음을 뼈가 겨우 막고 있는 것 같았다. 이야기가 끝난 뒤
윤정이가 질문했다.

> 윤정: 준형이에게 엄마는 어떤 존재인가요? 내가 정말 사랑을 원
> 하는데 그렇지 않은 엄마한테 어떤 감정을 느끼는지. 원망인지 아
> 니면 내가 당신 사랑 안 받아도 상관없다, 이런 마음인지.
>
> 준형: 상당히 모호해요, 그게. 아버지가 언제나 하는 말씀이 있어
> 요. 어머니는 하늘이다, 언제나 사랑해라, 너희 어머니는 타지에
> 서 오신 분이다, 절대로 힘들게 하지 마라. 그래서 저는 어머니한
> 테 화를 내면요, 그다음에 진짜 후회를 해요. 그리고 어머니가 혼
> 을 내시면요, 저는 그냥 조용히 있어요. 차라리 그게 나은 것 같
> 아서.
>
> 초희: 근데요, 아무리 낙천주의라고 해도, 그래도 어떻게든 풀어야
> 하잖아요. [그 속상한 감정을] 어떻게 풀어요?
>
> 준형: 방법을 모르겠어요, 사실.

"표지만 가지고 책을 판단하지 마라Don't judge a book by its cover"라
는 격언이 있다. 준형이는 참가자 중에서 가장 자신감이 넘쳐 보였
다. 그는 명문 외국어 고등학교에 다니고 사람책 도서관 활동에서

자신이 좋아하는 음악을 열정적으로 들려주었다. 그래서 준형이가 이를 악물어 울음을 참으며 이런 이야기를 하리라고는 아무도 예상하지 못했다. 준형이의 사례는 사람책도 표지만으로 판단하면 안 된다는 것을 보여주었다.

대화는 다름을 뛰어넘을 수 있을까

여덟 명이 모두 이야기하고 질문하는 사이 어느덧 자정이 가까워졌다. 잠자리에 들기 전 오늘 이야기 모임을 간단히 정리하는 시간을 보냈다. 진행자가 물었다.

"이 시간이 각자에게 어떤 느낌을 줬나요? 내 이야기를 할 때 기분이 어땠고 사람들이 내 얘기를 들어줄 때 기분은 어땠는지, 다른 사람 이야기를 들을 때 내 감정은 어땠는지, 간단히 이야기해볼까요?"

참가자들은 이렇게 말했다.

혁진: 느낌이라기보다는……, 이런 자리가 많았으면 좋겠다는 생각이 많이 들어요.

윤정: 저는 북한에서 와서 가장 이해가 안 됐던 것이 '다른 걸 어떻게 받아들일까?'였거든요. 북한에서는 일방적이고 주입적인 교육

을 받아요. 근데 한국에서는 워낙 다양한 의견이 나오잖아요. 저는 그게 처음에는 너무 이해가 안 되었어요. 그러다가 사진을 찍어도 밝은 면과 어두운 면이 있다는 것을 알게 되었어요. 이면이 있잖아요. 그걸 보면서 사람도 비슷하다고 생각했어요. 이런 기회를 통해서 진짜 사람도 그렇구나 하는 것을 확신하게 된 것 같아요. 사물뿐 아니라 사람도 이면이 있는 거구나. 그래서 저는 이런 기회가 되게 소중하다고 생각해요. 사람들 이야기를 들으면서 내가 그렇게 엄청나게 특이하거나 희귀종은 아니구나, 그걸 계속 확인했거든요. 남들과 별로 다르지 않다는 걸 계속 느끼게 되거든요. 조금 다른 경험을 한 차이만 있지, 내가 막 종이 다른 것은 아니라는 것을 느낄 수 있어서 저는 좋은 시간이었어요.

소정: 여기 와서 이야기를 하면서 마음이 가벼워졌어요. 어디 가서 이런 얘기 잘 못하니까, 항상 마음에 묵혀놓았던 거를 이제야 끄집어내니까, 되게 좋았어요.

초희: 저는 이때까지 제가 세상에서 제일 힘들고, 제가 제일 상처받고, 이런 줄만 알았는데. 여기 와서 이제 다양한 사람들의 이야기를 들으면서 여러 가지 아픔들이 있다는 것을 알게 되었어요.

강서: 질문해주셨을 때 제 얘기를 경청해주셨다는 느낌이 들었고, 다른 환경에서 다르게 살아온 사람들끼리 이렇게 얘기해볼 시간이 있어서 좋았어요. 생각이 많이 바뀐 것 같아요.

서빈: 저도 이렇게 얘기 잘 들어주는 사람을 어디 다른 데서는 못 만났던 것 같아요.

준형: 이렇게 솔직하게 터놓고 얘기하는 것이 확실히 활성화되면 좋겠어요. 한국은……, 너무 애들이 서로에 대해서 무관심한 게 많은 것 같아요.

마지막으로 이런 이야기 모임이 남북한 통일을 준비하는 데 도움을 줄 것 같냐고 물었다. 그냥 자기 의견이 있는 사람만 이야기해달라고 했는데 초희와 윤정, 준형이가 대답했다.

초희: 이야기를 하면서 그 시간에 서로 소통을 하잖아요. 저는 통일을 하려면 군사분계선을 허무는 것만이 아니라 사람들의 생각이 모이게 해야 한다고 생각하거든요. 이렇게 이야기를 서로 공유함으로써 마음을 모을 수 있다고 생각해요.

윤정: 저는 이 프로그램이 굉장히 도움이 된다고 생각해요. 북과 남이 소통할 때 가장 큰 문제점이 편견이잖아요.《오만과 편견》중에 "오만은 다른 사람이 나를 사랑하지 못하게 하고, 편견은 내가 다른 사람을 사랑하지 못하게 한다"는 말이 있어요. 이 프로그램의 가장 좋은 점은 최소한 서로에 대한 편견을 좀 낮출 수 있다는 거인 것 같아요.

준형: 저는 사람들이 서로서로 스토리를 들으면서 다르구나 하고 느끼다가 뭔가 본질적으로는 공통점이 있다는 걸 알게 된 것 같아요. 그래서 북한사람과 남한사람도 다른 점이 많지만 거시적으로 볼 때는 공통점이 있다는 것을 알게 된 것 같아요.

자정이 넘어 숙소로 돌아간 참가자들은 그 후에도 헤어지지 않고 새벽 네 시까지 못다 한 이야기를 하고 잤다.

통일한 사회, 나의 삶 상상하기

다음 날 아침의 활동은 미래를 상상해보는 것이었다. 우선 참가자들에게 SNS 프로필 화면 모양의 종이 두 장을 나눠주었다. 하나는 흰색이고 다른 하나는 검은색이다. 참가자들에게 2040년의 페이스북 프로필을 적어보라고 했다. 2040년은 참가자들이 대략 40대가 되었을 때다. 흰색 종이에는 남북한이 통일했을 때를, 검은색 종이에는 지금처럼 분단된 상태를 가정하고 적었다. 즉, 여기에 이름, 자기소개, 생일, 사는 곳, 연애·결혼, 가족, 언어, 경력·학력, 직업, 동호회, 여행, 관심사 등을 적고 그 내용을 서로 나눴다.

대체로 통일한 사회나 그렇지 않은 사회나 자신의 삶은 크게 달라질 것 같지 않다고 말했다. 하는 일, 사는 곳, 관심과 취미가 크게 바뀌지 않으리라고 보기 때문이다. 다만 한 가지 다른 것은 통일한 사회를 가정하고 자신의 프로필을 적을 때 좀 더 '홀가분한 느낌'을 받았다고 고백한 점이다. 가령 통일 이후 다들 북한 지역에서 살기를 희망한 것은 아니지만, 자신이 원하면 그것을 '선택'할 수 있다는 점에서 홀가분함을 느꼈다.

그들의 이야기를 들으며 이들이 가상으로 경험한 그 자유로움과 홀가분함은 통일한 사회와 그곳에 사는 사람들의 삶에 관해 가능한 예측이라는 생각이 들었다.

1박 2일 캠프의 마지막 순서는 참가자들 스스로 이 프로그램을 평가하는 것이었다. 먼저 인상적인 점이 무엇이었는지, 제안하고 싶은 개선점은 무엇인지 등을 토론했다. 이어 이 프로그램에서 얻은 것이 무엇인지 간단히 설문지를 작성했다. 다음은 그들의 글이다.

소정

다른 사람의 생각과 통일에 대해서 다시 생각해보게 되었다.

준형

북한에 대해 확실히 배웠다.

윤정

아직은 어린 고1, 고2 학생들일 것이라고 생각했는데 저보다 더 어른스럽게 생각을 하는 것 같았던 것. 어쩌면 통일을 하는 데 있어서 제가 아는 이상으로 관심을 가지는 모습을 보면서 그동안 학교 수업에 따라가기만 급급했던 저의 모습을 반성하게 되었습니다.

초희

나이가 어려서 나의 이야기를 잘 들어줄까 걱정했고 북한사람에 대한 안 좋은 기억을 가지고 갈까 걱정했었는데 쓸데없는 걱정이었다. 희망을 보고 가게 되었다.

혁진

남을 더 존중할 수 있고 통일에 대한 나의 생각을 확실히 바꿀 수 있는 계기가 되었다.

강서

북한이라고 해서 우리와 다른 것이 없었고 북한에 대한 편견이나 인식도 많이 좋아졌다. 통일에 대해 진지하게 생각할 수 있는 기회가 있다는 게 좋았고 겉모습보다는 내면을 봐야 한다는 것을 배웠다.

서빈

살면서 한 번도 만나기 어려운 다양한 사람을 만난 것 같고 한번도 하기 힘든 이야기를 푼 것 같다. 이렇게 다른 사람이 많고 다 힘들게 사는구나 했다.

혜림

북한도 남한과 다른 것이 없고 북한에서 온 청소년은 대부분 우리가 조금만 관심을 가지면 해결할 수 있을 것 같다.

참가자는 대부분 이 프로그램에서 통일이나 북한을 다시 생각해보는 기회를 얻었다는 점을 언급했다. 이 프로그램은 북한과 통일을 직접 언급하며 정보를 제공하거나 '가르치는' 자리가 아니었지만 학생들은 통일과 북한을 생각하고, 그 사회와 그곳에 사는 사람들을 "배웠다"고 말했다.

'타인과의 만남'을 배우다

1박 2일 캠프가 끝나고 나서 한 달 뒤 참가자 여덟 명이 다시 모여 그동안 어떻게 지냈는지, 삶에 변화가 있었는지, 있다면 어떤 변화인지 이야기를 나눴다. 후속 모임을 연 것은 삶이야기 모임이 일으킨 변화가 시간이 지난 후에도 지속되는지 확인하기 위해서였다.

후속 모임에서는 다음 세 가지 질문을 하고 그들의 생각을 들었다. 첫 번째, 한 달이 지난 지금 이 프로그램의 어떤 면이, 어떤 이유로 기억에 남는가? 두 번째, 통일과 남한 혹은 북한에 관한 생각이 프로그램 전과 후에 어떻게 변화했는가? 세 번째, 다른 사람에게 이 프로그램 참가를 권유할 때 어떻게 소개할 것인가?

첫 번째 질문에 학생들은 대체로 프로그램 활동 중 삶이야기를 나눈 것이 가장 인상적이었다고 답했다. 처음 접한 타인 앞에서 자신의 경험과 내면의 깊은 감정을 표현하고 다른 사람의 삶을 경청하는 시간은 이들에게 생소한 경험이었다. 이들은 자신의 삶을 이야기하면서 과거의 삶을 반추했고, 다른 사람의 삶을 경청하며 나와 다른 사람들을 이해하는 사고의 폭을 넓힐 수 있었다.

혁진: 어디 가서 자기 인생 얘기, 이런 걸 할 수 있는 시간이 별로 없잖아요. 저는 별 힘든 과정이 없었지만 제 얘기를 하면서도 '내가 이렇게 살아왔구나' 다시 되돌아볼 수 있는 기회가 되었고…….
다른 사람 이야기를 들으면서도…… 내가 가졌던 생각과 다른 사람들이 가졌던 생각을 비교해보면 '이런 것도 다를 수 있구나' 그런, 다르게 볼 수 있는 눈을 길러주는 것 같고요.

혜림: 다양한 배경 사람들을 만나는 게 제일 좋았던 거 같아요. 말하는 것보다 듣는 게 더 좋았어요. 다른 사람은 어떻게 살아왔고 어떤 생각을 가졌는지 아는 게 더 좋았던 것 같아요.

삶 이야기를 나누는 시간은 특히 탈북 학생들에게 큰 의미가 있었던 것으로 보인다. 그들은 타인의 이야기를 들으면서 다른 이들의 삶의 무게를 이해하게 되었다.

윤정: 내 얘기 하는 것도 좋았지만 듣는 게 너무 좋았어요. 나와 별로 다르지 않다는 걸, 살아감에 있어서는 진짜 다르지 않구나……, 하는 생각이 많이 든 시간이었기 때문에.

초희: 다른 사람 이야기를 듣는 것도 좋았죠. 당연히 저만 힘들 줄 알았는데.

두 번째 질문, 즉 프로그램 전후로 통일과 남한 혹은 북한에 관한 생각이 어떻게 변했는지 묻는 것에는 대부분 프로그램 참여후 통일과 북한에 관심이 늘어났다고 했다. 그러한 관심은 행동 변화까지 일으켰다. 자료를 찾아보고, 텔레비전 프로그램을 관심 있게 보고, 프로젝트 수업으로 해보려는 마음이 생긴 것이다.

"문화 간 대화의 궁극적 목적은 '타인의 문화'를 배우는 것이 아니라 '타인과의 만남'을 배우는 것이다"라는 말이 있는데, 우리의 경험을 고려하면 이 말은 만남을 배우는 것을 뛰어넘는다. 타인과의 만남이 이뤄지면 타인의 문화도 배우고 싶어진다.

> 서빈: 통일에 관해서 생각해본 적이 없었는데 책 같은 거 도서관에서 읽다가 통일 관련 책이 있으면 보게 되고. 그래서 나중에 학교에서 프로젝트 수업 같은 거 할 때 이 프로그램을 떠올리면서 그런 분야를 해볼 것 같아요.
>
> 소정: 방송 같은데 가끔씩 나오잖아요, 북한 관련된. 예전 같았으면 그냥 채널 돌렸을 뻔한 방송을 다시 돌려서 보고 그런 식으로……
>
> 강서: 제가 통일에 대해 많이 관심이 있어서 거기 간 건 아니었는데, 이렇게 다녀와서 보니까 더 관심 깊게 할 수 있었고 자료 찾을 때도 더 주의 깊게. 이거 갔다 와서도 되게 오래 기억에 남을 수 있어서 좋았던 것 같아요.

참가자들은 통일을 '꼭 해야 하는 일'로 생각하거나 북한을 "위쪽 동네"처럼 친근하게 여기게 되었다고 표현하기도 했다.

혁진: 저는 여태까지 통일을 해야 하는 게 우리의 숙제라고 생각을 하곤 했지만, 이 프로그램을 통해서는 이게 확고해진 것 같아요. 이게 국가의 문제뿐만이 아니라 이산가족과……, 우리 원래 한 민족이었는데 우리가 원해서 헤어진 게 아니고 전쟁으로 인해서 헤어진 건데. 이제 우리는 통일을 해야 된다 안 해야 된다가 아니라 통일은 무조건 해야되는 거다, 이렇게 생각이 바뀌었어요.

준형: 북한에 대해 [직접] 들으니까 새로웠고, 말 그대로《원미동 사람들》을 읽는 느낌? 상당히 좋았어요. 친해졌다는 게 위쪽 동네의 개념에……. 북한이 아닙니다. 그냥 위쪽 동네예요.

북한이 고향인 초희의 이야기는 약간 결을 달리했다. 초희는 자신이 해야 하는 혹은 하고 싶은 역할을 좀 더 생각하게 되었다.

초희: 이 프로그램 하고 나서 베프(가장 친한 친구)라고 믿었던 친구들을 만나서 물었어요. 너네는 통일하는 것에 대해서 어떻게 생각하냐고. 걔네는 아니래요. 왜 아니라고 생각하냐니까 첫 번째는 우리가 힘들 게 뻔하다. 두 번째는 아무래도 통일을 한다고 하더라도 북한에 있는 고위 간부들 밑에서 우리가 지배당하는 게 싫다고 그런 말을 하는 거예요. […] 서운한 감정이 없지 않아 있었는데…… 생각을 바꾸게 된 게 내가 한국인이 되려 했지 내가 얘네한테 북한사람에 대해서 많이 알려주지 못해서, 얘네가 접해볼 기회가 없어서, 그런 생각 자체를 못 하는 것 같다는 생각을 했어요.

초희는 기본적으로 통일을 긍정적으로 생각하도록 주위 사람들의 시각을 바꾸기 위해 자신이 할 수 있는 일이 있을 거라 믿었고, 그것을 자신의 의무이자 사명으로 여기고 있었다. 더 나아가 남북한뿐 아니라 더 큰 공동체를 아우르는 통일도 생각하게 되었다고 고백했다.

> **초희**: 통일이라는 게 남과 북의 문제로 인식이 되고 있는 것 같아요. 소정이도 그렇고 준형이도 그렇고. 다문화 가정을 통합하는 것도 통일이잖아요. 앞으로 프로그램 진행을 할 때 통일의 범위를 넓게 사람들한테 설명을 해주시면 좋겠어요.

마지막 질문은 다른 사람에게 이 프로그램 참가를 권유할 때 어떻게 소개할 것인지였다. 이 질문은 참가자들이 각자 프로그램 경험을 어떻게 이해하고 개념화하는지 알아내는 방법이다. 고등학생 참가자들은 이렇게 말했다.

> **강서**: 처음에는 아무 생각 없이 왔는데 또 막상 와보면 자기한테 도움이 되고 많이 얻어갈 수 있는 경험이 된다고 말해주고 싶고.
> **준형**: 이 프로그램은 세 가지 장점이 있어요. 첫째, 북한과 통일에 관한 기존의 관념들을 떨쳐낼 수 있는 기회가 될 수 있어요. 둘째, 여러 가지 썰을 들을 수 있고 풀 수 있습니다. 그리고 그 썰은 당신의 인생이 될 수 있어요. 마지막은 끝날 때 뭔가를 쥐여줘요. 그게

통일에 관한 새로운 생각일 수도 있고 혹은 삶에 대한 새로운 방향일 수도 있어요. 여러분이 이 프로그램에 오신다면 이 모든 걸 가져갈 수 있을 것입니다.

혜림: 통일이라고 하는 데 굳이 통일만 포함되는 건 아니고, 우리가 살아왔던 걸 말할 수도 있고, 통일에 대해 다시 한번 생각할 수 있고, 통일에 대한 고정관념을 없앨 수 있는 프로그램이라 설명하고 싶습니다.

혁진: 통일된 한국에 놀러 갔다 와라. 통일 한국에 놀러 갔다 와라. 통일에 대해서 강요하는 그런 머리 아픈 것이 아니고 놀러 가는 체험을 해보라고 소개해줄 수 있을 것 같아요.

초희: 저는 외로운 사람이면 오라고 얘기를 하고 싶어요. 이 프로그램에 와서 저는 아홉 명의 사람(참가자 일곱 명과 진행자 두 명)이 제 얘기 하나에만 집중을 해주는 걸 보면서 '내가 이 사람들한테 지금 이런 존재가 되는구나. 그래서 외롭지 않다' 이런 느낌을 많이 받았거든요.

윤정: 친구들한테 이 프로그램을 얘기할 때는 "남의 이야기지만 그 속에서 너를 발견할 수도 있을 거야"라는 얘기를 하면서 추천을 해주고 싶어요.

'통일' 하면 흔히 남한사람과 북한사람이 함께 사는 것을 생각한다. 그런데 남북한 주민 안에도 배경이 다양한 사람들이 있다. 남한에는 다문화 가정을 이룬 이주민도 있고, 먼저 탈북해 한국에 정착하면서 통일 과정을 경험하고 있는 탈북민도 있다. 이 캠프에 참가한 학생들이 통일을 한반도에 사는 모든 구성원을 포함하는 더 큰 공동체 안에서 생각하게 된 것은 이 프로그램의 성과라고 볼 수 있다.

참가자들은 1박 2일 캠프가 끝난 뒤에도 SNS로 서로 소통했다. 그리고 후속 모임에 참석한 그들은 한자리에서 만난 것을 몹시 기뻐했다. 나중에 들은 바로는 그날도 공식 모임이 끝난 후 그들끼리 2차, 3차 모임을 이어가면서 늦게까지 시간을 함께 보냈다고 한다. 1박 2일이라는 짧은 시간, 첫날 점심에 모여 다음 날 점심에 헤어진 불과 24시간 남짓한 시간 동안 그들은 매우 친해진 것 같았다. 단지 그들은 하루 동안 이야기를 나눈 것뿐이다. 무엇이 이들을 이토록 가깝게 만들었을까? 우리는 그것이 이야기의 힘이라고 생각한다.

다양한 사람들이 모여 삶이야기를 나누는 프로그램은 이들에게 자신의 이야기를 듣고 공감해주는 사람을 만나는 따뜻하고 외롭지 않은 시간이었다. 또한 타인의 삶이야기를 들으며 자신을 발견하는 시간이었다. 무엇보다 통일을 다시 생각해보는 한편 통일에 관한 고정관념을 깨고 새로운 시각을 기르는 시간이었다. 진솔한 삶이야기를 나눈 경험이 개인에게 의미하는 바는 사람마다 조금씩 달랐으나 그 위로의 힘은 모두에게 제법 강력했다. 특히 상처가 많았던 이들에게 그 힘은 더 큰 것이었다

2부

개인으로
이야기하기:

국적과 이념,
가해자와 피해자의 벽을 넘어

4장

냉전의 한복판을 관통해온 사람들: 다름을 이해하고 같음을 뛰어넘기

조일동

둥글게 자리한 여섯 명의 노인은 얼굴만 봐서는 영락없이 평범한 동네 할아버지, 할머니다. 깔끔한 테이블보와 꽃이 핀 나뭇가지로 장식한 무릎 높이의 낮은 테이블을 두고 둘러앉은 그 70대 노인들은 진행자가 인사를 건네기 전까지 서로 통성명을 자세히 나누지도 않았다. 카메라와 진행자가 노인들을 둘러싸고 있어서인지, 아니면 다른 참가자가 낯설어서 그런지 모르겠지만 서로 눈도 마주치지 않고 테이블 중앙에 놓인 마이크와 프로그램 안내 리플릿만 보고 있는 이들 사이는 어딘지 서먹하다.

각자의 배경이 어떤지 도무지 알 수 없다. 단지 한눈에도 엇비슷한 연배임을 알게 해주는 얼굴의 주름과 흰머리, 수수하지만 깔끔하게 차려입은 노인이라는 점에서 이들은 '우리'로 엮어지는 눈치다. 하지만 잠시 후 한 사람씩 삶이야기를 들려주면서 피부색과 생김새는 닮았지만, 서로 너무 다른 삶을 걸어온 존재임을 깨달아

간다. 부드럽게 말을 떼던 목소리는 놀람의 탄성으로 바뀌기도 하고 상대가 얘기하는 중간에 날카롭게 끼어들었다가 진행자의 제지를 받기도 한다.

흥미롭게도 참가자 한 명 한 명의 삶이야기를 모두 나누고 다음 날 헤어질 무렵이면 놀라운 일이 벌어진다. 서로의 위치가 절대 '같을 수는 없지'만 적어도 이전처럼 다르다고 뭉뚱그려 무작정 증오할 수 없는 "온전한" 한 사람, 한 사람으로 새롭게 자리매김하는 것이다. 이틀 동안의 대화는 서로 이념이 대립했음에도 불구하고 상대방을 '닮은 점이 있는 사람'으로 바라보도록 인식을 바꿔놓았다. 평생 대화를 나눌 수 없으리라 여겼던, 심지어 존재만으로도 치떨리는 분노를 일으켰던 사람의 삶 속에 나와 공감할 만한 면면이 숨어 있음을 발견하는 경험을 했기 때문이다.

온전한 개인으로 만나다

이 글은 글로벌다문화연구원이 2012년부터 2019년까지 16회에 걸쳐 진행한 '한민족 다문화 삶의 역사 이야기' 프로그램 중에 포착한 몇 가지 흥미로운 지점을 다루고 있다. 이 프로그램을 기획한 배경에는 연구원이 위치한 경기도 안산의 시민들과 대학·연구기관이 인문학적으로 소통할 방법을 모색하려 한 실험이 있다.

'치유의 인문학'이라는 다소 거창한 제목이 붙은 이 프로그램은 학자가 시민에게 지식을 일방적으로 전달하는 판에 박힌 인문학 강좌에서 벗어나기 위한 시도였다. 평범한 시민이 지역의 대학 구성원에게 삶의 가르침을 나눠주는 한편 그 과정에서 시민 사이의 소통을 활성화하기 위한 기획이었다.

마침 안산시는 한국에서 가장 배경이 다양한 많은 다문화 이주민이 살고 있는 도시였다. 안산이라는 도시 자체가 1970년대 중반 간척지 위에 세워진 계획 공업도시로 주민 모두가 이주민인 도시다. 이제는 조금 일찍 혹은 늦게 안산에 자리한 각기 다른 문화, 역사, 언어, 종교적 배경에 따른 이주민 집단 사이의 갈등과 편견이 점차 커지고 있는 도시이기도 하다.

다문화 이주민이라 일컫는 인구 중 다수는 소위 '코리안 디아스포라diaspora'라 할 수 있는 중국 조선족과 중앙아시아 고려인이다. 다시 말해 이들은 민족적ethnic으로 한민족이되 국적nationality이 다른 사람들이다. 우리는 식민지와 한국전쟁, 냉전 시대를 거치며 아시아 각국으로 흩어졌던 한민족 구성원이 다문화 갈등의 당사자 중 하나라는 사실에 주목했다.

안산에는 러시아 사할린에서 영주귀국을 선택한 노인들의 집단 거주지도 있다. 냉전의 한복판에서 서로 다른 이념을 내세우는 국가 구성원으로 살아왔지만 여러 가지 이유로 지난 몇 년 사이 한반도 남쪽으로 이주해 안산 시민으로 살게 된 이들이다.

연구진은 다른 나라 국민으로 살다가 한반도로 귀환한 재일·재미를 포함한 재외동포, '대한민국 국민' 안에서 서로 다른 삶의 궤적을 경험한 탈북민과 실향민, 파독 광부와 간호사, 민간인 학살 피해자와 장기수 등을 대학교 공간으로 초대했다. 그렇다고 '한민족다문화 삶의 역사 이야기' 프로그램에서 배경이 다양한 한민족을 한자리에 초대해 민족 집단 역사를 다시 쓰려 한 것은 아니다. 오히려 여러 궤적을 관통하며 일생을 '살아낸' 다양한 안산시, 나아가 한국 사회 구성원의 삶 하나하나에 주목하고자 했다. 체제와 이념, 국적 같은 표지를 떼고 온전한 개인으로서 각자가 들려주는 삶 이야기를 함께 나누고 싶었기 때문이다.

우선 참가자는 30~40분이라는 길지 않은 시간 동안 자신의 지난 삶을 그들 나름대로의 방식으로 갈무리해 들려주었다. 그리고 다른 참가자들이 서로 묻고 답하면서 압축한 삶이야기의 빈 부분을 함께 채웠다. 그렇게 삶이야기를 나누는 과정에서 국경과 문화를 넘나들며 접한 각기 다른 체제나 이념 사이에 대립 양상이 나타나기도 했다. 하지만 70년 넘는 세월을 살아온 한 사람, 한 사람의 삶'들'이 더해지고 겹치면서 대립은 점차 일그러졌고 마침내 서로를 온전한 개인과 개인으로 마주하는 순간이 왔다.

이 글은 바로 그 순간의 경험에 주목하고자 한다. 다시 말해 어떤 맥락에서 다름이 드러났고 그 다름에 담긴 의미는 무엇이며 공감대화 참가자들이 그러한 대립을 어떻게 뛰어넘었는지, 적어도 다름을 어떻게 틀림이 아니라 다름으로 마주하게 되었는지 살펴본다.

이 장에서 소개하는 사례가 단일 공동체라고 상상하는 한민족 서사에 가려진 민족 내부의 '다름'과 그것이 드러나는 맥락의 의미를 탐색하고, 나아가 '같음'이라는 강박 없이 다름'들'이 공존할 가능성을 성찰해보는 계기가 되길 바란다.

모든 삶이야기의 시작점

한민족 구성원의 다수는 일제강점기, 한국전쟁, 산업화 과정에서 자발적 혹은 비자발적으로 이주를 선택했다. 이로 인해 지난 100여 년 동안 많은 한민족 구성원이 삶과 가치관의 변화를 겪어야 했고 그 과정에서 정체성이 불안정해졌다.

예를 들면 일본에서 일본 국민으로 살다가 2차 세계대전 종전과 함께 무국적 외국인이 된 '재일동포', 소련 국민도 일본 국민도 아닌 모호한 존재가 된 '사할린동포'와 중앙아시아 '고려인', 하루아침에 중국 국민이 된 중국 '조선족', 이념이 달라 대한민국 국민이되 국민이 누려야 할 권리를 누리지 못한 '민간인 학살 피해자'와 그 유가족, 더 나은 삶을 위해 미국·독일·남미 등으로 이주했다가 재입국해 한국인과 해당국 사이에 '낀' 존재로 살아온 이민 세대, 한국 국적자임에도 일상 속에서 끊임없이 배제당하는 경험을 토로하는 '탈북자' 들은 모두 사회·문화·역사·개인 차원에서 누구보다 정체성을 고민하며 살아온 존재다.

이처럼 배경이 다양한 70대 이상의 한민족 구성원을 모아 삶 이야기를 나누다 보면 흥미로운 공통점을 발견할 수 있다. 삶이야 기를 자신의 어린 시절 기억에서부터 시작하는 게 아니라 부모나 조부모 세대 이야기, 즉 일제강점기 경험으로 거슬러 올라가 풀어 낸다는 사실이다. 이는 [조]부모 세대가 겪은 식민지 경험이 생애 전체를 관통하는 중요한 사건임을 은유한다. 그들은 구술 시작부 터 일생의 대부분을 보낸 공간이 일제강점기에 [조]부모 세대가 감 행한 강제적 혹은 자발적 이주의 결과임을 강조했다. 놀라울 정도 로 참가자들은 하나같이 윗세대 이주사로 이야기를 시작했다.

김일정: 시작하겠습니다. 나는 지금 중국에서 근 70년을 지냈지 만 태어난 자리는 한국이라요. 전라북도 순창군 적성면 지북리 입니다. 내 그 당시, 내가 다섯 살 때 어머니하고 아버지가 우리 삼 형제를 데리고…… (기침) 북만주로 가서요. 지금 말하자면 할빈 (하얼빈). 어째 갔는가 하면 이때는 몰랐지만은…… 일본사람들 이 아부지를 군대로 잡을라고 하는 바람에 아부지 "군대는 죽어도 안 간다. 가자, 썩은 좁 한 그릇을 먹어도 그래도 중국에 가면 먹는 다." 함서 이래가지고서 중국에 드가게 되었어요.

김진경: 그니까 아버님이 집에 잘 안 계시고 여러 군데 이렇게 이 동하시고 살아오신 모양입니다. 일제강점기에 강점, 강점기……. 아……. 1940년에 우리 아버님과 일본을 거쳐 일본에서 조금 계 시다가 사할린 갔습니다. 그때 막 모집이 있었던 모양입니다. 1년

후에 우리들 이제 가게 됐죠. 식구, 나머지 식구가 아버님 따라 사
할린. 그래 갔을 때 유월 달이었습니다. 그 해…….

일제강점기에 생계를 위해 고향을 떠나 현재의 중국, 러시아
등으로 이주한 까닭에 부모 이야기부터 꺼내는 걸까? 광복 즈음 태
어나 이주를 감행한 부모 세대와 전혀 다른 시대를 살아온 사람조
차 삶이야기의 시작은 태어나기도 전인 일제강점기부터다. 이들
이 들려주는 이야기 속 일제강점기는 여전히 생생할 뿐 아니라 모
든 삶이야기의 출발점이다. 혹시 일제강점기는 한반도를 떠난 코리
안 디아스포라가 자기 이야기를 시작하는 전형적인 발화 지점이 아
닐까?

이를 확인하려면 한반도를 떠나본 적 없는 참가자의 삶이야
기와 비교해볼 필요가 있다. 한반도 거주민의 삶이야기는 일제강
점기나 선대가 감행한 [이주] 경험에서 자유로울까? 그럼 한반도
에서 일생을 살아온 남성과 부유한 제주 출신 여성 참가자의 삶이
야기를 살펴보자.

장천수: 왜정 때 그…… 을지로가요, 일본말로 고가네마치라고 했
어요. 그걸 오정목, 그렇게. 지금 을지로5가죠. 거기서 나가지고
거기 방산 초등학교라 해서 방산 시장, 거기에 지금은 없죠. 거기
다니다가 이제 해방이. 음 해방 1년 전에 우리 집이 거기서 좋고,
옛날엔 이…… 방앗간을 크게 해서 […] 해방 1년 전에 그 일본, 일

본사람들이 떡방아 기계 있죠? 쇠, 쇳덩어리. 그거 압수하는 바람에, 그래가지고 이젠 말하자면 소카이疎開라 그러지 일본말로. 그래서 피난을 우리 아버지, 어머니가 당진으로 갔어요.

박정애: 집안이 조금 좀, 그 제주도 그 지방에서는 세력이 좀 있었던가 봐요. 그런데 큰할아버지 큰아들이 대동아전쟁에 군인이 올 때 사형당했어요, 일본사람한테. 그렇게 집안이 기울어지기 시작했는데요.

역시 시작은 태어나기 전이거나 기억이 없을법한 일제강점기 얘기다. 아픈 기억이든 즐거운 기억이든 참가자의 다수는 식민지 경험에서 자유롭지 않았다. 구술자의 [조]부모 세대가 선택한 이주가 겉으로는 자발적 행동처럼 보이지만 실은 식민지의 척박한 압력 속에서 다른 생존 가능성을 모색하며 떠난 것에 가깝기 때문이다.

이러한 경향은 부모가 아닌 자신의 선택으로 1960년대 이후 미국, 독일, 아르헨티나 등으로 이주한 인물의 삶이야기에서도 나타난다. 한민족의 아르헨티나 이주 관련 자료를 모아 책을 집필한 김철영 역시 기억이 또렷한 부산에서의 유년 시절 얘기가 아니라 일제강점기에 함경남도 영흥에서 근로감독관으로 일한 아버지를 소개하는 것으로 삶이야기를 시작했다.

김철영: 크리스마스에 이북에서 배를 타고 이북에서 올라오고 했

는데[*] 저도, 저는 태어나…… 이북에서 태어났답니다. 이북에서 태어나가지고 그 배를 타고 그거(남쪽으로 피난)…… (진행자: 흥남부두) 네, 그래서 거제도에서 살았습니다. 기억은 저는 전혀 없습니다. 근데 아버님께서 그때 이북에서 무슨 일을 하셨나 나중에 확인해보니까. 확인이라기보다 알아보니까 요즘 말로 하면은 근로감독관, 광산 근로감독관 그런 일을 일제 때부터 해오셨는데. 인제…….

일제가 아직 강제동원을 하지 않던 시기임에도 많은 참가자가 부친이 강제동원, 강제징용을 당했다고 구술했다. 이는 오류라기보다 당시 한반도를 떠난 이들이 느낀 현실적인 상황인식에 가깝다고 본다. 이후 일본 패망과 함께 스탈린의 강제이주 집행, 중국 정부의 소수민족 정책으로 이들은 각기 다른 이름(조센징, 차오셴쭈, 코료, 코리안 등)으로 불린다.

냉전으로 한반도로 돌아갈 길이 닫히기도 했고 새로운 터전에서 애써 얻은 가족과 재산 등 여러 정황이 이들을 한반도로 돌아가지 못하게 만들기도 했다. 이 모든 과정에는 개인의 힘으로 어찌할 수 없는 역사라는 흐름이 있었다. 그래서 이들은 떠날 때의 의도와 상관없이 자신들의 처지가 '강제'에 따른 것이라고 느낀다.

---

[*] 흥남부두를 거쳐 이북에서 남쪽으로 내려왔다는 이야기를 전달하는 과정에서 "올라오고 했다"고 잘못 구술한 것으로 보인다.

김호일: 네. 우리 아버지는 경상북도 태어났습니다, 1917년에. 1938년경에 그 강제동원으로 사할린 나가서 탄광에서 일했습니다, 아버지가. 나는 사할린에서 1942년에 태어났습니다. 내가 17 세 될 때까지 아버지가 러시아 국적을 받지 않았습니다. 왜냐하면 러시아 국적을 받아놓으면 한국으로 못 나간다 해서, 내가 17살 될 때까지 러시아 국적을 안 받았습니다. 그 1959년에 내가 10학년, 그 중학교 졸업할 때 되니까 아버지가 빨리 러시아 국적 받자.

일본인은 떠났지만 여러 가지 이유로 그곳을 떠날 수 없었던 코리안 디아스포라는 자신이 일군 터전으로 들어온 다양한 사람과 만났고 또 새로운 방식으로 삶을 개척했다. 그들은 러시아인 사위와 며느리를 맞이했으며 자녀들은 세계 곳곳에서 살고 있다. 한반도에 정주한 조상보다 문화적, 역사적, 언어적으로 복잡한 존재가 된 것이다. 이러한 혼종混種 경험에도 불구하고 이들은 스스로 [우리] 한민족이라 소개한다. 이 주장은 자신들이 겪은 삶의 궤적을 긍정하고 역동적으로 만드는 장치이기도 하다. 각각의 코리안 디아스포라 집단은 자신의 정체성을 역동적으로 구성하기 위해서라도 식민지 경험을 끊임없이 현재로 소환하고 재구성한다.

식민지와 광복 역사 속에서 이주민은 언제나 변방에 놓인다. 역사학자 테사 모리스 스즈키Tessa Morris-Suzuki는 변방이란 맥락적으로 창조 영역에 가깝다고 지적한 바 있다.[1] '한민족다문화 삶의 역사 이야기'에 참가한 사람 중 다수가 자신의 위치를 변방에 두는 사고방식은 일제강점기에 일본과 일본인을 중심에 두고, 조선과 조선인을 외부인으로 만들던 사고방식이 변형된 형태에 가깝다. 단지 중심을 한반도와 한국민으로 대체했을 뿐이다.

일제강점기에 선대가 이주한 경험으로 시작하는 참가자들의 삶이야기는 식민지 경험이 만든 중앙 - 변방 사고체계가 여전히 개인과 집단의 사고방식에 깊이 자리하고 있음을 보여주는 증거일지도 모른다. 이 사고체계 안에서 코리안 디아스포라는 언제나 변방일 수밖에 없다. 이에 따라 이들은 자신을 변방의 존재로 바라보는 한국 사회와의 만남에서 인적, 문화적, 언어적, 물적 관계를 연결해 자신의 변방성을 중화하는 전략을 구사해왔다.

이들은 한민족 삶이야기에서도 익숙한 전략을 사용하며 구술을 시작했다. 하지만 모든 참가자는 결국 자신이 누군가의 시선에서는 변방의 삶이지만 각자의 맥락에서는 중심인 삶을 헤치며 살아왔음을 깨달았다. 덕분에 모두가 자연스럽게 자신이 성장한 삶의 터전과 생애 과정을 당당하게 이야기했다.

대화는 어떻게
화해의 도구가 되는가

인류학자 권헌익은 냉전은 글로벌하게 펼쳐졌으나 이것이 "세계 전역에서 똑같은 방식으로 겪은 충돌이란 뜻은 아니"라고 강조한다.[2] 냉전이 유럽과 북미 국가에 상징적이고 외교적인 수사였다면, 식민 지배에서 벗어난 신생 독립국가에는 대부분 잔인한 내전과 폭력의 시대였다. '한민족다문화 삶의 역사 이야기' 프로그램 참가자들의 공감대화에도 냉전은 한반도 거주민뿐 아니라 다양한 지역에서 삶을 보낸 코리안 디아스포라의 시공간 대부분에 짙게 드리워져 있었다. 그것도 상징적·수사적 전쟁이 아니라 가족을 잃고 사랑하던 사람을 증오하게 만든 절절하고 피맺힌 열전熱戰으로 자리했다.

2013년 4월 12일 오후, 한양대학교 에리카 캠퍼스에서 진행한 4차 '한민족다문화 삶의 역사 이야기'에서는 여섯 명의 참가자가 대화 모임을 시작했다. 그런데 간단한 자기소개 시간부터 자신이 냉전이 만든 이념 대립의 희생자임을 자처하는 이가 등장했다.

박순이: 반갑습니다. 저는 대구에서 온……, 10월 항쟁…… 유족 회장 박순이입니다. 나이는 69세고예. 또…… 지금 자영업, 식당을 하고 있습니다. 어, 저는 소개가 극히 간단하게 했는데 저는…… 그……, 이런 자리에 서기가 참 안 좋습니다. (울음) 빨갱이라고 파혼당했고…… (13초간 여운) 그리 20대부터 쭉 지금까지 저 혼자 살아오고 있습니다. 아버지 명예와 억울한 누명을 벗기 위해서 열심히 일하고 있습니다. 이상입니다.

이날 모임에는 박순이 외에 또 다른 10월 항쟁* 희생자의 아들, 중국 출신 조선족 여성, 사할린 출신 영주귀국자 남성, 탈북민 여성, 중앙아시아 출신 고려인 남성이 참가했다. 같은 회차에는 가능한 한 배경이 같은 참가자를 섭외하지 않는 것이 프로그램의 진행 기준이었으나, 낯선 사람들 앞에서 혼자 이야기하길 꺼리는 10월 항쟁 유족의 특수한 사정 때문에 이날은 다소 예외적인 구성으로 대화 모임을 진행했다. 프로그램의 성격과 목적을 설명하고 이해를 구해도 끊임없이 경계하는, 즉 한국 사회에서 소위 '빨갱이'로 낙인찍힌 이들이 보이는 날카로운 거부의 몸짓[3]을 고려해 구성한 대화 모임이었다.

그들은 한반도 남쪽에서 나고 자랐으며 대한민국 국민으로 교육받고 성장했다. 그렇지만 그들은 연좌제 탓에 평생을 비국민에 가까운 삶을 살아왔다. 우리는 그들을 초청해 반공이라는 '이념'이 이들의 삶에 끼친 슬픔과 상처가 무엇이었는지, 또 만일 사회/공산주의라는 반대편 이념을 내세운 사회에서 살아온 사람들의 삶 이야기와 만나면서 그 상처가 어떤 위치에서, 어떤 의미로 자리매김되는지 살피고 싶었다. 10월 항쟁 유족이 경험한 잔인한 상처가 이념이 만든 또 다른 방식과 모습의 상처를 안고 있는 다른 참가자

---

* 미군정 시절인 1946년 10월 1일 대구에서 발발해 전국으로 퍼져간 일련의 운동을 지칭한다. 콜레라가 창궐한 대구 지역의 식량난이 심각한 상태였음에도 불구하고 미군정은 지역을 봉쇄하고 친일 관리를 고용해 강압적인 식량 공출 정책을 지속했다. 이에 불만을 보인 민간인과 일부 좌익 세력이 경찰과 행정 당국에 맞서면서 항쟁이 시작되었다. 미군과 반공주의 우파 단체 관련자가 좌파를 체포한다는 명분으로 심각한 테러와 재산 피해를 일으켰다.

의 삶이야기와 만났을 때 어떤 변화가 일어나는지 관찰하고 싶었던 것이다.

연구진을 포함해 모든 참가자가 서로의 다른 경험을 온전히 느낄 수는 없겠지만 적어도 상대의 고통을 듣고, 묻고, 더 자세히 알아가면서 상대방을 어떤 집단의 일원이 아닌 고통을 감내하며 살아온 온전한 개인으로 바라볼 수 있지 않을까? 그러면 우리가 나와 다른 집단이라 여기는 존재를 막연하게 뭉뚱그려 단정하는 일은 줄어들지 않을까? 이를 위해 우리는 어떤 시각과 태도로 대화를 이끌어야 할까?

우리는 공감대화가 단순한 상호 이해에 그치지 않고 사회적 화해 방향과 실마리를 모색하는 작업으로까지 나아갈 수 있을지 그 가능성을 꼼꼼히 짚어보고자 했다. 평소에도 그랬지만 이날만큼은 대화 모임 현장에서 정치나 이념 이야기와 공격적인 질문이 나오지 않도록 진행자가 더욱더 미리 단속하고 조정하며 대화를 이끌었다.

마침내 참가자가 삶이야기를 시작했다. 각자의 이야기는 한반도를 집어삼킨 이념 대립과 그 대립이 자아낸 폭력 역사를 일반적인 역사 서술처럼 가해자와 피해자로 명료하게 나눌 수 없게 만들었다. 아니, 오히려 가해와 피해의 경계를 기묘하게 파고들었다. 이야기는 대화 모임을 준비한 이는 물론 참가자 누구도 예상치 못한 장면으로 흘러가기 시작했다. 결정적인 사건은 중국에서 태어나 광복 이후 아버지가 남한으로 떠난 뒤 조부모 손에서 성장한 이원숙

의 사연이었다. 결혼 후 남편의 병을 고치기 위해 북한으로 이주한
그녀는 탈북한 뒤 아버지를 찾고자 했다는 사연을 들려주었다.

이원숙: 50년도 전쟁에 나가서, 그 중국에서 사람 많이들 죽이던
게 그 버릇이 어딜 가겠습니까? 그…… 뭐, 컴퓨터에 보면. 예, 내
하루 놀랐습니다. […] 이덕승(아버지, 가명)이 가족을 찾아서예 만
났는데, 그 이넉승(두 번째로 이름이 등장하자 박순이 눈이 커지며 이
원숙을 쳐다봄)이는 일찍이 사망됐지마는 이덕승이 처(남한에서 재
가한 부인)가 미국에 있더랍니다. 미국에 딸 너에 아들 하나라고.
그리고 여기 아들이 군대 나갔다 죽고 손자가, 큰 손자가 있는데
큰 회사를 꾸렸더랍니다. 그래서 아버지 있는 데다 전홧 하이까
예, 아버지 있는 데다 전화를 하니까에 그 딸이 나와서 그렇지마
는 삼촌의 싸우(사위)가 "무슨 상관이냐고 모른다케라." 이렇게 전
화왔습니다. 그래서……, 저는 아버지를 찾고 싶은 마음이 없습
니다.

박순이: 아버님의 이름이 이덕……?

이원숙: 이덕승.

이현옥: 거기 독립단 있지요. 이덕승 독립단.

이원숙: 지금 가면 100세…… 조금 넘을 겁니다.

이현옥: 성함은?

박순이: (손을 살짝 들다가 다시 내리며 떨리는 목소리로) 이덕승이
세요?

이원숙: 이덕승.

박순이: 덕승이 맞으세요?

이원숙: 이덕승. 덕. 승.

이현옥: 독립단은 못됐다고 하더라고. 어르신들 말도 그렇고. 독립
군 말고 독립단이. 두 패래요. 지금으로 말하면, 이제 독립군은 백
성을 위한 거고 독립단은…….

10월 항쟁 유족회 회장으로 활동하며 민간인 학살 관련 진상
을 밝히고자 하는 박순이는 탈북한 이원숙의 아버지 이름을 듣자
마자 놀라며 여러 차례 확인했다. 조부가 중국으로 건너간 까닭에
중국에서 태어나 평생을 살다가 손자를 돌보기 위해 1996년 한국
으로 이주한 이현옥은 '독립단'은 백성을 위한 독립군과 서로 반대
라고 강조했다.

박순이와 이현옥이 '이덕승'과 '독립단'에 동요하며 거듭 확인
하고 강조한 이유는 무엇일까? 이덕승은 1933년 만주국군 군의관
으로 부임한 인물로, 1936년부터 조선인의 사상 통제를 강화하기
위한 일본군 육군특무기관에서 조직한 단체 활동을 거쳐 1937년
만주국군 제1독립포병대대에서 상위로 일했다. 광복 후 대한민국
육군에 편입한 그는 여순사건(1948. 10.) 당시 호남방면전투사령부
로 개칭한 반군토벌사령부 사령관으로서 진압 작전을 지휘했다.
여순사건은 대구에서 벌어진 10월 항쟁과 함께 대규모로 민간인
학살을 자행한 사건이다.

박순이는 이덕승 같은 만주군 출신으로 국군이 된 인물의 손에 아버지를 잃은 피해자 유가족, 즉 냉전이 자아낸 커다란 상처를 안고 살아온 인물이다. 그런 의미에서 이원숙은 가해자의 딸이 분명하다. 그러나 이원숙 역시 아버지 이덕승이 남한으로 홀로 귀국하면서 중국에 남겨졌고, 이덕승조차 예상하지 못한 냉전 격화로 아버지를 잃었다. 이원숙은 동아시아를 이념 대립으로 몰아간 냉전 속에서 아버지의 소식을 제대로 듣지 못한 채 조부모 손에서 자라야 했다. 나아가 자신을 버리고 떠난 셈인 아버지를 향한 원망을 평생 가슴에 품고 살아온 또 다른 피해자이기도 했다.

식민지와 냉전의 맥락 속에서 서로 다른 방식의 피해자로 자란 두 사람이 한자리에서 만난 셈이다. 섭외 과정에서 진행한 간단한 사전 인터뷰로는 이런 내밀한 사실을 알 수 없었다. 대화 모임 진행 중에 예상치 않게 냉전 피해 당사자 두 사람이 대면하는 상황이 삐죽 솟아올랐다. 이날의 사건만큼 쌍방이 피해자라 날카롭게 대립하지 않더라도 나이가 비슷한 코리안 디아스포라가 모여 삶이야기를 나눌 때, 냉전의 상처가 튀어나오는 것은 그리 놀랍거나 예외적인 일이 아니다.

예를 들어 순천 지역 한 마을의 이장이던 당숙이 1948년 5월 좌익 청년들에게 살해당하는 사건을 겪은 뒤 대한청년단에 가입해 우익테러 활동을 한 마정호는 한국전이 발발하자 자진 입대해 낙동강 전투를 경험했다. 그가 가장 관심을 보인 참가자는 젊은 시절 북한의 개성 인근 포병부대에서 장교로 군생활을 한 박강명이었다. 그는 박강명에게 북한의 생활, 특히 이념 강화를 위한 제도적 장치를 끊임없이 캐물으며 진행자의 제지에도 불구하고 북한을 향한 이념적 적개심을 드러내는 말과 남한 사회의 우월성을 거듭 발언했다.

> 마정호: 제가 질문을 하나 할랍니다. 지금은 일주일에 이북서, 회의를 이북 사람들은 자주 허지요? 야간에도 회의, 몇 번씩이나 합니까? 일주일에?
>
> 박강명: 네. 회의란 게 우선 조직이 뭔가 봐얀디. 북에는 조직이 어떻게 된가 하매 첫째는 당, 노동당. 두 번째는 사로청, 세 번째는 여맹, 네 번째는 농금맹 네 개 조직입니다. 이 조직마다 주 한 번씩 생활총화 그런 회의를 합니다. 일주일에 한 번씩.
>
> 마정호: 아, 그러면 일주일에 네 번을 해야겠으.
>
> 박강명: 아, 그렇지. 생활총화란 뭣인가? (하략)

북한 체제의 문제점을 지적하고자 계속 질문하는 마정호와 북한 체제를 설명하려는 듯 답을 시작했다가 어느새 북한 주민 사이의 정과 우정만 자꾸 강조한 박강명, 두 사람의 묘한 신경전과 불편함은 계속 이어질 것 같았다. 그런데 팽팽하게 수평선을 그리던 두 사람의 대화가 예상치 못한 방향으로 흘러가는 계기가 생겼다. 일제의 징병을 피해 1944년 만주로 이주한 뒤 중국에서 학교를 졸업하고 북한과 중국을 오가며 철강 일을 하던 이호준이 팽팽하게 대립하던 마정호와 박강명의 이야기에 끼어든 것이다.

그에게는 '항미원조전쟁(중국에서 한국전쟁을 일컫는 말)'에서 친지를 잃은 경험이 있었다. 비슷한 연배의 남성인데다 한국전쟁 희생자를 친지로 둔 이호준은 이념 차이와 전쟁을 매개로 이어지던 마정호와 박강명의 대화에 끼어들 일종의 '자격'이 있다고 판단한 모양이었다. 더욱이 자신은 탈북민이 아니고 중국에 살면서 탈북민을 만난 경험이 있었기에 마정호의 공격적인 질문과 다른 얘기로 흘려보내려는 박강명의 대답 사이에 끼어들 수 있다고 여긴 듯하다.

> 마정호: 또 하나 의문 나는 거 있는디, 한 가족이 북에 살다가 일부만 탈북을 했으면 나머지 탈북한 가족이 있잖아요.
>
> 박강명: 있어요.
>
> 마정호: 그러믄 와버린 사람, 현지 마을 사람들이 고발을 허잖아요?
>
> 박강명: 마을 사람들이 중국에 간 줄 알지. 아직 없어요, 지금은. 그러나 젊은 사람들은 그렇게 생각하고, 젊은 사람들은. 우리는 칠십 넘었으니까 이건 찾지도 않아요. 어디 간 줄 모른다, 다 지워버린단 말입니다. 중국에 왔다고.
>
> 마정호: 아~ 이러고 저러, 중국이 좋기는 좋고만. […] 이북서 그러겄고만요? 여 사람 어디 갔냐고 그러면 중국에 여행 가뿌렀다고 그러믄 되는구만?

진행자: 중국이 피난지다.

이호준: 북한 학생들도 그렇게 생각한다. 이, 먹을 게 없으니까 중국으로 먹고살라다가 이렇게 (손가락으로 뛰어넘는 시늉) 생각한다.

최전방에서 포병장교로 지내며 늘 긴장하면서 사느라 고혈압을 얻은 전직 인민군 박강명과 낙동강 전투에서 주변 동료들이 총탄에 쓰러져가는 모습을 숱하게 본 전직 국군 마정호, 중국에서 실시간으로 전쟁 소식을 들었고 참전한 사촌을 잃은 상처가 있는 이호준은 한자리에서 대화를 나누었다. 서로에게 총부리를 들이댔고 전쟁 후에도 머릿속에서 끊임없이 서로를 제거해야 하는 적으로 느꼈던 상대와 한자리에서 마주하는 것은 당혹스럽고 긴장감 도는 일이다.

그래서 서로에게 하는 질문은 탈북한 참가자와 중국군 일원으로 한국전쟁에 참전한 친지를 둔 조선족 참가자를 사상적으로 의심하며 지금은 얼마나 철저하게 공산주의자 혹은 반공주의자인지 묻는 것으로 시작했다. 이때 이호준은 두 사람에게 자꾸만 중국에서 항미원조전쟁을 어떻게 생각하는지, 중국에 살던 조선족 젊은이가 얼마나 많이 한반도를 도우러 갔었는지 강조하며 대화의 방향을 틀었다. 나아가 중국이 어려웠던 시기에 무엇을 어떻게 먹었는지 얘기하며 한반도 남쪽과 북쪽에서는 전쟁과 전후에 어떻게 먹을 걸 찾았는지 궁금해했다. 대화는 어느새 음식과 맛 이야기로 흘러갔다. 심지어 세 사람은 닮은 입맛을 찾기까지 했다.

군인만 한국전쟁을 겪은 것은 아니다. 남북한은 물론 중국에 살던 많은 사람도 가족 중 일부를 전쟁에서 잃었다. 국경을 넘나들 생애를 듣기 위한 목적으로 초대한(이념 대립과 관계없어 보였던) 참가자조차 삶이야기 속 어느 지점엔가 서북청년단이나 좌익에게 친지를 잃은 기억이 등장했다. 일본에서 총련과 민단 사이의 이념 대립이 한국어와 조선어 대립으로 비화한 아픈 경험을 들려주는 참가자의 삶이야기를 들으며, 한민족 언어를 맘껏 사용할 수 있었던 삶 자체가 부럽다고 밝힌 사할린 영주귀국자도 있었다. 그는 사할린에서 조선어 인쇄 기술자로 살다가 소수민족 언어 사용 금지로 하루아침에 실직을 당했다.

어느덧 참가자들은 자신이 경험한 가장 치열하고 잔인했던 삶을 상대방이 겪은 조금 결이 다르지만 치열하고 아팠던 삶이야기에 비춰보기 시작했다. 첫 번째 구술자와 두 번째 구술자를 넘어 다음 사람의 이야기로 이어지면서 그들은 한탄과 아픔이 자신만의 것이 아니라, "누구 선생님과는 다르지만 내 경험도……"로 점차 상대화했다.

본격적인 대화에 앞서 간단하게 자기소개를 듣고 긴장하던, 심지어 적대적인 시선을 보내던 이들은 서로가 냉전 속 열전의 희생자였음이 드러나는 삶이야기를 들으며 각자 겪은 일이 자신만의 고통이 아니었다는 걸 깨달았다. 자신을 아프게 한 이도 또 다른 아픔과 슬픔을 경험했음을 알았기 때문이다. 공감대화 과정에서 모든 갈등은 상대적이었다.

이야기하기, 경청하기
묻고 답하기

문화인류학자 빅터 터너Victor Turner는 다양한 문화권의 의례儀禮 사례를 분석하면서 거의 모든 의례가 일상에서 행하던 정례적이고 규범적인 사회관계를 무너뜨리는 것에서 출발한다는 사실을 발견하고 여기에 주목했다. 터너에 따르면 의례 생성 과정은 일상 규칙이 무너지고 비일상적인 새로운 위기crisis가 점점 증가하다가 일상과 비일상이 서로 합쳐지며 새로운 의미로 틀을 짓는 교정redressive action 단계로 나아간다. 이 교정 단계는 의례의 가장 한복판에서 벌어지며 그 순간 참가자는 '이도 저도 아닌' 전이적 존재가 된다[4]. 전이 단계에 이르면 의례 참가자는 기존 가치 체계나 규칙을 뛰어넘어 모두가 공통 감각을 나누는 특별한 시간과 경험을 함께한다.

마찬가지로 첫날 자기소개를 할 때만 해도 팽팽했던 긴장감은 한 사람씩 돌아가며 주어진 같은 시간 동안 자기 이야기를 들려주면서 점차 의례적인 모습을 띤다. 특히 참가자들은 한 사람씩 차례로 삶이야기가 이어지면서 명확히 규정한 발언 시간 동안 자신이 아무런 제재 없이 이야기를 들려줄 수 있다는 규칙이 공고함을 확인한다. 이는 자신감 있게 자기 이야기를 하게 해주었다.

대화 모임에 참가한 이틀 동안만큼은 자신의 이야기를 안전하게 전할 수 있다는 신뢰가 생기자 참가자들은 자신의 시각이나 내밀한 경험을 점점 더 구체적으로 들려주었다. 물론 모든 참가자는 정해진 시간 동안 상대가 들려주는 이야기를 경청해야만 했다. 이는 곧 반공 신념으로 살아온 참가자도 탈북민이 들려주는 북한에서의 행복했던 기억, 중국 조선족의 몸에 밴 사회주의적 태도 등을 꼼짝없이 들어줘야만 했다는 의미다.

가령 엄혹한 냉전 역사를 경험한 마정호는 남한 사회에서 대화 상대방보다 자신을 우위에 둘 수 있는 특별한 행동양식이 몸에 배어 있었다. 자신이 우익 반공투사임을 강조하며 누군가를 빨갱이로 지목하거나 비슷한 이야기를 꺼내는 순간, 주변의 다른 화제가 모두 사라지고 자신의 행동과 말에 권위가 섰던 것이다. 하지만 대화 모임이라는 의례적 시공간에 있는 동안 마정호의 반공투사 경험은 북한에 살면서 밝은 미래를 꿈꾸던 박강명의 젊은 시절 기억보다 더 큰 가치를 얻지도 않았고 그렇다고 부정당하지도 않는 평등한 경험'들' 중 하나가 되었다.

공감대화 모임은 한국전쟁과 냉전이 만든 뾰족한 '빨갱이' 이야기를 뭉툭하게 만드는 평등한 시간을 함께하며 다양한 차원의 질문과 대화를 이틀 동안 이어갔다. 이 과정에서 한국전쟁을 전혀 다른 세 가지 시점(남한, 북한, 중국)으로 바라보는 삶이야기들이 하나씩 더해지며 참가자 각자가 확신했던 자신의 정체성을 뛰어넘어 과거의 경험을 새롭게 생각해보는 기회가 만들어졌다. 한국전쟁을 남측 입장으로 설명할 수도, 북측 입장에서 이해할 수도, 중국 입장에서 받아들일 수도 없는 단지 슬프고 아픈 대립의 기억으로만 새롭게 의미화한 것이다.

덕분에 반공투사도, 북한 군인 출신 탈북민도, 중국 출신 조선족도 모두 서로를 이념 대립의 희생자이자 어떤 방식으로든 희생과 아픔을 딛고 삶을 살아온 한 사람의 생활인으로 바라보게 되었다. 처음에는 다른 이념을 품고 살아온 서로에게 생채기를 내고 싶어 하던 참가자들의 이야기는 한국 술이 북한 술보다 약하다, 북한은 안주 없이 담배를 피우며 술을 먹기도 한다, 중국은 안주가 좋다, 술안주로는 개고기가 더 좋다는 식으로 개인과 개인의 취향을 드러내는 쪽으로 흘러갔다.

세 사람은 각자 이념과 체제가 삶에서 가장 중요한 위치를 차지하고 있고 평생 그 의미를 좇으며 살아왔다. 그런데 60여 년 만에 만난 눈앞의 적, 그토록 죽이고 싶던 적은 너무도 평범한 노인이었다. 심지어 그들은 삶이야기 중간에 술 얘기가 나올 때마다 손으로 술잔을 들이키는 시늉을 서로 똑 닮게 해대고 있음을 발견했다. 이틀의 시간이 지나면서 다른 참가자들은 스스로 대립 존재라여기고 있는 세 사람을 술 좋아하는 취향과 몸짓이 닮은 인물들로이해하기 시작했다. 이념과 다른 차원에서 펼쳐지는 일상 속 공통점이 부상하면서 대화 모임이 일시적으로 취향이 같은 관계로 재구성한 세 명의 개인이 만나 평등한 대화를 나누는 시공간으로 변화한 것이다. 이와 함께 참가자의 성격까지 변화했다.

참가자가 들려준 삶이야기와 여기서 기인한 대화의 이념 대립이 날카로워 도저히 틈이 없어 보이더니 이야기를 주고받으며 그 대립은 취향으로 두루뭉술하게 만났다. 첫 만남의 점심 식사 자리에서 멀찌감치 앉았던 세 사람은 가벼운 술이 더해진 저녁 식사 자리에서는 마주 보고 앉아 건배사를 제안했고, 다음 날 헤어질 때는 악수를 했다.

고작 이틀의 경험이 참가자의 이념과 사고방식을 바꿔놓았을 리는 없다. 다만 우리는 균열 가능성을 발견했음을 지적하고자 한다. 이 균열은 한 사람, 한 사람의 이야기에만 집중하는 기존의 일반적인 구술사 채록만으로는 불가능했을지도 모른다. 이는 비일상적 공간에서 서로 묻고 답하며 함께 삶이야기를 완성해간, 즉 의례적 성격이 짙은 대화 모임 경험이 만든 결과라고 이해했다.

차별의 토로는 차별의 시선을 거둔다

아버지의 명예를 회복하려는 일념으로 삶을 이어왔다는 박순이는 아버지 같은 억울한 죽음을 만들어낸 이승만 정부의 실세이자 여순사건 토벌대 사령관의 딸이 또 다른 참가자 이원숙임을 확인했다. 하지만 삶이야기를 진행하는 현장에서 그 이상 언급하지는 않았다. 진행자가 마지막으로 질문할 기회를 주었을 때도 "할 말은 많지만……"이라며 말끝을

흐리고 넘어갔다. 그러다가 결국 저녁 식사 자리에서 그 이야기를 꺼냈다. 이덕승이라는 이름을 듣는 것만으로도 얼마나 놀라고 떨렸는지 말이다.

이원숙의 삶이야기를 경청한 뒤 이어진 저녁 식사 자리에서 박순이가 이원숙에게 건넨 말은 항의도 분노도 아니었다. 미국에 살고 있다는 아버지의 배다른 자식들이 만남을 거부했다는 슬픈 사연에 공감하는 내용이었다. 아버지 부재로 평생 경제적, 이념적으로 힘겨웠고 또 북에 남은 가족 모두 고통을 당한 삶이야기를 들려준 이원숙에게 박순이는 "그래도 아버지(의 남은 남한 쪽 가족)와 화해는 꼭 하시"라고 몇 번이나 당부했다. 이념과 체제를 넘어 참가자 각자의 삶의 경험에 공감한 순간이 만든 결과다.

삶이야기를 나누는 대화 모임은 가해와 피해의 시시비비를 가리고 아픔을 극복하거나 이념과 체제의 옳고 그름을 판단하기 위해 마련한 자리가 아니다. 그래도 다른 사람이 들려주는 삶이야기를 경청하고 평범한 궁금증을 묻고 답하는 대화 모임 과정은 서로의 삶이 드러내는 다름과 그 다름의 맥락을 이해할 수 있는 틈새를 열어준다. 함부로 화해와 치유를 말할 순 없지만 대화 모임이 의례적인 시간 구조 속에서 최소한 서로의 삶에 드리워진 굴곡과 아픔만큼은 공감할 가능성을 열어주었다고 할 수 있다.

남북한에서 각각 직업 군인이던 두 사람의 서로 다른 이념을 억지로 잇거나 화해하도록 만들 수는 없었다. 그렇지만 두 사람 사이에는 포로로 잡혔다가 풀려나자마자 술부터 찾았고 고난의 행군 시기에도 도토리로 몰래 술을 만들어 마신 공통점이 있었다. 그날의 대화 모임이 끝나고 이어진 저녁 식사 자리에서 마주 앉아 한참이나 술을 주고받던 두 사람은 갑자기 참가자 모두에게 건배를 제안했다. "이제는 무슨 일이 있어도 전쟁은 없어야 한다"면서 말이다.

한국전쟁 중에 어떻게 너희 가족만 피난을 가느냐며 항구에 묶인 나무배의 줄을 놓아주지 않는 사람들을 뒤로하고 남한으로 피난을 와 반공주의 일선에서 살았던 실향민과 국군에게 온 가족이 몰살당한 민간인 학살 피해자 유가족이 대화 모임 중에 서로에게 "고생하셨다"며 위로를 건네는 모습은 무엇을 의미할까? 추상적·집합적으로 뭉뚱그려 '적'으로 여겨온 상대를 최소한 살아 있는 사람, 나처럼 상처 입은 사람이라고 인식하도록 해주진 않았을까? 대화 모임은 냉전에 따른 내 슬픈 역사가 동전의 양면처럼 누군가의 다르지 않은 상처라는 사실을 상대화해보는 기회를 제공했다.

적어도 '한민족다문화 삶의 역사 이야기'를 진행하는 이틀 동안은 일상의 규범과 규칙을 상대화하는 것은 물론 참가자 사이의 상호 이해와 신뢰가 분명 유지되었다. 그런데 이러한 신뢰는 다른 종류의 위기가 수면 위로 등장하게 했다. 예를 들면 보통 한국민과 만난 자리에서라면 함부로 꺼낼 수 없던 한국 사회의 제도적, 사회적 차별과 몰이해를 토로하는 일이 가능했다. 그 대화에서 우즈베키스탄 출신 고려인 2세와 사할린동포 1.5세, 재일동포 4세, 중국 조선족 1.5세, 남한 정주민은 서로의 호칭을 물으며 불만과 궁금증을 해소하기 위한 얘기를 주고받았다.

천아르카지: 그러면 영주권 받았어요? 지금? 한국에?

이원숙: 영주권이라는 게 없고 고저 우리는 오자마자 국적 올리고 하나원에서 나오자마자 금천구에서예. 북쪽은 다 해줍디다.

나희태: 오셨는데 환영하는 박수 한 번 쳐주입시다.

이현옥: 우리 중국에서 온 사람들은 여기 국적이 있어야 되지만 북한사람들은 오면 다 국적 올려줘요, 예.

최고선: 그…… 의문이 있는데요. 그러니까 중국에서, 옛날에서 있었던 중국에 조선족이죠. 그래서 소련에 사시는 조선사람 처음 봤는데, 고려인이라고 합니까?

남로제: 네, 네. 그런 사람들이 있고, 에…….

윤제상: 그거는 우리 역사 박사들한테 물어봐야 돼요. 왜서 고려인이라 하는가. 똑같은 조선시대, 1863년도에 넘어갔거든요. 선조들이 러시아로.

진행자: 그때 넘어간 게 1863년.

윤제상: 네, 그게…… 첫 그……, 세 가구가 넘어갔다고 돼 있거든요. 러시아에서 등록된 게. 그런데 중국에 간 사람들은 조선족이라 하고, 러시아 간 사람들은 고려인이라고 하고, 응? 사할린 넘어간 사람들은 한국인이라 하고.

진행자: 동포라고, 사할린동포…….

윤제상: 일본은 이제…… 재일동포라 하고.

최고선: 재일동포, 예…….

윤제상: 나는 그…… 항상 보면 교포는 뭐고, 동포는 뭐고. 어떨 때
는 교포도 부르고 재소동포라 하지, 교포라 안 하고.

어떤 집단에 명칭을 붙이는 일은 그냥 벌어지지 않는다. 그것
은 정치, 문화, 역사가 중첩된 맥락과 전략이 뒤엉킨 결과다. 코리
안 디아스포라와 한반도 정주자를 포함한 모든 참가자는 대화하면
시 자신을 규정해온 한국 사회의 호칭과 대우에 의문을 표했다.

그들은 가령 중국·사할린·우즈베키스탄·러시아 출신이라는
이유로, 오사카에서 조선학교를 다니며 익힌 억양 때문에, 심지어
한국전쟁 때 남으로 피난을 와 아버지가 좌익활동을 해서 그리고
전라도 출신이라 받아야 했던 차별 경험과 주홍글씨 같은 호칭을
토로했다. 누구는 진학 기회를 잃었고 또 누구는 간부로 승진하지
못했다. 어렵게 익혀 잊지 않았다고 뿌듯해했던 조선어가 일본 억
양이라고 따돌림을 받았으며 얼굴도 보지 못한 아버지의 딸이라서
취업에도 혼인에도 제약을 받았다.

이런 내용을 허심탄회하게 털어놓는 일은 독백이 아니라 개
개인의 삶이야기를 들려주고 답하며 만들어진 의례적 신뢰 없이는
불가능하다. 그렇게 흘러간 대화는 마침내 호칭이 만든 선입견과
차별의 시선을 토로하는 것으로 이어져 한국 사회의 중앙과 변방
이미지를 낯설게 보도록 만들었다.

태국인의 정체성을 연구한 지리학자 통차이 위니짜꾼Thongchai
Winichakul은 "새로운 가장자리"를 만드는 일이 곧 "우리"를 조직하는

일이라고 지적한 바 있다.[5] 이는 가장자리, 즉 변방이 만들어질수록 중심이 분명해진다는 얘기다. 이 중심 개념은 일제강점기에 완성된 사고체계를 한반도와 한국민으로 대체했을 뿐 전혀 다를 바 없다. "'그들'의 식민화를 비난하며 '우리'의 식민화를 더 정당하고 칭송할 가치가 있는 것으로 만드는" 행위와 다르지 않다. 공감대화 모임에 참가한 사람들의 차별 토로와 삶이야기의 맥락을 알고 차별의 시선을 거두게 만든 경험은 우리에게 시사하는 바가 크다. 그들은 한민족 역사는 한반도 거주민인 대한민국 국민만 독점할 수 있는 성격의 것이 아니며, 이제는 다양한 한민족 경험을 담아내는 민족과 국민의 새로운 틀이 필요함을 강변했다.

최고선: 보니까 이것이 그 뭐랄까 재일조선인, 일본에 사는 재일조선인. 나는 국적이 없습니다. 아까 "국적이 어떻게 되어 있어요?" 하니까 실은 조선사람이라고 하는데, 패스포트 하나 없습니다. 그래서 그 한국 대사관에 가서 이번에 올 때도 그 임시, 한 번만 쓸 수 있는 임시 여권을 내왔습니다. 그니까 이것 없이는 나는 바깥에 나가본 적이 없습니다. 그래서 일본에서 나의 그 신분을 증명해주는 것은 사이뉴코쿠再入國, 재입국 허가서죠. 그니까 특별한 이유가 있어서 나가도 되지만 너는 돌아와도 좋다, 보통 나가버리면 돌아오지 말라고 합니다.

배경이 다양한 코리안 디아스포라 노인들이 공감대화 모임에서 삶 이야기를 나눈 결과, 한민족 역사와 이념을 아우르는 어떤 하나의 절대적 개념이 있을 수 없음이 드러났다. 심지어 한국 국민 안에서도 각기 다른 한국을 경험하며 살아왔다. 이는 한민족이 다르면서도 닮은 가지 세계를 지니고 있으며 또한 비슷해 보이지만 전혀 다른 감각과 세계관을 지닐 수 있음을 다시 생각해보는 기회였다.

'한민족다문화 삶의 역사 이야기' 과정에서 드러난 다양한 사례는 단일민족 신화를 해체하는 선에서 그치지 않았다. 개인의 삶을 바탕으로 인간적인 이해를 보이는 태도는 근대 한민족사가 만든 수많은 적대 관계를 뛰어넘을 단서도 제공했다. 그리고 식민지와 냉전 시대에 자행한 수많은 국가폭력 피해자와 가해자를 사회적으로 어떻게 치유할 것인지 고민의 실마리도 줬다.

앞서 소개한 극적인 사례가 아니어도 16회의 공감대화 모임은 모두 유사한 모습을 보였다. 평범한 삶을 살아왔다고 여겼던 참가자들은 대화 모임이라는 의례적 시공간으로 넘어오는 순간 가족사 어딘가에서 식민지 경험, 냉전, 체제와 이념의 다름 그리고 남녀·지역·학력 등 수많은 차별의 시선이 만든 가해와 피해 경험을 하나씩 토로하는 모습과 마주했다.

놀랍게도 가해 집단과 피해 집단 구성원은 서로 눈앞에서 만났음에도 불구하고 삶이야기를 나누는 과정에서 적개심이 다른 방향으로 물꼬를 트기 시작했다. 다시 말해 지난 내 인생을 망쳐놨다고 여겼던 가해자(혹은 관련자)를 최소한 상대방이 겪은 삶의 특수성 속에서만큼은 이해할 가능성을 찾아냈다. 나와 상대의 삶을 이해하는 것이 곧 화해와 치유를 의미하는 것은 아니다. 그러나 '한민족다문화 삶의 역사 이야기'는 적어도 문제를 가해와 피해라는 명료한 이분법으로 판단하는 것을 넘어, 처벌이 아닌 대화로 문제 해결을 시작할 가능성을 보였다. 그것은 우리 모두가 하나의 '같음'으로 설명할 수 없는, 하지만 '다름' 속에서도 '닮음'을 찾아가며 함께 살아갈 수 있는 사람으로 서로를 보게 만들었다는 점이다.

이 장은 〈현대사회와 다문화〉에 발표한 논문 '다름을 인정하기, 다름을 이해하기, 같음을 뛰어넘기: 협력생애사 과정에서 드러난 코리안 디아스포라의 국민과 민족 경계 연행에 대한 분석'(10권 1호, 2020년)에 담긴 내용을 기반으로 했으나 주요 사례를 제외하면 전면 개정한 글임을 밝힌다.

프로그램 참가자 명단

참가자	성별	출생연도	출생지	이전 거주국	구술 날짜
김일정	남	1935년	전라남도	중국	2012년 11월 23일
김진경	남	1934년	함경남도	러시아	2012년 11월 23일
장천수	남	1933년	서울	한국	2013년 4월 26일
박정애	여	1924년	제주도	한국	2012년 10월 20일
김철영	남	1944년	함경남도	아르헨티나	2019년 4월 26일
김호일	남	1941년	사할린	러시아	2012년 10월 20일
박순이	여	1945년	경상북도	한국	2013년 4월 12일
이원숙	여	1939년	옌볜	북한	2013년 4월 12일
이현옥	여	1939년	옌볜	중국	2013년 4월 12일
마정호	남	1930년	전라남도	한국	2012년 11월 9일
박강명	남	1938년	함경북도	북한	2012년 11월 9일
이호준	남	1930년	헤이룽장성	중국	2012년 11월 9일
천아르카지	남	1939년	우즈베키스탄	우즈베키스탄	2013년 4월 13일
나희태	남	1947년	경상북도	한국	2013년 4월 13일
최고선	여	1955년	도쿄	일본	2019년 4월 27일
윤제상	남	1945년	사할린	러시아	2019년 4월 27일
남로제	여	1957년	우즈베키스탄	러시아	2019년 4월 27일

5장

밀려났다가 돌아오고
정착했다가 떠나는 사람들:
경계를 초월한 경험

문현아

"한국에 와서 벌써 14년을 살았는데, 뭐~ '어데서 왔느냐' 하는 말은 있지만 '어떻게 살았느냐' 하고 물어보는 사람들은 거의 없었습니다."

2014년 '삶이야기' 워크숍에 참여한 윤기준이 구술을 시작하며 꺼낸 첫마디다. 윤기준의 이 한마디는 초국적 경험을 한 코리안 디아스포라의 삶을 대하는 한국[인]의 입장을 잘 요약해준다. 윤기준의 삶을 '국가' 변천과 함께 짧게 요약하면 이러하다.

윤기준은 개성 출신인 아버지와 함경도 갑산 출신인 어머니가 한반도에서 사할린으로 이주한 뒤, 1930년대 일본 영토였던 사할린에서 태어났다. 이후 소련 영토가 된 사할린과 모스크바에서 국적 없이 한인으로 살았다. 1950년대 그는 소련 국적을 취득해 소련인으로 살다가 1991년 소련 해체로 러시아 국적자가 되었다. 그리고 2000년 초반 사할린 한인 영주귀국 대상자로서 한국의 초청을 받아 한국으로 입국했다.

이처럼 코리안 디아스포라로 70여 년을 살아온 윤기준의 삶을 대하는 한국 사회의 자세는 "어디서 왔어요?"라는 한마디로 일단락된다. 지난 1세기에 있었던 식민과 광복 이후 한반도에서 다른 땅으로 이산·이주한 재외한인 혹은 그곳에 남거나 돌아온 후손이 '어디에서 왔는지'만 궁금해할 뿐 그 삶의 과정이 구체적으로 어떠했는지 물어본 적이 없다는 얘기다. 그러니까 한국 사회는 코리안 디아스포라가 어디서 살았는지, 어디에서 왔는지 구분하고 명명하긴 해도 정작 그들의 삶이 어떠했는지 귀 기울여 들으며 그 경험을 의미화하는 데는 상대적으로 관심을 기울이지 않았다.

이런 맥락에서 삶이야기는 '어떻게 살았느냐'에 서로 관심을 기울이는 데 초점을 두었다. 특히 역사와 정치 배경이 서로 다르고 지리적 공간도 다른 곳에서 살아온 참가자들은 비록 짧게나마 한자리에 모여 서로의 '삶이 어땠는지' 묻고 그 대답을 들으며 서로 연결돼 있으면서도 달랐던 각자의 삶이야기를 나누었다.

역사를
현실로 살아낸 사람들

이 글은 2012년 10월부터 2014년 8월까지 모두 12회에 걸쳐 70여 명이 참가해 진행한 '한민족다문화 삶의 역사 이야기' 워크숍을 토대로 한다. 이 프로그램은 사할린동포, 중국동포, 탈북민, 고려인, 재미동포, 재일동포, 파독 광부와 간호사 등의 참가자와 함께 진행했다. 이들을 한자리에 모아 공감대화를 하게 된 맥락은 일차적으로는 아픔과 질곡의 시간을 보낸 서로의 경험을 듣고 나누기 위함이었다. 무엇보다도 이 글을 통해 서로의 아픔을 위로하고 쓰다듬으며 서로의 진솔한 역사를 생생하면서도 담담하게 토로하고 들었던, 그 공감 경험을 미래세대에게 전달하고자 했다.

여기에는 초국적 경험을 한 사람뿐 아니라 국경을 넘지는 않았으나 냉전을 겪은 한반도의 한국이라는 공간 안에서 '비'국민처럼 여겨진, 즉 정치적 맥락에서 마치 난민처럼 탄압과 억압과 배제의 대상이던 사람도 함께했다. 예를 들어 실향민, 장기수, 원폭 피해자, 학살 피해자 유가족, 북파공작원 등은 한반도 국경을 벗어난 적이 없지만 한반도에서 식민지와 냉전의 고통을 고스란히 감내하며 내부의 정치적 이산인離散人 경험을 했다.

그렇게 역사의 시간이 현재를 거쳐 미래로 흐르는 동안 사람들은 그 흐름 속에서 한반도를 중심으로 밀려났다가 돌아오고, 정착했다가 다시 떠나는 등 이주와 정주를 거듭하며 한반도라는 공간을 넘나드는 경험을 했다. 그 개인과 집단의 경험 중 특히 한반도에 뿌리내리지 못한 혹은 한반도에 남았어도 냉전의 흔적과 식민지의 억압으로부터 여전히 자유롭지 못한 사람들의 이야기는 영화에서 간간이 조망하긴 했다. 그렇지만 그 역사를 현실로 살아낸 사람들의 실제 경험은 아직 충분히 조망하지 못하고 있다.

삶이야기 프로젝트는 그러한 경험을 한자리에 모아 부족한 여백을 조금이나마 메우려 한 시도였다. 구술사oral history나 생애사 life-history는 사회가 역사적으로 중요하게 주목하지 않은 집단과 개인의 삶을 그들의 관점 혹은 목소리로 재현하고 구현해 새로운 역사적 의미를 만들어내는 방법론이자 이해하는 틀이다. 나아가 이것은 삶이야기 프로젝트에서 적극 도입해 시도하는 중요한 이해 방식이다.

이 프로젝트는 한 걸음 더 나아가 구술사를 위해 개인별로 접근하는 방식을 통합해 여러 사람이 협력해서 함께 이야기를 나누고 그 의미를 다져가는 '협력생애사' 방식, 즉 함께 모여 이야기를 나눔으로써 새로운 역사를 기억하는 방식을 활용했다. 특히 한반도를 중심으로 떠났다가 돌아오는 순환과 탈순환의 연결망 속에서 이주와 정주를 반복하며 살아온 사람들의 이야기를 듣고 함께 공감하는 데 방점을 두었다. 모든 참가자가 서로에게 익숙한 역사를 나누는 동시에 낯선 타인의 역사를 배우는 계기가 되도록 만들기 위해서였다. 이 프로젝트는 한반도를 떠났다가 돌아온 사람뿐 아니라 원래의 터전이자 고향을 떠났다가 돌아오기도 하고 돌아오지 못하는(혹은 돌아오지 않는) 사람들, 이른바 '코리안 디아스포라'도 포함한다.

국가 경계를 넘나드는 이들은 고향과 타향에서 이중적, 양가적, 복합적 정체성을 지니고 있다. 다시 말해 한국과 본국(자신이 태어난 나라) 모두에 소속되거나 소속되지 않는 참가자들은 고향과 타향의 의미를 두고 복합적 심정을 드러낸다. 동시 소속이 가능하다는 맥락에서는 이중적이지만 바로 '둘' 모두에 속하는 그 상황 때문에 오히려 양쪽 모두로부터 부정당할 수 있는 모순적 양가성이 있는 것이다. 그 점에서 한마디로 정리하기 어렵고 단순하게 정리할 수도 없는 복합적 정체성을 지닌 셈이다.

국가 탄생 이후에는 그 국가가 정하는 영토에서 태어났을 때 대체로 해당 국가 국민의 자격을 자연스럽게 취득하지만, 대한민국 탄생 이전에 태어나 한반도 경계를 넘나들며 산 사람들은 국민 '이전의 존재'로 살았다. 이들은 국가 정체성을 넘나들거나 가로지르며 국가라는 경계가 한 개인에게 주는 의미가 무엇인지 질문하면서 억압과 배제와 단절을 경험해왔다.

고향의 정의

'고향'이란 과연 무엇일까? 고향은 태어난 곳인가, 아니면 오랫동안 살던 곳인가? 지금은 떠났지만 어릴 적 살던 곳인가? 이 질문의 답은 이주와 이산 경험에 따라 달라질 수 있다.

국내 이주나 국제 이주가 비교적 제한적이었다면 고향은 본인이 태어나 자란 곳이라는 의미가 강할 수 있다. 그런데 삶이야기 프로젝트 참가자들은 고향의 의미를 이렇게 국한해서 설명할 수 없는 경험을 공유하고 있었다. 사실 이들 중에는 한반도에서 태어나지 않은 사람도 많았는데, 이들에게 고향은 '부모의 땅'이자 내가 태어난 곳은 아니지만 내 뿌리가 살며 경험한 기억 속의 고향이었다. 이를테면 본인이 태어난 곳과는 다른, 본인이 살아본 적 없는 상상 속의 장소였다. 차희진은 사할린으로 떠난 사람들의 경험을 기억하는 자녀 세대의 삶이야기를 들려주었다. 그녀는 어머니 배 속에 있는 상태에서 사할린으로 가 우글레고르스크에서 태어났다.

> 차희진: 저희 아버님은 42년도 봄에 그, 강제징용은 아니지만은 모집으로, 모집으로 들어가신 거예요. […] 그, 우리 어머니를 들어오라 할 때 이모를 데리고 오라 하신 거는 왜냐하면 거기서 같이 일하시면서 어, 자기 친한 분이 계셨는데. 마음이 너무 예쁘고 그거 한다고 처제를 인제 중매해준다, 이래 해가지고 데리고 오라고 하고. 또 사위 될 사람도 인제 마련해놓고 다 우리 아버지가 다 그렇게 동서 될 사람, 사위 될 사람 다 해가지고. 딸도 데리고 오너라, 동생도 데리고 오너라, 이렇게 해가지고. 가서, 거기 가서 딸도 시집보내고 처제도 시집보내고 다 시집보내가지고 다 이제 한군데서 이렇게 모여서 살고 있었대요.

"고향이 어디신가요?"라고 물었을 때 차희진은 "경기도. 어머니가 사시던 곳"이라고 답했다. 태어나서 살던 사할린 지역에서 비행기로 세 시간을 날아와 도착한 한국 땅이 고향이라고 했다. 사할린 한인은 대다수가 강제징용으로 사할린에 정착한 것으로 알려져 있다. 그런데 워크숍 참가자들의 이야기를 들어보니 강제징용뿐 아니라 모집을 비롯해 '돈벌이를 위해', '가족의 사정으로'라는 또 다른 이주 배경도 있었다. 강제징용 탓에 개인 단위로 끌려간 사람 도 있지만 차희진처럼 가족 단위로 함께 이주하기도 한 것이다. 주 로 경상도 지역 출신이 많은 것으로 알려져 있으나 함경남도와 충 청북도 출신도 있었고 부모의 고향을 고려하면 충청도, 전라도, 강 원도, 평안도를 비롯해 차희진처럼 경기도 출신인 경우도 있었다.

이렇게 사할린으로 떠난 한인이 모두 부모의 고향을 자신의 고향으로 생각하지는 않을 것이다. 차희진은 고향에 돌아와서 좋 다며 지금 사는 한국을 고국으로 생각한다고 말했다. 엄밀히 말해 차희진이 태어난 곳은 우글레고르스크인데 말이다. 차희진에게 고 향은 '부모가 태어난 곳'이다. 지금 세대에게 고향을 이렇게 정의하 면 매우 어색해할지도 모른다. 그렇지만 그녀에게 고향은 부모가 태어난 곳인 동시에 '한반도'라는 장소로 자신의 한인 정체성과 연 결되는 중요한 지점이다.

한인 정체성을 지니기 위해 모두가 한국을 고향으로 생각해 야만 하는 것은 아니다. 문진성은 한국에서 태어나지 않았으나 부 모의 고향인 한국을 기반으로 한인 정체성을 지니고 있다. 이와 함 께 그는 '자이니치(재일조선인)'로 산 경험과 삶의 중요한 시절을 보낸 일본도 많이 그리워한다.

문진성: 전 1942년에 일본 교토에서 났습니다. […] 그러다가 뭐 내가 북한 가서 일본 우리 친구들하고 계속 편지하다가, 계속 일본에서 편지 보낼 적마다, 와 완전히 정신병자 되겠더라고. 일본 생각나서. 그래서 회답을 안 했단 말이에요, 일본에. 그러니까 그쪽에서 회답도 없고 그러니까 편지도 소식도 끊겼단 말이에요. 그니까 일본에 있는 친구들이 내 성격에 북한서 못 살고 죽었을 기라, 그렇게 했는데. 하도 울적하더란 말이에요. […] 딸한테 연락 와서 아버지 어서 나오라 그러고. 그때 내가 우리 처한테 말했다고. 내 이러다 몇 년 있음 죽을지 모르는데 죽기 전에 한번 내 고향도 가보고 친구도 만나야 하지 않나. 그러면서 아버지, 어머니 고향도 가보고 그래야 되지 않나 하니까.

문진성은 일본에서 태어나 10대 후반에 북송선을 탔다. 이후 그는 북한에서 청년기를 보내며 결혼해 장년기까지 보냈다. 그러다가 죽기 전에 일본에 가보고 싶고 부모의 고향 땅도 밟아보고 싶어 탈북을 시도해 한국으로 입국했다. 문진성은 부모의 고향은 한국이지만 자신의 고향은 일본이다. 물론 고향이 일본이라고 해서 그가 일본인인 것은 아니다.

문진성은 어릴 적 '주먹'을 잘 쓰고 체력도 좋아 체육을 좋아했고 각종 시합에서 늘 1등을 도맡았다. 그는 전국체육대회에 나가려 했으나 일본인이 아니라 조선인이라는 이유로 참가할 수 없었다. 주변에서 일본인으로 귀화하라고 했지만 부모는 "말도 안 되는 소리"라며 강하게 반대했다.

그러던 중 '무상교육'을 시행하는 북한에서 체육선수가 될 수 있을까 싶어 형님들과 북송선을 타고 북한으로 이주하는 선택을 했다. 안타깝게도 북한에서의 생활은 기대한 대로 잘 풀리지 않았다. 오히려 어려운 상황에 놓인 그는 일본 친구들이 몹시 그리웠고 그들과 함께 놀던 장소로 돌아가고픈 마음이 간절했다. 어찌나 그립고 간절한지 정신질환이 생길 정도였다. 그 그리움을 참느라 '단절'을 택한 문진성의 마음은 어떠했을까?

문진성에게 한국과 일본은 복합적이면서 양가적 감정이 오가는 장소다. 일본은 부모의 고향이 아니고 자신의 한인 정체성과 거리를 둬야 하는 장소지만 실제로는 자신이 오랜 세월을 보낸 곳이다. 한국에서 나고 자란 사람들은 재일조선인이 일본을 그리워한다고 하면 '한국사람이 왜 일본을 그리워하는 거지?'라고 반문할 수도 있다.

지리적 공간상 일본은 문진성에게 타자의 나라이자 자신을 억압하고 배제한 나라이며 저들의 고향이다. 동시에 일본은 그에게 조선의 흔적과 역사를 간직한 곳이자 '이방인'으로서의 경험과 자기 삶이 혼합된 현실적인 장소이며 지금은 추억과 그리움의 장소다. 다른 한편으로 한국은 문진성에게 부모의 고향이지만 자신은 그리워할 무언가가 없는 장소다. 가족들이 사할린에서 함께 산 차희진은 한국을 그리워하며 이야기를 나누면서 고향을 상상했는데 그 속에서 한국은 친숙한 공간으로 새겨져 있었다. 반면 문진성에게 친숙한 곳이자 그리움의 상징은 일본이다. 그렇다고 그가 일본인이 되고 싶어 하는 것은 아니다.

문진성과 차희진은 한반도에서 태어나지 않았다. 차희진은 삶의 대부분을 러시아에서 살았고 갈 수 없으리라 생각했던 한국을 늘 고향으로 그리워하며 살다가 한국으로 들어왔다. 문진성은 태어난 곳이자 소년기를 보낸 일본을 그리워하며 그곳을 고향으로 여기지만, 단지 일본을 고향으로 그리워할 뿐 북한에서의 삶을 거쳐 한국에서 살고 있다.

부모의 선택으로 한반도, 한국 땅을 떠나 평생 고향을 그리워하며 타향에서 산 두 사람과 달리 자신의 선택으로 고향인 한국을 떠난 사람도 있다. 전희숙은 1970년대 파독 간호사로 떠났던 경험을 들려주었다. 그녀는 한국에서 성장기를 보내고 결혼도 한 뒤 30대 초반에 독일로 이주하는 선택을 했다.

전희숙: 저는 경북 김천, 김천에서 초등학교 그때 초등학교, 소학교, 중학교 나왔고 1965년도에 결혼해서 서울에 와서 살았습니다. 살다가 어, 딸 하나 아들 하나를 낳고 딸이 초등학교 입학하고. 입학해서 한 1개월쯤 따라다녔나 따라다니다가 독일, 사정상 독일을 가게 됐는데, 예. 그 당시에는 이제 그 독일에 가는 모집 간호사들이 있었어요. 갑자기 갈 수가 없잖아요. 그러니까 이제 1년 조무사라고 있어요. 그걸 다니면서 거기서 간호 공부하고 독일어 좀 배우면서 그러면서 1년 하고는 73년도 2월 12일 날, 이제 독일을

가게 됐는데. 가면서는 나중에 식구들 다 데리고 가려고 먼저 갔어요.

현재 한국은 인구 규모 면에서 외국인을 받아들여야 하는 위치에 놓여 있지만, 1970년대 무렵에는 이주를 보내는 나라였다. 당시 한국보다 앞서 인구 감소나 노동력 부족을 경험한 유럽에서 외국인 노동자를 모집했고 그중에는 독일도 있었다. 독일에는 주로 여성들이 간호사로 파견을 나갔고, 중동 지역에는 주로 남성들이 건설 노동자로 파견을 떠났다.

박순경: 결혼해가지고 간다는 게 참 대단했어!

전희숙: 예. 정말 그거는 하도, 너무 울어서 공항 직원이 이 아가씨 가 뭐 죽으러 가나. 왜 이렇게 우냐고.

박순경: 그렇죠.

전희숙: 막 이상하게 막, 지금 가면 못 돌아오는 것 같고. 뭐, 정말 그때는.

전희숙은 비행기를 타고 출국했다. 한국에서 여행 자유화가 이뤄진 것은 1988년으로 1970년대에는 비행기를 타는 것 자체가 희귀하던 시절이었다. 비행기를 탄다고 공항에서 울고불고하는 사람이 거의 없는 21세기라 이러한 상황이 글로벌한 국제사회 이미지에 딱 들어맞지 않아 다소 어색한 느낌으로 다가올 수도 있다.

그렇지만 1970년대에 비행기를 타는 것은 '지금 가면 못 돌아오는' 의미로 받아들여졌다. 인식이 그렇다 보니 그 떠남을 마치 죽으러 가는 것처럼 느끼는 것도 무리는 아니었다.

국가 경계를 넘는 경험은 시기에 따라 이용 수단에 차이가 있어 보인다. 앞서 말한 차희진과 문진성은 주로 기차와 배를 이용해 고향과 거리를 둔 반면, 전희숙은 비행기로 고향과 거리두기를 시도했다.

그처럼 한번 가면 돌아올 수 없을 거라는 느낌을 준 출국의 의미가 박순경에게는 새삼스럽게 와 닿았던 듯하다. 결혼과 동시에 새로운 시도를 포기할 수밖에 없었던 박순경에게는 '떠날 수 있는 용기'가 대단하게 느껴진다고 했다. 식민지 때 태어난 박순경은 일본인이 운영하는 공장의 일이나 재봉 등 피식민지인으로서 억압과 차별을 받으며 먹고살기 위해 그야말로 "안 해본 일이 없다"고 했다. 그녀는 간호사가 되고 싶었으나 여건이 여의치 않았고 또 결혼한 뒤에는 생계와 아이들 학업을 위해 돈을 벌어야 해서 어딘가로 떠날 생각은 엄두도 내지 못했다는 이야기를 들려주었다.

지금은 출국과 [강제]이주 개념을 단 한 번의 '영원한 단절'로 이해하지 않고 언제든, 아니면 언젠가는 돌아올 수 있는 것으로 이해하지만 20세기까지만 해도 출국은 무엇보다 슬픔이자 눈물의 의미로 받아들여졌다. 그렇다고 그 슬픔이 출국 이후의 인생 전체를 좌절로 연결하는 것은 아니다. 그 떠남으로 개개인은 새 출발을 하거나 새로운 삶을 이어갈 수도 있다. 아무튼 떠남은 누구나 시도할 수 있었던 게 아니며 특히 여성은 용기와 결단력을 발휘해 떠나 겠다고 굳게 결심해야 가능했다. 박순경이 전희숙의 출국을 '대단' 하게 여긴 이유가 여기에 있다.

스스로 선택해 고향을 떠난 이야기를 들려준 이는 또 있다. 최 영희는 살던 곳을 강제로 떠난 게 아니라 공부하기 위해 출국한 경 험을 들려주었다. 그녀는 어릴 때부터 아버지의 직장을 따라 곳곳 을 돌아다닌 경험이 있고 태어닌 곳에서만 살았던 것은 아니라고 했다. 직장 일로 아버지와 잠시 헤어진 적은 있어도 부모 모두와 이별한 경험은 그때가 "생전 처음"이었다고 한다. 어릴 적 이곳저곳 으로 이사한 경험은 제법 있어도 가족을 두고 혼자 떠난 적은 없었 기에 군함을 타고 멀리 떠나는 상황에 놓이니 그녀는 울음부터 나 오더라고 했다. 그녀에게는 그것이 '집'을 떠나본 경험이었다.

최영희: 평양도 갔다가 다시 서울로 왔다가 그러면서 초등학교를 졸업을 했습니다. 고등학교 4년을 졸업하고 전문학교 격인 사범 학교를 다니다가 해방을 맞습니다. […] 같은 반 친구하고 둘이 서 유학길을 떠나서 인천에서 배를 탔는데 군함을 타고 갔습니다. 장학금은 보장이 되어 있었지만 여비까지는 안 주고 재주껏 오라 고 하는데, 군함을 태워줘서 그걸 타러 인천에 나갔는데, 생전 처 음 집을 떠나본 겁니다. 부모님 형제를 다 떠나서 배를 타는데 배 에서 얼마나 울었는지. 눈이 퉁퉁 불어서 나는 남부끄러울 정도로 울었습니다.

최영희는 생전 처음 집을 떠나면서 마치 고향을 떠나는 듯한 느낌을 받는다. 그 고향이 태어난 장소와 일치하는 것은 아니다. 같은 한반도이긴 해도 고향이 꼭 태어난 바로 그 장소를 의미하는 것은 아니다. 최영희에게 집은 가족이 함께 사는 곳이고 그녀는 그 집을 떠나는 느낌을 곧 고향을 떠나는 마음으로 상징화했다.

그녀가 "눈이 퉁퉁" 불어날 정도로 슬프게 눈물을 흘린 이유는 '부모 형제가 있는 곳'을 떠난다는 심정 때문이다. 떠남은 익숙한 것, 정든 가족과 이별하는 것이자 전혀 모르는 새로운 세상과의 만남이다. 인터넷과 다양한 정보가 가득한 지금은 도착지의 상황을 잘 모르고 떠나는 경우가 거의 없지만 이들이 떠나던 시절의 도착지는 거의 미지의 장소나 다름없었다.

그때는 떠나기 전에 도착하는 곳의 사정을 알 수가 없었다. 사할린으로 떠난 사람들은 사할린이 어떤 곳인지 거의 알지 못했고, 일본에서 북한으로 떠난 사람들도 마찬가지였다. 독일과 미국으로 떠난 한인들의 마음도 당시에는 불안과 '모르는' 상황에 따른 두려움으로 가득할 수밖에 없었을 것이다. 이처럼 고향을 떠난다는 것은 익숙하지 않은 곳으로 발걸음을 옮기는 일이었고 이는 슬픔과 두려움으로 연결되었다.

과거에 이주는 남성이 중심에 서고 여성은 동반자로 따라가는 형태가 다수였으나 1990년 이후 '이주의 여성화'라는 표현이 등장할 만큼 여성이 주도적으로 이주하는 경우가 많아지고 있다. 이제는 한국에서도 결혼이주 여성을 비롯해 노동이나 학업을 위해 이주해온 이주민이 낯설지 않다. 그리고 그들 중에서 귀화해 한국인이 되는 사람들도 점점 늘어나고 있다.

이들에게 고향은 어떤 의미일까? 이들은 어쩔 수 없이 고향을 등진 것일까, 아니면 선택한 것일까? 스스로 선택한다고 이들에게 헤어짐의 아픔과 슬픔이 없을까? 귀화하지 않고 한국 사회에서 이주민으로 살아가는 사람들과 20세기에 사할린, 일본, 미국, 독일 국경을 넘었던 사람들의 고향에 관한 생각은 변화하고 있을까?

오늘날 한국은 20세기의 식민지 경험과 냉전을 어느 정도 극복하고 있다. 그렇다면 그 속에서 고향의 의미는 어떻게 변화하고 있을까? 특히 21세기에 한인에 속하는 사람들의 경험은 그 구성과 의미가 어떻게 달라지고 있을까? 삶이야기에서 공유한 이야기는 다시 오늘을 사는 우리에게 필요한 답변을 위해 더욱더 많은 질문으로 이어진다.

"앉은 자리에서 세 나라를 겪은 셈입니다"

고향은 앞서 말한 것처럼 부모가 살던 곳이나 자신이 태어나 살던 곳과 연결된다. 그런데 한반도에서는 20세기 중반, 특히 대한민국이라는 국가 성립으로 그 의미가 다시 여러 층위와 복합적으로 연결되었다. 고향과 국적이 일치하지 않는 상황이 전개된 것이다.

우선 부모가 태어나고 자란 국가를 벗어나 다른 장소로 이주하면 국적이 변한다. 또한 전쟁 이후 각 국가가 배상으로 주고받는 영토 소유권 변화에 따라 국적이 달라지기도 한다. 실제로 우리는 한국인이라는 국적을 자동 부여받지 못해 국가와 거리를 두고 있던 한인에게 그들이 코리안 디아스포라의 삶을 어떻게 체화했는지 이야기를 들을 수 있었다.

> 박숙자: 그러니까, 나부터 사할린에 있던 사람들은 앉은 자리에서 세 나라를 겪은 셈입니다. 일본 식민지 때는 일본, 거긴 식민지가 아니고 본토지요. 일본 정치를 겪었고 그다음에는 소련 시대가 왔거든요. 소련이, 소련 붕괴한 다음엔 러시아가 됐거든요. 그러니 내가 국적을 네 번을 바꿨습니다. 일본사람으로서 태어났죠, 그때는. 일본 시대 다 나니까 그다음에는 소련 국적을 취득했죠. 그다음에는 러시아. 거, 그 소련이 붕괴하고 나니까 러시아 국적을 받게 됐고. 그다음에는 이걸로 끝나는가 했습니다. 세 가지로 끝나는가 했더니 한국에 오게 돼서 한국 국적을 취득하게 되지 않았습니까?
>
> 참가자: 인터내셔널이십니다. 인터내셔널하십니다.

박숙자는 부모의 고향이 평양이지만 자신이 태어난 곳은 사할린의 코르사코프다. 그녀의 '세 나라' 경험은 태어나 살고 있는 장소를 벗어나지 않고 한자리에 있었음에도 불구하고 국가의 경계와 범주가 변화를 거듭한 역사를 보여준다. 사할린이라는 땅의 '주인'이 고정되지 않고 정치적, 역사적 맥락에 따라 소유국이 변화하자 박숙자는 이동하지 않았어도 국적이 바뀌는 경험을 한 것이다.

박숙자가 태어난 1934년 당시 사할린은 일본 땅으로 일본이 지배했다. 그때 그 지역 이름은 한문으로 화태樺太, 일본식 발음은 가라후토였다. 그 땅에서 태어난 사람은 모두 일본인으로 간주했다.

그러다가 정치적 정세가 변하면서, 즉 2차 세계대전에서 일본이 패망하고 가라후토를 소련에 반환하면서 그 땅은 소련으로 넘어갔고 이름이 사할린으로 바뀌었다. 지면상 자세히 설명하긴 어렵지만 당시 일본은 물러나면서 일본인은 일본 본토로 귀환하게 했으나 조선인(한인)은 귀환 대상에 포함하지 않았다. 이런 이유로 조선인은 거의 하루아침에 '가만히 있던 자리'에서 국적이 바뀌는 경험을 했다.

변화는 또 찾아왔다. 1991년 소련으로 불리던 소비에트연방 체제가 무너지면서 사할린 영토가 속한 지역은 '러시아' 관할로 바뀌었다. 그 결과 같은 땅에 그대로 있었으면서도 국적을 세 번이나 바꾼 박숙자는 거기서 끝나지 않고 한국으로 돌아와 마침내 한국 국적을 취득했다. 그리고 우리에게 그토록 변화무쌍한 국적과 관련된 삶이야기를 들려주었다. 그녀와 함께한 참가자들은 박숙자의 여정을 "인터내셔널"이라는 한마디로 정리하면서 그 변화를 명실 공히 '국제적'이라며 공감을 보냈다. 이 변화 과정에서 사할린 한인들은 국적을 선택할 수 있었다. 아니, 선택이라기보다 선택하도록 강제되었다고 하는 것이 더 적절할 수 있다. 이들이 선택할 수 있었던 국적은 대체로 세 갈래로 나뉜다[1].

첫째, 북조선 국적을 선택하는 경우다. 비록 사할린에 있지만 언젠가 남한으로 가리라고 생각하면서 그 중간 지점으로 먼저 북한을 선택한 사람들도 있다. 1988년까지 소련과 한국은 수교를 맺지 않아 국가 간 교류가 단절된 상황이었다. 반면 북한은 소련과 같은 사회주의권으로 남한보다 연결될 가능성이 더 열려 있었다.

둘째, 소련에서 외국인으로 살면서 받는 차별과 배제를 견디기 어렵고 또 자식들의 미래를 생각해서 소련 국적을 선택하는 경우다. 1959년까지만 해도 사할린 한인 중 소련 국적을 택하는 사람은 소수에 불과했다.[2] 그러나 많은 사람이 사는 곳에서의 불이익을 감당하기 어려워 끝내 그곳 국적을 택했다. 이런 경향은 사할린 한인뿐 아니라 대다수 이주민이 선택하는 경로다.

셋째, 국적을 선택할 시기를 기다리며 오랜 기간 무국적자로 남는 경우다. 1970년대 이후에는 이처럼 무국적자로 남아 있는 사람이 소수에 불과했던 것으로 알려져 있다.

박숙자의 경험은 국가 - 국민 - 국적의 연결고리가 일직선상이 아니고 다층적이며 서로 어긋날 수 있음을 보여준다. 특히 국민, 즉 그 땅에 살고 있는 사람은 변하지 않지만 국가가 변해서 국적이 바뀌는 경우도 있음을 알려준다. 동시에 개인이 국적을 선택할 수 있다는 점도 보여준다. 국적을 선택한다고? '국적'을 태어나면 당연히 주어지는 것으로 아는 국민국가에 소속된 국민은 이 문제를 쉽게 이해하기 어려울지도 모른다. 하지만 박숙자의 이야기는 역사적 배경과 더불어 삶의 과정에서 그 파란만장한 현실을 알려주고 있다.

비록 박숙자와 다른 시간과 공간을 경험한 것이지만 오성희의 이야기는 다시 국가 - 국민 - 국적과 맞물린 고향이라는 장소의 의미를 새롭게 생각하게 만든다.

> 오성희: 사람들이 다 고향, 다 한 곳이지요. 그런데 저는 고향이 세 곳이에요. (웃음) 제가 난 고향은 일본이거든요. 그다음은 두 번째 제 청춘 시절, 가정 시절 거의 반년 산 조선민주주의인민공화국. 그다음에 마지막으로 제가 다시 태어난 고향이 대한민국이에요. 그래서 저는 세 개 고향 가지고 있습니다.

오성희가 자신은 고향이 세 곳이라며 웃음 짓던 그 순간이 오래도록 우리의 기억에 남아 있다. 사람들은 대부분 국민 - 국가 - 국적을 같은 일직선으로 이해하며 그들에게 고향은 대체로 하나다. 반면 삶이야기 프로그램 참가자는 국민 - 국가 - 국적이 일치하지 않는 경우가 많았고 그래서 이중적 고향이라는 의미가 가능했다. 오성희처럼 딱 집어 고향을 세 곳으로 정리한 경우는 흔하지 않았다.

한국은 원칙상 복수국적을 허용하지 않는다. 한국 국적을 선택하거나 한국 국적을 포기해야 한다. 하지만 65세 이상에게는 제한적으로 복수국적을 허용한다. 전 세계 많은 국가가 이중국적을 허용하는 추세로 바뀌고 있으며 일부는 다중국적도 허용한다. 이렇게 국적을 허용한다고 국민으로서 누릴 수 있는 모든 권리를 부여하는 것은 아니다.

한 예로 유럽연합EU 국가 중 독일 국적의 개인은 독일인이면서 EU 시민권을, 프랑스 국적이면서 동시에 유럽연합 여권을 소유할 수 있다. 사실상 개인에게 국적이 언제나 단일한 하나여야 할 필요는 없다. 특히 국적과 정체성을 연결해 고려하면 개인은 다중국적자로서 다층적 정체성을 지닌 존재로 살아갈 수 있다.

그런데 한국 사회는 오성희의 이야기대로 '한 곳의 고향'을 표상하고 고향이 한 곳이길 기대하는 경향이 강하다. 제한적이나마 복수국적을 허용한 것도 2010년 무렵이니 비교적 최근까지 한국인은 국적이 단 하나여야 한다는 생각이 강할 수밖에 없었다.

오성희의 이야기는 다른 가능성을 보여준다. 역사적으로 이미 초국적 경험을 바탕으로 하고 있고 또 초국적 경험을 중시하는 글로벌 시대에 그런 경험이 더욱 발전해가는 과정에서 디아스포라의 정체성 지향점이 한 곳으로, 즉 하나의 고향으로 수렴하지 않을 가능성 말이다. 어쩌면 오성희는 '고향은 처음부터 하나로 수렴하지 않는 곳이자 의미'라는 이야기를 하려는 것인지도 모른다. 고향은 의미상 타향과 구분해서 상상한다. 고향이 있는 개인이 타향에 존재하기에 슬픔과 절망과 떠남의 감정은 힘겨움으로 이어진다. 만약 고향이 여러 곳일 수 있다면 굳이 타향이 존재할 필요는 없지 않을까? 애써 고향과 타향을 구분해 갈등이나 모순을 경험하지 않아도 되지 않을까? 개개인이 사는 곳 어디나 고향일 수 있다면 사람들은 늘 고향에서 살고 있는 셈이 아닐까?

이 맥락에서 보면 국적을 여러 번 바꾸고 사용하는 언어도 다양한 코리안 디아스포라에게 "그래서 당신은 어디서 온 사람인가?"라는 질문은 그 자체로 초국적 삶의 긴 과정을 삭제하는 기이한 질문일 수 있다. 오성희는 그런 질문을 염두에 두고 고향이 세 곳이라고 말하며 웃은 것이다. 그 웃음은 한국 사회가 윤기준에게 던진 "어디서 왔어요?"라는 질문과 연결된다.

이 질문은 한국 사회가 코리안 디아스포라의 존재를 제대로 이해하지 못하고 있음을 잘 드러낸다. 디아스포라의 삶이 어떤지 좀처럼 구체적으로 상상이 가지 않아서일지도 모른다. 국적이 다양하고 변할 수 있다는 것, 개인의 정체성이 하나에 국한되지 않고 변하거나 중복될 수 있다는 것이 잘 와닿지 않아서일 수도 있다.

21세기 글로벌 시대에 '단일'문화를 고집하는 한국 사회는 이주민 유입과 함께 '다문화' 사회로 변화할 계기를 맞고 있다. 그런데 다문화주의 원칙에 기반해 문화의 다양성을 포용하고 다양한 가치를 존중하는 다문화 사회로 변해야 하는 시점에 한국의 정책은 다문화를 한국 내 어떤 특수 집단에 국한된 '특이한 문화'로 한정하려는 사고방식에 갇혀 있다. 이는 어디서 왔느냐고 묻는 주체가 자리한 위치와 맞닿는다. 그 주체는 한국이라는 장소를 벗어난 한인의 삶을 잘 상상하지 못한다. '어디'를 묻는 것은 단순한 질문이 아니다. 한국 사회는 그 질문 자체가 한국인과 한반도만을 일체화하고 한반도 이외의 곳에서 한인의 존재를 지워버릴 수도 있는 차별적 질문임을 모른다. 동시에 한반도로 새로 이주하는 존재를 향해 여전히 한인이 아니라고 선을 긋는 배제의 질문일 수 있다는 것도 모른다.

적어도 그 자리에서 오성희의 웃음은 독백에 그치지 않고 잔잔하게 공감을 받았다. 참가자 중에는 중국 조선족으로 살다 남한에 온 동포, 사할린에서 태어나 의대에 가기 위해 북으로 갔다가 다시 돌아온 동포, 광복 무렵 '무상교육'이라는 표현에 끌려 북으로 갔다가 간첩으로 남파된 장기수도 있었다. 이들의 끄덕임은 오성희 이야기의 층위와 고향이 세 곳일 수밖에 없는 그 삶에 공감한다는 표현이었을 것이다. 모두가 그 세 곳의 의미를 정확히 파악했다고 보기는 어렵다. 그러나 '세 곳일 수도 있겠구나' 하는 공감대는 형성되었다.

고향은 한 곳일 필요가 없다. 오성희는 내가 머무는 곳, 내가 존재하는 그 땅을 내 정체성의 뿌리로 생각하면 그곳 모두가 고향일 수 있다고 이야기했다. 새로 이주해 한국으로 귀화한 많은 이주민 중에는 국적은 한국이지만 한국에서 태어나지 않은 경우가 많다. 이들에게 "당신의 고향은?"이라고 물으면 이들은 어떻게 대답할까? "베트남이 고향이지만 이젠 한국사람이다." "국적은 중국이지만 나는 한인이다." "국적은 한국이지만 원래는 태국인이다." 이런 이야기가 들려오는 21세기 한국 사회에서 그 의미를 이해하지 못하는 사람들에게 오성희는 "고향이 꼭 하나여야 하는 건 아니지 않나요?"라고 되묻고 있다.

오성희는 고향이 세 곳이라고 했는데 이름까지 세 개라고 말하는 참가자도 있었다. 윤기준은 단순히 이름이 다른 것을 넘어 그 이름과 함께한 역사의 변화를 들려주며 개인에게 단일한 국적 정체성이 아니라 이중, 삼중의 다층적 정체성이 가능하다는 것을 알려주었다.

윤기준: 이름은 또 세 갭니다. 나자마자, 일본에서 났습니다. 그 당시 일본 땅 아닙니까? 그러니까 가미시스카, 일본에서 나왔으니까데. 일본 이름으로 창씨개명한 이름을 가지고서 윤기준인데 여기다가 에, '내' 자, '천' 자를 붙여가지고서 시라카와 이시키 이렇게 되었습니다. 그렇게 나가지고서 나는 시라카와 이시키가 되었습니다. 그리고 한국사람인 줄도 몰랐고 […] 그래서 일본어로 바꾼 제일 처음에 시라카와 이시키, 그다음에 해방되고 나서 윤기준이라는 이름을 가지게 되었고. 러시아 학교에 가서 러시아 학교의 교사로 일하게 되니까, 러시아 학교에서는 '선생'이라고 안 부릅니다. 그 선생의 이름하고 아버지의 이름을 붙이면 존경어 됩니다. 그래서 부를 때 예를 들어서 윤기준 선생님, 러시아 사람들 이렇게 부르지 않고. 기준인데 기준에다가 아버지 이름을 붙여가지고서 뭐라 하면, 존대해가지고 말하면 되는데. 기준이라고 해도 러시아 사람들이 무슨 말인지 모르고 아버지 이름을 갖다 붙여가

지고서 해도 모르니까네 이름을 바꿔버렸습니다. 바꿔서, 그거는 내 혼자서 바꾼 기고 무슨 서류상에서는 바꿔진 거가 아니지만서도. 학생들이 나를 갖다 부르기 쉽게 하기 위해서 기준이니까데 아, 러시아 이름으로 세르게이라 하자.

이름은 그 사람을 나타내는 고유한 표식이다. 우리에게는 보통 한 사람에게 여러 이름을 붙이는 것은 그 사람의 정체성을 혼란하게 만들고 복잡하게 할 수 있다는 선입견이 존재한다. 그러나 코리안 디아스포라는 윤기준처럼 이름이 여러 개인 경우가 많고 그들은 그때그때 이름에 따른 정체성에 맞춰 변화하며 살아왔다.

사실 하나의 이름을 일관성 있게 사용해도 해당 지역 사람들이 제대로 발음하지 못하거나 이름을 짓는 특성이 달라서 '이름'이 변하기도 한다. 이름이 여러 개일 수 있듯, 고향이 여러 개일 수 있듯, 국적이 여러 번 바뀔 수 있듯, 개인의 정체성은 변화하고 새롭게 의미를 부여할 수 있다.

그렇지만 그 변화에는 역사적, 정치적 맥락이 자리하고 있다. 삶이야기 참가자들은 개인별로 각자의 삶을 살아왔으나 그 개인들은 한반도라는 장소와 맞물린 역사에 따라 강제적 혹은 반강제적으로 정체성을 바꿔가며 적응해야 했던 존재다. 국경이나 어떤 경계를 넘는 것은 한편으로 슬픈 일일 수 있다. 그러나 우리는 삶이야기에서 국민 - 국가 - 국적이 고향과 일치하지 않고 여러 정체성을 경험하는 것이 꼭 슬픈 일만은 아니라는 것을 알아냈다.

글로벌 이주 시대에
맞는 질문

지금까지 정리한
삶이야기 참가자의 구술은 단순히 과거의 얘기로 비춰질 수도 있
다. 실제로 우리는 식민지, 전쟁, 냉전 경험을 구태의연한 과거의 경
험으로 간주하는 경우가 많다. 그렇지만 참가자들이 함께 나눈 과
거 이야기는 사실 과거에 그치지 않으며 한국의 현실에서 '이주의
미래'와 절실하게 직결된다.

한국 사회는 '글로벌 이주의 시대'라는 21세기를 경험하면서
전체 인구 중 이주민이 차지하는 비중이 5퍼센트를 넘어 다문화
사회로 진입하고 있다. 그런데도 한국은 단일민족을 토대로 한 국
민국가라는 전제를 쉽게 놓지 않고 있다. 여전히 단일민족임을 강
조하며 혈통을 중시하는 분위기인 것이다. 이런 상황에서 연구진
이 진행한 '삶이야기'는 한국 사회에서 국민을 구성하는 틀이 무엇
이고 그 역사가 어떠했는지 되묻는 계기가 되었다.

이제부터라도 한국에서 사는 사람들에게 어디서 왔는지만 묻
지 말고 질문을 바꿔보라고 제안하고 싶다. 즉, 먼저 어떻게 그곳으
로 가게 되었는지 물어보길 권한다. 한 걸음 더 나아가 "그곳에서
어떻게 살다가 오늘 우리가 이렇게 만난 걸까요?"로 질문을 이어가
길 제안한다.

그렇게 질문을 이어가면 '오늘을 이렇게 저렇게 살고 있는 내
위치'를 고려하는 것은 물론, 한반도라는 장소와 그 장소에서 살던

사람들 그리고 한인이 얽히고 엮인 역사의 깊은 의미를 파악할 수 있다. 나아가 그 의미를 과거에 국한하지 않고 미래로 연결해 상상하며 생각을 확장할 수 있다.

삶이야기는 '한국인'이 1948년 이후 탄생한 존재라는 것을 새삼 깨닫는 것으로부터 시작한다. 그리고 한국인이 아니었던 존재들이 '한국인'이 되기 위해 식민지 시기에 일제에 맞서 독립운동을 한 역사를 떠올려본다.

대표적인 예로 독립운동가 신채호의 국적은 아주 최근까지도 '대한민국'이 아니었다. 임시정부와 함께 활동했고 한국 역사의 독립운동에서 큰 역할을 한 신채호의 국적은 무국적이었다. 2009년 들어서야 관련 법을 개정하면서 신채호는 대한민국 국적을 취득했다.

신채호가 태어난 1880년 무렵 대한민국은 존재하지 않았다. 그런데 한국 사회는 대한민국 국적이 아닌 신채호를 '한국의 독립운동가'로 배우고 익혀왔지만 그의 삶에서 국가 - 국민 - 국적은 단일한 일직선으로 매끄럽게 연결되어 있지 않았다. 삶이야기는 이 세 범주를 연결하는 관계에 단절과 겹침이 있고 그렇게 매끄럽지 않은 연결 속에 많은 한인의 파란만장하면서도 영화 같은 삶이 녹아 있음을 성찰하는 계기가 되었다.

서로에게 가장 큰 화두로 남은 주제는 '과연 한[국]인은 누구인가?'이다. 삶이야기 참가자들은 이 질문과 관련해 "너는 한[국]인인가?"를 묻기보다 "과연 나는 한[국]인인가?"를 되물었다. 그런 다음 "나는 한[국]인"이라고 하거나 내 어떤 경험이 한인으로 연결되는지 "이야기를 들려드리고 싶다"라며 각자의 삶이 한인이라는 키워드와 어떻게 얽히고, 어느 정도 비껴가며, 어떤 방식으로 다시 결합하는지 이야기를 나누었다.

그 측면에서 그들은 부모나 조부모 세대의 한국 생활 경험을 이야기했다. 또한 삶의 어떤 시기에든 한국을 방문했거나 한국에서 살고 있는 경우 그 이야기도 공유했다. 이때 표준 한국어를 잘하느냐 못하느냐는 상대적으로 덜 중요한 고려사항이었다. 약간 어색하고 이상한, 소위 표준어와 다른 한국어로 이야기를 해도 "저런 한국어 표현을 쓰니 저분은 한국사람이 아니야."라는 사람은 없었다.

오히려 프로그램을 마친 뒤 자신의 경험으로만 이해하던 한인과 다른, 즉 다른 나라에서 살고 정치적·역사적 맥락도 다른 타인의 이야기지만 그것을 들으며 한인의 경험이 정말로 다양하다는 점에 감탄하는 경우가 대부분이었다. 동시에 그 자리는 그들의 경험이 결코 동떨어져 있지 않음을 확인하는 기회이기도 했다.

"그랬군요. 굉장히 다른 곳에서 사신 이야기 같았는데 듣고 보니 저와 비슷한 것 같기도 하네요."

이처럼 서로 다른 역사적 장소에 살았으면서도 연결 지점이 있는 시기를 거친 한국의 초국적 경험자들이 말하는 삶이야기는 '국경을 넘는 것의 의미'를 토대로 국경의 의미를 다시 묻는 과정이었다. 그리고 그 물음은 현재와 미래를 향해 과연 한국적인 것이 무엇이고 '한국'이라는 것이 무슨 의미인지 되묻는 과정이었다.

참가자들은 대부분 현재 한국에 주소지를 두고 한국 국적으로 살고 있었다. 그렇다고 이들이 계속 한국에서만 사는 것은 아니었다. 예를 들면 1년 중 몇 개월은 사할린에서 보내고 또 몇 개월은 한국에서 지내며 러시아와 한국에서 절반씩 거주하는 사람도 있었다. 주로 미국에서 살면서 몇 년에 한 번씩 한국에 나오는 사람도 있었다. 이들은 한국 국적으로 살고 있지 않기도 했다. 어떤 사람은 가족이 중국에 있어서 부지런히 중국과 한국을 왕래하는데, 그것이 몇 개월 단위가 아니라 수시로 바뀐다고 했다. 국경을 사이에 두고 서로 떨어져 사는 가족들의 현실과 미래는 그렇게 자기 세대에 그치지 않고 다시 국경을 넘고 또 넘는 경험으로 연결되고 있었다.

정종훈: 숨어서, 숨어서 꽁꽁 싸매면서 살던 사람인데 이렇게 나와서 제 깊은 속을 내보일 수 있는 기회와 장소를 주셔서 감사드립니다. 또 그리고 여기 참석자들 중에서 에, 저의 삶을 이해하지 못하고 오해할 수 있는 분들도 계십니다. 그렇지만 우리가 한민족, 어차피 역사 앞에서 서로 이해하고 공유하고 또 용서하고, 이해하면서 해나가야 되리라 생각합니다. 우리 역사가 너무 길게 분단되었고 갈라져서 이해를 못하고 갈라져서 갈등을 겪었는데, 지금 여기 모이신 분이라도 이해를 하시고. 앞으로 장래를 위해서 우리 민족과 우리나라와……, 우리나라 얘기하면 저는 남북을 다 아울

러서 얘기합니다. 그래서 화해와 용서를 하면서 살아나가는 세대를, 세상을 물려주어야 한다고 생각하면서 껄끄럽더라도 들어주시고 되도록 연민의 정으로 들어주셨으면 고맙겠습니다.

삶이야기 참가자는 정종훈의 이야기처럼 숨어서 살던 사람이 많다. 오랜 세월 자신을 드러내기보다 숨어들어 자신을 드러내지 않고 숨겨진 정체성으로 삶을 유지하는 것이 보다 '안전'한 삶의 방식이었기 때문이다.

정종훈은 한국전쟁 당시 조선로동당에 가입해 북한으로 이주한 뒤 한국에 남파돼 간첩 활동을 하다가 가족의 신고로 붙잡혔다. 비전향 장기수로 수감생활을 하다 풀려난 그는 아직 한국에 살고 있는 '정치적 난민'이다. 배경이 이런 정종훈의 삶이야기는 식민지와 전쟁을 거치고 분단과 갈등은 물론 여전히 냉전의 틀이 남아 있는 '휴전' 상태의 한반도에서 우리는 누구이며 어떤 역사적 시공간을 거쳐온 사람들인지 되묻게 한다.

∞

삶이야기는 모두가 역사 앞에서 서로 이해하고 공유하는 자리로 마련했다. 그렇게 서로의 이야기를 나누고 듣고 이해하고 공유하려는 마음이 초국적 경험을 받아들이는 첫걸음일 수 있다. 특히 코리안 디아스포라와 함께한 삶이야기 워크숍은 경계를 초월한 경험, 즉 국가 경계를 넘나드는 경험을 토대로 했다. 그 측면에서 어찌 보면 독특하고 또 어찌 보면 한국 역사에서 매우 중요한 한 부분을 생각해보는 기회였다.

식민지 초기 사할린으로 이주해서 살다가 한국 땅을 밟은 사람이 일본에서 재일조선인으로 살던 사람과 만날 기회는 흔하지 않다. 북한의 경제적 어려움을 피해 국경을 넘어 탈북한 사람이 파독 간호사와 만나는 경험도 마찬가지다.

이처럼 삶이야기는 서로 맞닿기도, 지정학적 경험을 쉽게 통합하기도 어려운 사람들이 한자리에 모여 이야기를 듣고 공유하며 새로운 경험을 배우는 자리였다. 더구나 이름이 하나가 아니고 고향도 딱 한 곳이 아닌 사람들의 경험, 서로 같은 시공간에 있진 않았지만 한반도 혹은 한국 땅이 경험한 역사적 시간의 어느 지점에서 살았던 경험이 대화로 다시 그 땅과 연결되었다. 그 과정에서 갈등과 모순보다 화해와 이해 그리고 용서와 포용을 생각하며 공감하는 자리였다. 그렇게 삶이야기는 과거가 경계를 넘어 다시 씨줄과 날줄로 엮여 새로운 미래 이야기를 만들어가는 시작이었다.

이 장은 〈구술사연구〉에 발표한 논문 '사할린 디아스포라 한인의 초국적 경험과 의미 분석'(7권 1호, 문현아·박준규, 2016년)에 담긴 내용을 담긴 내용을 기반으로 했으나 주요 사례를 제외하면 전면 개정한 글임을 밝힌다.

프로그램 참가자 명단

참가자	성별	출생연도	출생지	거주국	구술 날짜
윤기준	남	1935년	카미시스카(레오니도보)	일본, 소련, 러시아, 한국	2014년 8월 30일
차희진	여	1942년	우글레고르스크	소련, 러시아, 한국	2013년 10월 18일
문진성	남	1942년	일본 교토	일본, 북한, 한국	2013년 11월 30일
전희숙	여	1943년	경상북도 김천	한국, 독일	2013년 10월 19일
최영희	여	1927년	경기도/황해도 장단	한국, 미국	2013년 11월 30일
박순경	여	1930년	경상남도 함안군	한국	2013년 10월 19일
박숙자	여	1934년	코르사코프	일본, 소련, 러시아, 한국	2013년 4월 26일
오성희	여	1946년	일본 오사카	일본, 북한, 한국	2013년 11월 9일
정종훈	남	1929년	전라남도 무안군	한국, 중국, 북한	2013년 11월 9일

3부

공감의
연결 고리를 찾아서:

여성, 이주, 가족

6장

젠더와 가족:
경계를 넘어
차별과 억압 경험을 나누다

최은영

대화對話란 '마주하고 이야기하다'라는 뜻으로 말하고 듣는 순환적
과정에서 '내'가 '너'에게 이해받기를 바라는 상호적 행위다.[1] 특히
'집단 간 대화intergroup dialogue'는 사회 정체성이 서로 다른 참가자들
이 직접 만나 개인적인 이야기, 공감하는 경청, 상호질문으로 새로
운 '관계'를 만들어가는 대화다.[2]

1990년대 탈냉전 시기에 각기 다른 형태로 이주를 감행하며
살아온 40대부터 70대까지 세대가 다양한 여섯 명이 뜻밖에도 한
자리에 모였다. 그리고 대화와 질문으로 각자의 삶을 연결한 이들
은 소통과 이해의 장이 펼쳐지는 것을 경험했다. 이들은 각자 이야
기의 주체가 되어 자기 삶의 의미를 재구성했고, 자기 삶을 제약한
조건들을 확인했으며, 개인을 뛰어넘는 구조적 차원으로 자기 삶
을 반추하고 연대를 모색했다.

재중동포 김미숙이 한·중 수교 후 초창기 결혼이주 여성으로

한국에 들어왔을 때, 역으로 한국인 이상면은 한국에서 중국으로 이주해 공장을 세우고 사업을 했다. 이상면이 한 나라에 자본을 투자해 공장을 운영한 것과 달리 비슷한 또래인 사할린 한인 이숙자는 소련의 개혁개방 시기에 국경을 넘으며 보따리 장사를 해서 부를 축적했다. 재일교포 이한수가 한국어를 배우기 위해 대한민국을 찾아온 때도 이 시기였다. 한국에서 태어나 연해주에서 10년 넘게 산 김상호가 소련 붕괴가 믿기지 않아 러시아로 가서 고려인동포를 돕기 시작한 때도 같은 시기다.

각자 다른 이주 경험이 있는 한인들의 대화 모임인 '경계를 넘는 삶이야기' 프로그램에 참여한 이들은 이러한 대화 목적에 충실하게 자신의 이야기를 꺼내놓고 또 서로의 이야기를 경청했다. 그들이 나눈 이야기의 주제는 각자 살아온 삶이다. 그들은 공식 프로그램에서 돌아가며 자신의 삶이야기를 나누는 것을 넘어 식사하면서, 숙소에서, 산책하면서 그리고 첫째 날 공식 일정을 끝내고 맥줏집에 둘러앉아 끊임없이 대화를 나눴다. 이 글에서는 이들이 나눈 수많은 대화 중 젠더 관계와 가족 이야기를 끄집어내 들여다보고자 한다.

타인의 이야기를 통해
자신과 화해하기

이 글은 2019년 5월 31일부터 6월 1일까지 중국, 일본, 사할린, 북한에서 각각 이주해 한국에서 살고 있는 이주민과 함께 진행한 삶이야기 프로그램을 기반으로 기록한 것이다. 그들과 함께한 내용 중에서도 특히 젠더 관계와 가족 이야기를 집중해서 들여다보고자 한다.

젠더, 이주, 가족과 관련된 기존의 대화 프로그램이나 연구는 주로 여성의 이주와 삶에 집중해 이주 배경이 다양한 여성들을 연대 파트너 대상으로 했다. 즉, 이주 과정에서 차별을 받거나 경계 넘기를 시도하는 이주민 남성은 배제하는 경향이 있었다. 하지만 '경계를 넘는 삶이야기'는 결혼이주 가정의 자녀와 재외동포 남성 등 이주 경험이 있거나 소수자로서 차별받은 경험이 있는 남성의 이야기도 포함한다. 덕분에 참가자들은 젠더와 세대, 국적을 가로질러 각자의 삶이야기를 털어놓음으로써 서로의 경험에 공감하고 그 안에서 자신을 돌아볼 수 있었다.

참가자 가운데 내가 많은 시간을 함께하며 대화한 이는 김미숙이다. 우리는 한양대학교 에리카 캠퍼스 내에 있는 게스트하우스의 같은 방을 1박 2일 동안 함께 사용했다. 첫째 날 저녁 모든 공식 일정을 마치고 숙소로 돌아온 김미숙은 내게 결혼했느냐고 물었다. 1995년 결혼이주로 한국에 온 그녀는 남편과의 사이에 두 아들을 두었다.

이 글은 결혼이주 여성이자 가부장제의 희생자이며 한국 사회에서 경제적 주체로 살기 위해 고군분투해온 재중동포 김미숙을 중심에 두고 그녀에게 특별히 영향을 많이 준 대화를 중심으로 구성했다. 자신의 부부관계와 자녀 문제를 구체적으로 나눌 생각이 없던 김미숙이 가족 이야기를 꺼낸 것은 국제결혼을 했다가 이혼한 부모를 둔 재일동포 이한수의 삶이야기를 듣고 나서였다. 또한 김미숙이 앞으로의 삶을 어떻게 살고 싶은지 구체적으로 고민하게 한 이는 사별한 탈북민 김금영과 사별 후 이혼 경험이 있는 사할린 귀환동포 이숙자였다.

참가자들 간의 관계성 외에 내가 주의 깊게 살핀 관계는 각자의 삶이야기에 나오는 다른 등장인물과 발표자와의 관계, 과거의 나와 지금의 나와의 관계다. 참가자들은 다른 이의 삶이야기를 듣고 자신의 삶을 성찰하며 되돌아보는 가운데 자신이 과거에 맺은 관계를 새롭게 들여다보기도 한다. 과거에 자신에게 고통을 준 이를 이야기하면서 지금 돌아보니 당시의 그 사람이 이해가 간다는 이들도 있었다. 과거에 자신이 했던 결정이나 행동을 두고 후회와 연민을 넘어 자신과의 화해로 향하는 이들도 있었다.

때론 자기 자신조차 스스로를 이해할 수 없다. 이걸 잘 알기에 남들에게 자신의 삶을 이해해달라고 드러내놓고 말하기가 어려워 특정 부분에서 말문이 막히기도 한다. 자신의 삶을 다시 깊이 들여다보니 '삶의 주인공'인 자신을 알아봐주지 못한 자신이 너무 안쓰러워 눈물만 흘리는 이들도 있다.

삶이야기에서 많은 참가자가 경험하는 것 중 하나는 과거의 자신을 이해하는 것을 넘어 자신과 화해하는 일이다. 그들은 자신을 두 팔로 감싸며 '애썼다고, '그때는 누구라도 그럴 수밖에 없었을 것'이라고 토닥이며 앞으로 나아갈 힘을 얻는다. 그러한 이해와 화해 과정에서 가장 큰 힘을 주는 것은 다른 참가자들의 공감과 이해, 지지다. 때로는 자신과의 화해가 자신을 깊이 들여다보고 난 후 참회하는 것으로 시작되기도 한다.

가족이라는
아픈 속살을 드러내다

전체 프로그램 방향은 누가 어떤 내용으로 첫 이야기를 시작하고 여기에 참가자들이 어떤 반응을 보이며 질문하는가에 따라 결정되기도 한다. 그래서 진행자는 참가자의 이야기 순서를 정할 때 매우 신중하다. 보통은 적극적으로 자기 이야기를 하려는 사람에게 첫 번째로 얘기해줄 것을 권한다. 첫 번째 발표자는 이한수다.

참가자들은 유년 시절 가족과 함께한 추억을 공유하는 것에 그치지 않고 가부장적 권력에 따른 고통, 부모의 이혼이나 사별로 인한 상처, 부부관계의 어려움, 자식을 향한 연민 등 각자 삶에서 덮어두고 싶던 가족 이야기를 솔직하게 드러냈다. 그 아픈 속살을 드러내도록 하는 데 결정적인 역할을 한 사람이 바로 이한수다.

이한수는 이야기를 시작하자마자 그 공간이 아주 편하다고 말했다. 늘 이방인이던 자신이 그곳에서는 여기에 속한 사람이라는 느낌이 든다고 했다. 이한수가 낯선 사람들 앞에서 자신의 삶을 툭 꺼내 보일 수 있었던 것은 참가자들이 자신처럼 한인 이주민 삶을 경험한 이들이라 자신을 이해해줄 거라 믿었기 때문이다. 또한 참가자들은 그곳을 벗어나면 사회에서 어떠한 연결고리도 없었기에 오히려 다른 목적 없이 인간 대 인간으로 '평등하게' 서로를 이해하려는 목적만으로 진솔한 대화를 할 수 있었다.

이한수는 1960년대 후반 일본에서 태어났다. 그의 아버지는 한국에서 태어나 엘리트 교육을 받은 뒤 1960년대 중반 일본으로 파견근무를 떠난 한국인이고 어머니는 재일동포 2세였다. 그는 '어린 시절' 하면 가장 먼저 떠오르는 장면이 매일 치고받고 싸우던 부모라고 한다. 결국 아버지는 이한수가 고2가 되던 해 집을 나갔고 이후로 아버지를 본 적이 없다. 아버지는 다니던 직장에서 쫓겨난 뒤 변변한 일이 없었다. 한국에서 온 이주자는 일본사람뿐 아니라 재일동포에게도 못사는 나라에서 온 외국인에 불과한 데다 이한수의 아버지는 늘 술을 마시는 바람에 어머니의 친인척에게조차 심한 괄시를 받았다. 한국에서 엘리트였던 아버지는 일본에서 소외와 무시를 당하자 그에 따른 감정을 아내와 자식에게 폭력을 행사하며 풀었고 가족은 그런 아버지를 증오했다.

사실 이한수의 가족은 1970년대 한국에 정착하기 위해 일본을 떠나 김포공항에 도착했다. 그런데 공항에 도착하기 전 상공에서 대한민국을 내려다본 그의 어머니는 일본에 비해 경제적으로 많이 낙후된 대한민국에서 살 자신이 없다며 공항에 도착하자마자 울었다고 한다. 이한수의 가족은 공항 밖으로 나가지도 못하고 다시 비행기표를 끊어 일본으로 되돌아갔다. 그는 당시를 이렇게 기억했다.

이한수: 서로가 헐뜯고 욕하고 서로가 못났다고 하고. 어머니 입장
에서는 그 당시에 한국이 얼마나 우습겠어요. 못사는 나라니. 근
데 저희 아버지는 경상도 쪽에서 잘사는 집안입니다.

이한수의 아버지는 한국이 경제적으로 어려웠던 1960년대와
1970년대를 식민지 종주국인 일본에서 보냈다. 그때 한국에서 엘
리트 지식인이던 그의 능력은 탈각되고 그는 못사는 식민지에서
온 외국인 취급을 받았다. 만약 그가 이를 받아들이고 타협하면서
삶의 전략을 세워 가족을 돌봤다면 이한수의 아버지는 가정 내에
서 가족과 다른 관계를 맺었을지도 모른다. 대신 그는 일본을 떠나
한국에 재정착하는 것을 거부한 아내에게 폭력을 행사하며 남성으
로서의 우월감을 드러내려 했다. 아버지의 일그러진 정체성은 이
한수에게도 영향을 미쳤다. 성인이 된 이한수는 한국으로 유학을
오기 전까지 일본 커뮤니티 안에서 자라며 정체성 혼란을 겪었다.

이한수: 저는 일본이 최고인 줄 알았어요. 한국보다 낫다[라고 생
각했어요]. 재일교포는 한국 되게 못산다고 생각해요. 그런 인식
이 일본사람들보다 강해요. 자신은 한국인이 아니라고……. 고향
에 대한 그리움? 고국에 대한 존경심? 이런 거 하나도 없었거든요.
그니까 무슨 얘기냐면 저는 태어났을 때부터 고향이란 개념이 없
습니다. […] 저는 어릴 때부터 이 이름(이한수)으로 살았거든요.
일본에서 [한국 이름으로 사는 사람은] 10퍼센트도 안 됩니다. 저

는 초·중·고를 일본 공립학교에서 보냈고 제가 한글을 쓸 수 있게 된 것도 대학교를 졸업한 후의 일입니다. 그니까 가정에서 해준 것은 이 이름 석 자가 유일했던 거죠. […] 재일동포 민족교육을 어떻게 할 것이고 또 어떻게 아이들한테 정체성 교육을 지원하겠느냐? 이런 거에 대해서 [한국에서] 연구를 많이 하는데 저는 일본의 민족학교, 한국학교, 조선학교에 대해서는 그다지 관심이 없습니다. 90퍼센트의 [재일동포] 아이들이 [민족교육을 받는 것이 아니라] 일본학교에 다닙니다. 한글 이름 석 자만 가지고 일본 공립학교를 다닌다는 것은 칼, 무기를 안 들고 맨주먹으로 전쟁터에 나가는 것과 똑같아요.

민족학교에 다니며 민족어로 교육을 받고 정체성을 형성해가는 조선학교 학생들과 달리 이한수는 일본 공립학교에 다녔다. 아버지가 한국인이라 한국 국적에다 한글 이름이던 이한수는 이름 때문에 일본 공립학교에서 재일동포라는 정체성을 숨길 수 없었고 일상적으로 차별을 당했다.

한국을 "되게 못사는 나라"로 여겨 부끄러워하고 대학을 졸업하기 전까지 한국어를 못한 데다 한국을 폭력적인 아버지의 나라로 인식한 이한수에게 한국인이라는 꼬리표가 늘 따라붙는 것은 고통이었다. 자녀들이 정체성 문제로 혼란스러울 때 아버지가 자신의 경험을 바탕으로 조언하고 붙잡아주기는커녕 오히려 자신의 혼란에 파묻혀 자녀들에게 폭력을 행사한 것은 이한수에게 상처로 남았다.

그런데 이한수는 재일동포인 자신이 한국에서 "문전박대당하고 외부자로 취급받다 보니" 아버지를 향한 증오가 풀린 것은 아니지만 이해가 가는 부분이 생겼다. 문화 차이로 자신이 아버지의 행동을 오해한 부분이 있었다는 것도 깨달았다. 그는 문화충돌을 경험한 단적인 예로 아버지의 훈육을 들었다.

> 이한수: [아버지가] 비겁하게 물건을 갖고 때리는 거예요. 근데 나중 한국에 와서 알았죠. '매질을 한다', '매로 때린다'라는 게 한국에서는 기본인데 일본에서는 비겁한 짓이거든요. 물건을 들고 때린다는 것은. 근데 한국은 반대잖아요? 주먹으로 때리는 게 최악의 굴욕이잖아요? […] 그런데 저는 '자식을 주먹으로도 못 때릴 정도로 비겁하면 때리질 말지'라고 생각했어요.

그 이야기를 듣던 한국 출신의 70대 후반인 이상면은 한국문화에서는 주먹으로 때리면 손이 피부에 닿으니까 감정이 묻어난다고 생각해 훈육할 때 회초리로 때리는 것이 일반적이었다고 설명했다. 이한수는 아버지 연배인 이상면의 설명에 고개를 끄덕였다. 그리고는 어릴 때 한국어를 배우지 않았고 일본 공립학교에 다녔기에 아버지와 언어소통이 쉽지 않아 오해의 골이 깊었다고 이야기했다.

한국에서 살면서 이한수는 종종 일본에서의 삶을 힘들어한 아버지를 떠올렸다. 그는 일본에서 대학을 졸업한 후 1992년 한국으로 한국어를 배우러 왔다. 어느 나라에서든 괜찮은 직업을 택해서 살고 싶었던 그는 연세어학당에서 한국어를 공부한 뒤 한국의 대학원에 입학할 생각이었다.

한데 그가 찾아간 한국 교수는 "다른 나라 동포는 다 받아주지만 재일동포는 안 된다"라고 했다. 1970년대와 1980년대에 있었던 재일동포 유학생 간첩단 조작 사건으로, 1992년만 해도 그 교수뿐 아니라 대다수 대학이 사회과학 전공에서 재일동포 유학생의 입학을 꺼렸다. 이한수는 그때의 기분을 "참 더럽다."고 표현했다. 아마도 한국에 오니 일본에서 경험한 식민 유산에 더해 냉전의 그림자까지 따라붙는 느낌이었을 것이다. 재일동포가 한국에서조차 소외되어 정치에 이용당하는 듯한 느낌을 그렇게 표현한 것 같다.

그는 재일동포가 편견 없이 사는 데는 차라리 영어권이 나을 거라 판단했고 캐나다 어학연수를 거쳐 미국 대학원에 진학했다. 공부를 마칠 때쯤 그는 미국 취업 박람회에서 자신을 데려갈 회사가 미국 기업일지, 일본 기업일지, 한국 기업일지 궁금했다. 아이러니하게도 영어와 일본어에 능숙한 그를 선택한 곳은 한국 기업이었다. 그 순간 이한수는 불평등한 한인 동포의 위치를 재확인했다고 한다. 그냥 재일동포가 아니라 미국 교육을 받은 재일동포에게는 한국 사회가 더 너그러운 듯했다.

하지만 취업해 다시 한국으로 들어온 이한수는 한국어가 능숙하지 않아 직장생활에 어려움을 겪었다. 동포라면 한국어는 당연히 잘해야 하는 것 아니냐는 편견이 그를 힘들게 했다. 한국인처럼 생긴 사람이 한국어를 더듬더듬 말하면 약국에서조차 자신을 이상하게 보았는데 그 눈빛이 힘들었다고 한다. 한국은 '같지만 다른' 동포에게 냉정했다.

한국인 여성과 결혼한 이한수는 현재 한국의 지방 도시에서 직장생활을 하며 아이를 키우고 있다. 그래도 지금은 재일동포를 대하는 한국 사회의 태도가 1990년대 초보다 좀 달라지지 않았느냐는 질문에 그는 다음과 같이 말했다.

> 이한수: 저는 지금 한국에서 재일동포로 사는데 외국인도 아니에요. 한국 국적이니까. 근데 내국인용 주민등록번호가 없어요. 그래서 내국인도 아니에요. 그러니까 2년 전까지는 유아 복지에 대해서 아무것도 못 받은 거예요. 다문화 지원도 안 되고. 내국인으로서 출산수당, 보육수당 이런 거 하나도 못 받았어요. 그래서 헌법 소원을 내서 승소해서 유아복지 혜택은 받을 수 있게 되었습니다.
>
> 이상면: 완전 공중에 떴네.

이한수는 한국 국적자이면서도 내국인용 주민등록번호가 없어서 한국인과 똑같은 복지 혜택을 누리지 못한다. 또한 일본의 특별영주자격을 유지하는 국내 거주 재일동포의 자녀는 2년 전까지만 해도 유아복지 혜택을 받지 못했다. 참가자들은 이한수와 함께 분노하고 안타까워했다. 이한수는 자신이 노력한 만큼 인정해주고 편견 없이 자신을 받아줄 나라를 찾아 여러 나라를 옮겨 다니며 20대와 30대를 보냈다. 그런 나라를 찾기는 쉽지 않았다.

지금은 대한민국에 정착해 살지만 매일 배제와 편견을 경험한다고 했다. 《귀환 혹은 순환: 아주 특별하고 불평등한 동포들》에서 신현준은 한국에서 다문화주의는 한국에 있는 외국인을 대상으로 하고, 디아스포라는 외국에 있는 동포를 대상으로 하면서 분리된 채 평행선을 이룬다고 지적했다.[3] 실제로 국내에 있는 재일동포는 재외동포 정책과 다문화 정책 모두에서 배제당한다.

이한수는 재중동포들이 일본은 잘살지 않느냐며 재일동포를 부러워하는 말을 듣곤 하는데, 자신은 오히려 재중동포가 부럽다고 했다. 이한수가 만난 옌벤대학교 출신의 재중동포가 "나는 중국인이야. 하지만 한민족이야. 이러면 어때? 안 돼?"라고 물었을 때, 왜 재일동포는 일본 국적자로 일본인인 동시에 한민족 정체성을 지니고 일본에서 살아갈 수 없는지 안타까웠다고 한다. 신기영은 디아스포라의 핵심 정체성은 거주국에서 소수민족성과 모국을 동시에 사유하고 공유하는 것이라고 한다.[4]

그런데 재일동포는 일본에 거주하면서 정주국인 일본 국민이 되기를 거부하고 조선 민족으로서 일본 식민주의의 차별에 저항할 것을 교육받는다. 이한수는 자신이 경험한 가정불화가 단순히 부모의 성격 차이에 그치는 게 아니라 식민이라는 틀까지 연결되었음을 이야기했다. 디아스포라의 정체성을 받아들이지 않는 식민지 종주국 일본에서 혼란스럽게 살다 한국에서조차 차별받는 이한수의 삶을 듣고 이상면은 "완전 공중에 떴네"라고 말했다. 어쩌면 일본 - 한국 - 캐나다 - 미국 - 한국으로 계속 이주하며 살아온 이한수의 젊은 날은 자신이 온전히 속했다고 여겨지는 땅을 열망하며 찾아다닌 여정인 듯하다.

결혼이주 여성에게 안전한 공간은 어떻게 만들어지나

이한수가 30분 동안 삶이야기를 하고 나서 이한수에게 첫 번째로 질문한 이는 재중 동포 김미숙이었다.

> 김미숙: 저, 질문 하나 할게요. 가정불화 때문에 많이 힘드셨던 것 같은데, 부모님의 이혼이 아이들에게 많이 도움이 됐나요?
> 이한수: 어우, 도움이 됐어요. 저는 크게 도움받았어요. 저는 무슨 생각을 했냐면, 아버지가 만약에 그 집에 있었다면 […] 어머니하고도 연을 끊으려고 했어요.

김미숙의 이 질문은 이한수의 삶을 더 이해하고 싶기 때문이기도 했지만 동시에 자신에게 던진 것이기도 했다. 아이들을 위해 가정을 지키려 애썼던 김미숙은 이한수의 대답을 듣고 이혼에 확신이 생겼다고 한다. 김미숙은 자살 충동까지 느끼며 힘들게 성장한 큰아들을 생각해서라도 이제는 그만 결단해야겠다고 생각했다.

김미숙이 처음부터 남편과 사이가 나빴던 것은 아니다. 연이은 사업 실패로 남편이 돈 3억을 잃고 집이 망하자 집 안에서 큰 소리가 나기 시작했다. 큰 소리가 오가는 중에 남편은 "여자 주제에 남편을 무시한다"거나 "애들이 아버지를 무시한다"라며 언어폭력과 신체폭력으로 아내와 자녀들을 내리눌렀다. 어쨌거나 남편은 일을 해서 가족을 부양했고 김미숙은 그런 남자라도 의지하고 살수밖에 없었다. 다른 한편으로 김미숙은 가정불화가 있긴 해도 가정이 해체되는 것보다는 낫지 않을까 하고 생각했는데 그게 오히려 아이들의 마음에 병을 만들었다고 자책했다.

실제로 무조건 가족을 소중히 여기면서 "어떤 대가를 치르더라도 현재의 가족관계를 지속해야 한다"는 가족 유지 이데올로기에 젖어 가정폭력을 당하면서도 가족을 해체하지 않는 여성이 많다.[5] 김미숙은 다른 이의 삶이야기를 들으며 '누구를 위한 가족인가?'라는 질문을 자신에게 던지고 있었다.

이한수의 아버지가 "같은 민족임에도 일본인보다 더 한국인을 차별하는" 재일동포 처가 식구에게 차별과 모욕을 경험한 것처럼, 재중동포 김미숙은 자신이 못사는 중국에서 왔다며 무시하는 시댁 식구 때문에 힘들었다고 한다. 중국 내 한족 여성은 여권이 높은 반면 조선족 사회는 가부장적이다. "한족 남자는 아내의 친구들이 집에 놀러 오면 아내는 일어나지도 못하게 하고 먹을 것을 다 해다 바치는데", 조선족 남자는 그러는 법이 없다고 했다. 텔레비전 드라마에 나오는 한국 남자는 매너가 좋아 보였지만 한국에 와보니 현실은 달랐다.

김미숙은 중국동포가 결혼이주 여성으로 한국에 들어오던 초창기인 1995년 국제결혼으로 한국에 왔다. 1992년 한·중이 수교하고 아직 결혼이주 여성이 많지 않을 때였다. 결혼이주로 한국에 들어오는 것은 김미숙에게 일종의 모험이었다.

공부도 더 하고, 좀 더 잘사는 넓은 세상에 나가보고 싶었다는 김미숙에게 국제결혼은 그 꿈을 실현할 기회로 여겨졌다. 국제결혼은 여성이 이주 비용을 들이지 않고 합법적으로 자본주의 경제부국으로 이주하는 길이었기에 김미숙은 이주를 목적으로 결혼을 선택했다. 그래서 국제결혼 중개업자들이 주선한 관광형 맞선으로 중국에서 지금의 남편을 두 번 만나고 결혼을 결정했다.

이전에 그녀는 중국에서 조선족이라는 이유로 한족에게 "가오리방쯔(고려봉자高麗棒子, 고려몽둥이라는 뜻으로 중국에서 조선사람을 비하하는 말)"라며 놀림을 받았다. 한데 같은 민족인 한국사람을 만나 결혼해서 한국으로 와보니 여기서는 중국 조선족이라고 시댁 식구와 남편에게 무시를 받았다. 먹고살기 힘들어서이기도 했지만 중국 며느리를 배려하지 않다 보니 1995년에 결혼해 지금까지 중국에 딱 한 번 가봤다.

그녀는 국제 이주라는 경계를 넘긴 했으나 자신을 못사는 중국인 출신의 결혼이주자로 규정하는 한국 사회의 시선에서 벗어나기 힘들었다. 특히 남편과 시어머니는 김미숙이 미덥지 않은지 그녀의 자녀교육에까지 간섭했다. "애들의 미래를 생각하면 할 줄 아는 언어가 하나 더 있는 것이 무기를 하나 더 가지고 있는 것만큼 생활에 유용할 거여서" 중국어를 가르치고 싶었는데, 시어머니는 못사는 나라 언어라서 그런지 이를 막았다. 지금의 중국 위상이라면 시어머니나 남편도 다르게 생각했을 테지만 1990년대 중국은 그저 못사는 나라로 인식했다. 시댁 식구는 아이들이 중국어를 해서 엄마가 중국사람이라는 것을 들키는 걸 수치로 여겼다고 한다.

사실 김미숙은 자신을 무시한다고 말하는 한국인 남편보다 교육 수준이 높다. 중국에서 교사가 꿈이었지만 김미숙이 대학에 가던 해에 키가 155센티미터 이상이라야 교사가 될 수 있다는 법이 있어서 자격 미달로 시험도 못 봤다고 한다. "다 자란 키를 늘릴 수도 없는 일"이어서 김미숙은 교사를 포기하고 공업대학에 진학했다. 그녀는 한국에 오기 전까지 안정적인 직장에서 돈을 벌었다. 잊고 있던 교사의 꿈을 다시 꾸게 한 것은 대한민국 정부였다. 김미숙은 한국에서 이중언어 다문화 강사로 활동했다.

김미숙: 나중에, 이제 아이들 초등학교 들어가니까 학교에서 담임선생님이 그거 주더라고요. ○○교대에서 이중언어 다문화 강사 교육 프로그램이 있다고. 그래서 그걸 보니까 아우, 순간 '이거 정말 하고 싶다'. 학교잖아요. 그리고 또 한국에서는 이게 강사이든

교사이든 학교에서 일하면 왠지 모르게 '빛'이 있잖아요. 너무 좋아서, 이제 거기 등록하고 7개월인가 매일 여덟 시간씩 공부해서 이제 학교에 들어가게 되고요. […] 그때는 정말 행복했죠.

한국은 2009년부터 이중언어 강사라는 이름으로 다문화 강사를 양성하기 시작했다. 이 제도는 고학력 결혼이주 여성이 학교에서 영어, 중국어, 일본어 등 방과 후 외국어 교육 지도와 다문화 교육에 참여하게 함으로써 이들의 고용 창출과 한국 사회 정착에 도움을 주려는 목적으로 시작한 것이다.

김미숙은 국가 간 경계를 넘으며 잃었던 자신의 꿈을 되찾을 기회로 생각하고 이중언어 강사 양성 프로그램에 열심히 참여했다. 그런데 김미숙이 꿈을 찾아 신나게 배울 때 남편이 찬물을 끼얹었다. 그는 국가 정책이 바뀌면 금방 없어질 직업이니 들어서지도 말라며 "이거는 정책적으로 이용하는 거야. 니네 미끼야 미끼. 다니지 마"라고 했다. 교육받는 7개월 동안은 월급이 없었는데 남편은 "돈 한 푼이 급한데 쓸데없는 곳에 가서 시간을 쓴다"라며 매일 잠도 못 자게 하면서 잔소리를 했다. 그래도 김미숙은 결혼 이후 처음으로 뜻대로 밀고 나가 7개월간의 교육도 마치고 이중언어 다문화 강사로서 학교도 배정받았다.

그녀의 인생에서 가장 행복한 때였다. 김미숙은 남편에게 의존하지 않고도 아이들을 키울 수 있는 경제적 주체로 서고, 대한민국 사회에 기여도 하는 떳떳한 국민이고 싶었다고 한다. 무엇보다 식당에서 설거지를 하거나 남의 집 아이를 돌보는 게 아니라 학교에서 학생을 가르치는 일이다 보니 "왠지 모르게 빛이 있는 일"로 여겨지고 자랑스러웠다. 김미숙은 중국에서 쌓은 자신의 학력이나 경력과 상관없이 중국동포라는 이유만으로 자신을 돌봄 노동자로 생각하는 한국인의 편견에 맞설 수 있어서 기뻤다.

그런데 이중언어 강사로 활동한 지 2년도 되지 않아 너무 인정하기 싫었지만 남편의 말이 맞을 수도 있겠다는 생각이 들었다. 하루 여덟 시간 근무 조건으로 1년씩 계약하던 자리가 어느 순간 하루 네 시간 계약으로 줄더니 그마저 재계약이 어려워졌다. 이중언어 강사로 활동하던 이들은 대부분 다문화 가정의 결혼이주 여성이었는데 이들은 2015년 겨울, 거리로 나와 시위를 했다.

김미숙은 "교육청 앞에 텐트도 치고, 눈발 날리는 날에 진짜 노숙도 해가면서 투쟁 같은 투쟁도 해보고" 8일간 단식도 했다. 그녀를 포함한 다문화 강사들의 목숨을 건 시위는 결혼이주 여성으로서 또 노동 현장의 주변부 하위 주체로서 한국에서 느낀 억압과 차별, 모순을 극복하기 위한 생존 투쟁이었다. 투쟁 중 지병이 재발해 사망한 동료도 있었다. 소송과 투쟁 기간이 길어지자 생계를 위해 새로운 직업을 찾아 떠나거나 주당 열다섯 시간 미만으로 재계약하는 이들이 늘었다.[6]

> 김미숙: 정말 느낀 게 한국에서도 이 모든 프로그램도 정책적으로 정말 이용한다는 거. 필요할 때는 다문화, 다문화 하다가 필요 없

으면 가차 없이 목 자르더라고요. 정말 한 번에 자를 수가 없으니까 서서히 그냥. 그때 처음 시작할 때는 그러지 않았거든요. 왠지 앞에 막 희망차게 이야기해줬는데, 나중에 정책적으로 필요 없어지니까 서서히 그냥 죽이는 거예요. […] 한국에서 정말 정책을 일관적으로 좀 정말 해줬으면……. 특히 외국에서 온 이런 사람들을 이용해서 뭘 한다는 게 좀 악의, 악덕이다 이런 느낌을 좀 받았어요. 그게 지금도 [그때 생각하면] 막 소화가 안 되고.

국가에 이용당하고 버려졌다는 사실에 김미숙은 속병이 났다. 무엇보다 남편이 "자신이 한 말이 맞아떨어졌다"며 자신을 바보 취급하고 이제는 그녀가 무엇을 하든 가르치려 드는 것이 속상했다. 한국에서 한국 국적을 가지고 25년을 살았는데도 또 같은 민족인데도 김미숙은 자신이 여전히 이곳에서 이방인이라고 말한다. 한국 사회가 자신을 늘 결혼이주 여성, 중국인, 시급 노동자 등으로 부르며 타자화하고 주변화하기 때문이다.

김미숙은 젠더와 출신국, 계층이 뒤섞인 교차적 억압체제 속에서도 국가 권력과 가부장적 지배에 항상 저항했다. 즉, 그녀는 자신의 지적·문화적 자원을 기반으로 한국 사회에 필요한 존재로 인정받는 한편 사회적 공간을 넓혀가기 위해 끊임없이 투쟁했다.

한데 김미숙의 남편은 국가 권력에 저항하는 주체로 나선 그녀를 인정하고 그녀의 고통에 귀 기울이며 연대해 싸워주기보다 그녀의 좌절을 기회 삼아 더욱 종속시키려 했다. 여기에는 한국인

남성이 외국 출신 아내에게 우월 의식을 보이며 군림하려는 것에
더해 대한민국의 가부장적 다문화 정책도 직·간접적으로 영향을
미쳤다. 경제적으로 빈곤한 지역에서 결혼이주로 입국한 여성의
정체성을 아내, 어머니처럼 가족 구성원으로만 규정하고 가정 내
에서 돌봄과 양육의 성 역할만 강조하는 한국의 다문화 정책은 결
혼이주 여성이 주체로 서는 것을 방해한다.

결혼이주 여성들 중에는 가정 내의 성별화한 역할을 감내하
며 남편과 시댁 식구에게 인정을 받아 조심스럽지만 전략적으로
자기 영역을 확장해가는 이들도 있다. 그들은 남편과 호혜 관계를
수립해 친정 식구에게 송금까지 하며 생존 위기에 초국적으로 대
응한다.[7] 인류학자 김현미는 이들 이주여성을 '문화번역자'라고 지
칭한다.[8] 이들이 가정을 문화적 접경지대로 해석해 자신만의 방법
으로 양쪽 문화를 중재하고 재배열함으로써 한국에서 통할 만한
생존 전략을 습득해 자신의 위치를 협상해가는 역할을 한다고 보
기 때문이다.

그러나 현실적으로 모든 이주여성이 문화번역자가 될 수는 없
다. 글로리아 안잘두아Gloria E. Anzaldúa는 자신의 책《경계지대Border-
lands》에서 "경계지대에서 생존하려면 경계 없이 살아야 하고 교차
로가 되어야 한다"라고 언급하며[9] 이들이 "피 흘리는 경계지대"에
서 있다고 표현했다. 한편 정현주는 이주여성을 교차로 같이 특정
역할을 행해야 하는 존재로 다루는 것을 불편해했다. 경계지대에서
고통받는 여성들이 직면한 억압과 모순의 실체가 무엇인지 충분히

파헤치지 않는 탓에 이들이 교차로가 되려면 어떤 조건을 마련해야 하는지 간과하고 있다는 것이다.[10]

김미숙은 이중언어 강사로 일하며 한국에서 경계 없이 살고 교차로 역할을 하고 싶어 했다. 하지만 가정뿐 아니라 대한민국 사회와 경제 시스템, 국가 권력은 경계 넘기를 시도하는 그녀를 계속해서 다시 경계 밖으로 밀어냈다. 이중언어 강사로 일하는 것에서 좌절감을 맛본 김미숙은 여러 직업을 전전하다 얼마 전에 건강보조식품 판매와 관련된 일을 시작했다.

이번에도 남편은 그 일이 다단계판매라며 눈에 쌍심지를 켜고 반대했다. 김미숙은 "이 땅에서 멋지게 일하며 꿋꿋하게 홀로서기를 하고 자녀들도 도와주고 싶은데" 거듭되는 저항에도 여러 겹의 억압을 뚫고 나오기가 쉽지 않다. 그러나 그녀는 다층적 제약앞에서 희생자나 불쌍한 여성의 프레임에 갇혀 있기보다 끊임없이 도전하고 주체적 삶을 꿈꾸며 노력한다.

물론 결혼이주 여성 개인이 국가와 사회가 구조화한 결혼과 가족이라는 틀에 도전하고, 이주여성을 주변화하는 노동 시스템을 바꿔가고, 남편의 폭력과 가부장적 억압에서 벗어나기에는 구조적 틀이 여전히 견고하게 느껴진다. 무엇보다 선택할 수 있는 대안이 극히 제한적일 때는 서글프기까지 하다.

그래도 김미숙은 옆에서 서로 지지해주는 이들이 있기에 멈추지 않는다고 했다. 김미숙이 다문화 강사들과 시위할 때 함께 거리에 나와 동참하고 지지해준 한국인 중 한 명이 김미숙을 삶이야기 프로그램에 초대했다. 김미숙은 그 연대에 감사를 표했고 다른 참가자들에게 자신의 삶을 공감받기 위해, 나아가 다른 이의 삶에 한 발 더 다가서기 위해 적극 이야기하고 열심히 들었다. 특히 그녀는 이 프로그램에서 만난 두 싱글 여성의 삶이야기를 들으니 용기가 난다고 했다.

가장이 된 여성들, 국경을 넘다

북한 출신 60대 김금영과 사할린 출신 70대 이숙자는 둘 다 일찍 남편과 사별하고 홀로 아이들을 키운 경험이 있어서인지 이야기도 잘 통했고 금방 친해졌다. 그들은 1박 2일 프로그램 내내 같이 다녔고 방도 같이 썼다.

첫째 날, 저녁 식사를 마치고 내가 숙소로 돌아오니 옆방에 머무는 이숙자가 초인종을 눌렀다. 얼굴에 팩을 붙이고 분홍색의 예쁜 레이스 잠옷을 입은 이숙자는 마사지를 해줄 테니 자기 방으로 건너오라고 했다. 건너가 보니 탈북민 김금영은 감기 기운으로 여러 채의 이불을 덮고도 한기를 느끼며 떨고 있었다. 그러면서도 끊임없이 지나온 삶을 이야기했다. 그녀는 감정이 폭발해 봇물이 터지듯 쉬지 않고 울며 이야기하느라 탈진할 지경이었다. 김금영은 이숙자의 이야기를 들었을 때 그녀가 사람들 앞에서 말하지 않은 외로움과 혼자 살아내야 하는 삶의 무게가 어떠했을지 알고 있었다고 했다.

이숙자의 부모는 경상북도 대구 출신이다. 아버지는 일제강점기 중인 1939년 강제징용으로 사할린에 끌려갔고, 어머니는 1943년 아버지를 찾아 사할린으로 이주했다. 이숙자는 두 사람 사이에서 1945년 4월 태어났다. 아버지는 "[한국 갈 여건이 허락되면] 너희들 등지고, 내버려두고 나는 내 고향으로 가야 한다."라며 소련 국적을 취득하지 않았고 2000년 한국으로 영주귀국할 때까지 비국민으로 있었다. 어머니도 아버지의 뜻을 따랐다. 사할린이 아니라 '큰 땅' 소련에 가서 대학 공부를 하려면 소련 국민이어야 했으나 이숙자는 부모가 비국민이라 신청 자격이 없었다. 그러다가 북한이 체제 선전을 위해 북한 여권을 만들어줄 때 북한 국적을 받고 사할린의 사범학교에 들어갔다. 나중에 결혼한 뒤 그녀는 남편을 따라 소련 국적을 취득했다.

이숙자는 서른다섯 살 때인 1980년 남편과 사별했다. 그녀의 두 아이는 겨우 일곱 살과 아홉 살이었다. 그녀는 정말 열심히 일했지만 사는 것이 팍팍했다. 그러던 중 1990년대 초반, 구소련이 사회주의 계획경제를 시장경제로 전환하는 과정에서 극심한 경제난과 사회적 혼란이 러시아를 휩쓸었다. 그때가 오히려 이숙자에게는 경제적으로 올라설 기회였다.

이숙자는 친척에게 돈을 빌려 중국으로 보따리 장사를 다녔다. 그러다 한국에도 왔다. 구소련이 개방 정책을 편 페레스트로이카 시대에 한국 동대문과 남대문 시장에서는 소위 '체르노끼'라 불리던 보따리 장사를 흔히 볼 수 있었다. 구소련이 개방을 선택한 시점에 상점 진열장에는 물건이 없어서 돈이 있어도 상품을 살 수 없었다. 이때 대외 개방과 함께 주민에게 거주이전의 자유가 주어지자 외국을 자유롭게 넘나들며 물건을 해다 팔아 이윤을 남기는 사람들이 생겨났다. 이는 정식 수입 유통체제를 갖추지 않은 상품이 많고 해외와 러시아 국내 시장 간 가격 차이가 커서 가능한 일이었다.[11]

　이숙자는 돈이 될만한 물건을 찾아 중국, 한국뿐 아니라 동유럽 국가와 중동까지 열심히 다녔다. 이숙자에게는 탈냉전이 기회를 열어준 셈이다. 그녀는 "한편으로는 개혁이 사람들에게 나쁘다고 했지마는 다른 한편으로는 사람들이 그 시간을 잡으면 그때 잘 살 수 있었다"라고 체제 전환기를 기억한다. 당시 구소련에는 국유재산을 싼값에 사들여 순식간에 억만장자가 된 '올리가르히(신흥재벌)'들이 등장했다.[12] 억만장자는 아니어도 이 혼란기를 기회 삼아 부를 축적한 이들이 있었는데 그중 한 명이 이숙자였다.

　이숙자는 재혼도 했다. 맞지 않는 사람이었지만 이혼을 망신이라 생각해 10년을 참고 살다 이혼했는데, 이혼하고 나니 그동안 왜 참고 살았는지 모르겠다고 했다. 러시아에 있는 조선사람은 러시아 백인에 비해 이혼과 재혼에 보수적이라고 한다. 러시아 여성은 국가가 교육을 책임지고 국가에서 연금이 나오기 때문에 남편에게 의존해서 살려고 하기보다 국가를 믿는다. 그래서 러시아 여성은 이혼을 더 쉽게 생각한다. 이숙자는 딸이 남편의 불륜으로 고통스러워하자 조금만 더 힘을 내라고 용기를 주었다. 김금영이 혼자 늙는 것보다 의지할 남자가 있는 게 낫지 않느냐며 주위 사람들이 결혼을 권한다고 하자, 이숙자는 아이들을 뒷바라지해서 세우려면 남편 만나 치다꺼리하고 있을 시간이 없다고 단호하게 말했다. 남편에게서 독립해 아이들을 잘 키울 수 있을까 하고 염려하고 있던 김미숙에게 두 여성이 들려준 이야기는 꽤 용기를 주었다.

첫째 날 밤 호텔 방에 모여 수다를 떨던 세 여성은 모두 독립과 자녀 뒷바라지를 위해 무엇보다 중요한 것은 여성의 경제적 능력이라고 이야기했다. 그래서 모두 나이에 상관없이 일하고 싶어 했다. 그들은 자녀가 장성했는데도 돈을 벌어 자식들을 도와주길 원했다. 자식들이 20대인 재중동포 김미숙부터 40대인 탈북민 김금영까지 이들의 노동과 일상은 자식들이 대한민국에서 자립해 더 나은 삶을 살도록 돕는 데 초점을 두고 있었다. 그런데 세 여성이 모두 입을 모아 하는 이야기는 이주 배경 여성이 한국에서 돈을 벌기가 녹록하지 않다는 것이었다.

가장 젊은 김미숙조차 나이 50이 되니 새로 무언가를 시작하는 게 쉽지 않다고 했다. 그는 젊었을 때 다문화 강사를 한다고 흘려버린 시간이 가장 속이 쓰리고 아프다. 김미숙이 돈을 벌고 싶은 것은 자식들을 돕기 위해서이기도 하지만 부모를 돌봐야 하기 때문이기도 했다. 김미숙은 자신의 형편이 어려워 중국에 있는 가족에게 돈을 보내줄 수 없자 부모를 한국으로 초청해 직접 돈을 벌 기회를 마련해주었다. 그러나 부모가 연로해서 병원 신세를 지는 날이 늘어나자 남편이 주는 생활비에서 부모의 병원비까지 쓰기가 빠듯하고 눈치가 보여 돈을 벌고 싶어 했다. 부모와 함께 병원에 가야 하다 보니 식당 보조나 아이 돌봄 같이 시간 조절이 힘든 일은 하기 어려웠고 또 그런 일을 하기에는 자존심도 상했다. 생각 끝에 그녀는 남편이 다단계판매라고 구박하는 건강보조식품 판매에 발을 들여놓았다.

70대 사할린 할머니인 이숙자가 하는 일은 화장품 방문판매다. 그날 우리 얼굴에 붙여준 마스크 팩도 그 회사 제품이었다. 이것 역시 다단계판매다. 한국에 온 결혼이주 여성이나 귀환동포에게 일자리를 주며 장밋빛 꿈을 꾸게 하는 곳 중에 다단계 회사가 많다. 돈을 벌고 싶은 절실함은 있으나 다른 길이 쉽게 보이지 않는 이주자들, 그중에서도 사회주의권에서 온 이들은 자본주의 시스템에 익숙하지 않아 막대한 이득을 본다는 설명에 의문을 품지 않고 다단계 아웃소싱 구조에 쉽게 편입되기도 한다.

그날 세 명의 여성 참가자와 나는 매우 늦은 시간까지 이야기를 나눴다. 이튿날 우리는 삶이야기 프로그램을 다시 시작했고 김금영은 마지막 순서였다. 자신의 차례가 오기 직전, 김금영은 전날 밤에 너무 많은 말을 해서 새로운 이야기를 찾기가 어렵다고 했다. 일단 프로그램을 시작하자 그녀는 자신의 이야기에 공감과 이해를 보내는 사람을 만나서인지 전날의 울음이 다시 북받쳤다.

보통 탈북민은 경제난과 북한 탈출 과정을 이야기하는데 그녀의 삶이야기에서 우리는 그런 내용을 전혀 듣지 못했다. 북한에

205

서 트랙터 운전자로 일한 김금영은 혼자 트랙터를 고치던 일과 남편 사망에만 집중해 이야기하다 울기를 반복했다. 또한 그녀는 이틀 동안 들었던 다른 이의 이야기를 기억하며 자신이 삶에서 가장 빛났던 순간과 가장 아팠던 순간을 이야기했다. 이어 그녀는 자신의 팔로 자신을 감싸 안고 토닥이며 '애썼다', '참 열심히 살아왔다'를 마음속으로 외쳤다.

○○

이 글에서는 제14차 '경계를 넘는 삶이야기' 프로그램에 참여한 여섯 명 중 두 명의 남성, 즉 이상면과 김상호의 이야기는 거의 다루지 못했다. 한국 출신인 두 남성은 가족 이야기보다 두 사람이 받은 교육과 직업, 사회 활동에 더 집중해 이야기했다. 반면 이한수는 결혼이주 가정의 자녀로 또 재일동포로 살면서 겪은 차별과 이를 극복하려 했던 노력 과정을 함께 나누었다.

결혼이주 가정의 자녀인 이한수와 결혼이주 여성인 김미숙은 서로에게 깊은 공감을 보이고 서로의 경험을 비교하며 자신의 삶을 이야기했다. 나는 처음 만나는 사람들도 참가자 간의 관계 속에서 지극히 사적이고 고통스러운 삶이야기를 발화하며 공감과 위로를 자아낸다는 걸 확인했다. 나아가 이주여성뿐 아니라 남성도 연대 파트너로 끌어안는 현장을 목격했다.

1박 2일의 프로그램이 끝난 뒤 나는 참가자들에게 추가 질문도 하고 안부도 묻기 위해 전화를 했다. 알고 보니 재중동포 김미숙, 사할린 출신 이숙자, 북한 출신 김금영은 카톡 채팅방을 개설해 종종 이야기를 나눈 덕분에 서로의 안부를 꿰고 있었다.

삶이야기 프로그램에 참가해 개인적인 얘기를 속속들이 했는데 다시 연락하고 지내기에 쑥스럽거나 불편하지는 않았는지 묻자, 서로 일상 영역에서는 인간관계가 겹치지 않는 다른 나라 출신의 동포라 오히려 편하다고 했다. 그들은 인생에서 서로를 깊이 있게 알고 이해할 수 있는 이런 시간이 또 주어질까 싶다고 했다. 세대가 다른 사회주의권 출신의 이주민인 세 여성은 남편의 부재 속에서 어떻게 주체적인 삶을 살 수 있을지 이야기를 나누며 여전히 서로를 지지해주고 있다.

이 장은 〈현대사회와 다문화〉에 발표한 '협력적 구술생애사를 통한 이해와 연대: 초국가적 한인의 젠더와 가족을 중심으로'(10권 1호, 2020)의 내용을 기반으로 전면 개정한 글임을 밝힌다.

프로그램 참가자 명단

참가자	성별	출생지	출생연도	이주 경험	구술 날짜
김미숙	여	중국	1970년대 초반	재중동포. 1995년 결혼이주로 한국 입국 후 정착. 다문화 가정.	2019년 6월 1일
이한수	남	일본	1960년대 후반	재일교포 2세. 일본에서 한국 국적 취득. 유학생으로 한국 입국. 취업과 결혼 후 한국 거주.	2019년 5월 31일
이숙자	여	사할린	1940년대 중반	터키와 한국, 사할린을 오가며 장사. 북한 국적으로 소련에 거주하다 결혼하면서 소련 국적 취득. 사할린 영주귀국 대상으로 2007년 한국 입국.	2019년 5월 31일
김금영	여	북한	1950년대 초반	탈북민으로 한국에 정착. 한국 국적 취득 후 캐나다로 이주해 난민 신청했으나 거부당함. 캐나다에서 미등록 노동자로 일하다 한국에 재정착.	2019년 6월 1일
김상호	남	한국	1960년대 후반	연해주에 13년 거주. 한국에서 고려인 지원 활동.	2019년 6월 1일
이상면	남	한국	1940년대 후반	중국에서 공장 운영. IMF 직전에 사업 실패. 60세에 중국 유학 후 중국 대학에서 강의. 현재 한국 거주.	2019년 5월 31일

7장

다시 만난 코리안 여성들: 사적이고 작은 이야기로 이산의 역사를 꿰다

이해응 · 윤은정

'조각보'에서는 어디 가서 말하기 쉽지 않은 이야기들이 흘러나온
다. 왜 코리안 '여성들' 이야기인가에 답을 듣는 것 같다. 조각보가
코리안 여성들만 모이게 하는 이유는 간단하다. 여전히 성별화하는
사회 구조와 문화로 인해 여성이 자신의 삶을 보다 더 편하고 거리
낌 없이 드러낼 기회가 드물기 때문이다. 특히 가정폭력, 성폭력, 돌
봄노동, 생계노동 등 성별화한 여성의 생애 경험은 비슷한 경험을
한 여성들이 모인 안전한 환경에서 더 잘 드러낼 수 있다.

　조각보에서는 '다시 만난 코리안 여성들의 삶이야기'라는 이
름으로 공감대화를 진행하고 있다. 흔히 탈북민, 조선족, 재일동포,
사할린동포, 고려인이라 불리는 사람들이 자기 이름을 말하며 온
전히 자기 삶을 이야기하는 자리다. 일제강점기·분단·냉전 역사
속에서 디아스포라가 된 여성들은 다른 체제, 다른 사회, 다른 문화
를 경험하며 살았다.

이 모임에서는 선과 악, 옳고 그름이 없다는 전제 아래 다르게 살아온 서로의 이야기를 듣는다. 그리고 '내 진실'만 있는 게 아니라 '당신의 진실'도 있음을 깨닫는다. 사적이고 작은 삶이야기가 전해주는 그 진실은 서로를 온전히 이해하는 것은 물론 관계가 더 깊어지게 한다.

여성들은 조각보가 제공한 공간에서 지금껏 살아온 삶을 편하게 드러내며 이야기했다. 그처럼 여성들의 삶이야기를 듣는 것은 역사 기록뿐 아니라 사회적 기록에서 늘 배제되기 십상인 주변부나 소수자의 목소리를 복원하는 작업이었다. 국가와 지역의 경계를 넘나든 코리안 디아스포라 여성들이 100여 년 후 다시 만나 '여성'으로서의 삶의 경험을 나눈 이 자리는 다른 체제와 사회문화적 배경을 넘어 서로를 좀 더 이해하고 공감하는 접점이 되었다.

첫 만남, 마음의 벽을 허무는 장치들

이 글은 2012년에 시작해 2021년까지 10년 동안 31회에 걸쳐 182명의 코리안 여성이 모여 삶이야기를 나눈 것 중에서 서로 환대하고 이야기하는 과정에서 치유를 경험한 순간들을 담았다.[*]

개인의 삶을 모아 온전한 민족사를 꿴다는 의미로 이름을 붙인 여성평화운동단체 '조각보'의 삶이야기는 초대장을 보내는 것

으로 시작한다. 대개는 북한, 중국, 일본, 러시아, 중앙아시아 등
지에서 고향으로 돌아온 동포 세 명과 남한동포 세 명을 짝을 맞
춰 모두 여섯 명의 '코리안 여성'을 초대한다. 참가자는 20대부터
80대까지 나이와 직업을 고르게 구성한다. 초대장에는 1박 2일 일
정표, 프로그램 소개자료를 동봉해 참가자가 프로그램의 취지를
이해하고 자신의 이야기를 미리 정리해서 참가하도록 돕는다. 그
중에는 "생전 처음 보는 사람들 앞에서 내 이야기를 하라는 게 싫
어서 못 간다고 문자를 보냈다. 피하고 싶은 마음과 빠지고 싶은
마음이 절반쯤이었다"라고 모임 당일 집을 나서는 순간까지 망설
였음을 고백한 참가자도 있다.

동포 여성들의 출신 국가는 북한, 중국, 일본, 러시아, 우즈베
키스탄, 카자흐스탄, 키르기스스탄, 투르크메니스탄으로 다양하다.
그들이 살아온 이야기를 따라가다 보면 유라시아 지도가 그려진
다. 소련 국민으로 태어나 성장했는데 소비에트연방 해체로 고향
이 사라진 듯하다는 우즈베키스탄동포, 조선족자치주까지 만들어
졌지만 문화혁명기에 가족이 조선 간첩으로 내몰렸다는 중국동포,
치마저고리 교복이 극우세력의 표적인 사회에서 학교에 가는 길이

---

*　이 장은 이해응과 윤은정 두 필자가 소개한다. 이해응은 중국동포 여성 연구자로 '삶이야기'
에 참가한 경험에 기반해 동포 여성들의 이야기에 담긴 '동포·여성 서사'의 특징을 소개하고
윤은정은 2012년부터 진행자로서 프로그램을 진행한 경험을 토대로 동포 여성의 삶이야
기 맥락과 진행자 역할을 소개한다. 본문에 인용된 참가자 발언은 〈다시 만난 코리안여성들
의 삶이야기〉(사단법인 조각보, 2012~2021) 녹취록을 기반으로 했다. 참가자 표기는 '출신지
역+동포'로 통일했다.

불안했다는 일본동포 등 '다시 만난 코리안 여성들의 삶이야기'는 코리안 디아스포라의 역사를 고스란히 보여준다.

삶이야기 장소는 별도의 모임 공간이 있고 숙식이 가능하며 산책할 만한 자연경관을 갖춘 한적한 곳에 마련한다. 초기에는 강원도 인제의 DMZ생명평화동산을 이용했으나 오가는 데 시간이 많이 걸려 이후에는 서울 남산 자락에서 진행하고 있다. 그래서 참가자들을 처음 만나는 곳은 프로그램을 진행하는 장소 인근의 지하철역인 경우가 많다. 서울 지리에 익숙하지 않아 모임 장소를 찾기 어려운 참가자는 진행자가 지하철역에서 만나 함께 이동한다. 이동하는 동안에는 가벼운 인사만 나눈다. 간혹 미리 보낸 프로그램 자료에 충실한 나머지 길거리에서 삶이야기를 시작하는 경우도 있기 때문이다.

모임 공간에서는 참가자 수보다 많은 진행자가 프로그램을 위한 준비를 마치고 기다린다. 무릎 높이보다 낮은 탁자를 중심으로 참가자와 진행자 수만큼 의자를 원형으로 놓고 낮은 탁자에는 색동 조각보를 길게 깐다. 이는 한민족을 상징하는 색을 칸칸이 이어붙인 색동처럼 여러 나라에서 살아온 코리안 여성의 다양한 삶이 조화롭게 소통되길 바라는 마음을 담은 것이다. 참가자들이 방에 들어선 순간 편안함과 따뜻함을 느꼈으면 하는 바람으로 준비한 것이기도 하다.

모임을 시작하면 진행자는 먼저 모임의 취지를 소개하고 프로그램 진행 방식을 안내한다. 이때 경청하기, 끼어들지 않기, 판단하지 않기, 충고하지 말기 같은 규칙도 소개한다. 이 규칙을 지킴으로써 대화로 '상대방의 진실'을 알아차리는 목표에 닿을 수 있음을 강조한다. 이어 참가자와 진행자가 자기소개를 한다. 참가자는 이름, 나이, 직업, 고향, 모임에 오게 된 배경 등을 간략히 말하지만 진행자의 자기소개는 좀 더 길고 내용도 구체적이다. 유년기부터 현재까지의 삶을 축약해 약식의 삶이야기를 들려줌으로써 참가자가 자신의 삶이야기를 할 때 참조하도록 하기 위해서다.

자기소개가 끝나면 코리안 디아스포라의 역사를 간략하게 정리한 영상을 함께 본다. 일제강점기에 시작된 이산이 전쟁과 냉전을 거치면서 어떻게 고착되어갔는지, 중국·일본·사할린·중앙아시아로 흩어진 코리안의 생활은 어떠했는지 등 역사적 배경을 소개함으로써 상호이해의 디딤돌을 먼저 놓는 것이다.

영상 시청을 마친 참가자들은 잠깐의 휴식과 짐 정리를 위해 숙소로 이동한다. 여섯 명의 참가자는 두 명씩 짝을 지어 세 그룹으로 나누는데 짝꿍이 된 참가자들은 1박 2일 동안 같은 방을 쓰며 조금 더 친밀해진다. 숙소에 들어선 참가자들은 각자의 침대 위에 놓인 선물을 발견한다. 헝겊으로 만든 코르사주나 영양크림 같은 일상용품에 환영의 인사말을 담은 카드 정도지만 참가자들은 그 작은 선물에 긴장이 풀리고 마음이 열린다고 말한다. 친절한 초대장과 길 안내, 역사적 배경 설명, 소소한 선물을 받으며 그들은 '조금씩 쌓인 편안함' 덕분에 모르는 사람들 앞에서 내 이야기를 시작할 힘을 얻었노라고 고백한다.

남한동포: 굉장히 성의 있는 자리잖아요. 우리 사회에서 이렇게 정성을 들이는 일이라는 게 잘 없는 것 같아요. 그냥 형식적으로 하고 슬쩍슬쩍 하고 지나가고. 진행하는 분들의 진정 어린 보살핌을 받으면서 이런 프로그램을 할 수 있다는 게, 우리 사회에서 이런 일을 할 수 있구나, 할 만큼 감동을 받았고요.

남한동포: 초대장에는 여섯 명만 있었는데 생각보다 적어서 무슨 이야기를 할지 몰랐고, 스태프는 왜 이렇게 많은지⋯⋯ 뭔가 했는데, 스태프가 많은 이유는 배려를 많이 하기 위해서라는 것을 알았다. 이건 모임에 대한 정체성을 드러내는 것이었다.

작은 배려와 환대를 받으며 참가자들은 마음을 열고 본격적인 삶이야기를 시작한다. 이제부터 중국동포 여성으로 삶이야기에 초대받은 이해응의 시선을 따라 '다시 만난 코리안 여성들의 삶이야기'를 경험해본다.

100년의 역사를
가로지르는 삶의 여정

한국에 온 이주 동포 여성은 먼저 한국 사회 안에 자리 잡기를 기대 혹은 요구받는다. 다른 지역에서 온 이주민들과 만날 기회는 사실상 드물다. 나(이해응)도 연구자로는 북한동포들을 만나봤으나 일상에서는 만나보지 못했다. 내 삶이야기를 공유하며 그들과 '평등하게' 마주 본 적은 없었다. 어린 시절 중국에서 들은 어머니의 북한 친척 이야기 말고는 책으로만 마주했다.

물론 궁금했지만 솔직하게 대화할 기회는 없었다. 언제나 '주류' 한국인과의 관계가 우선순위였다. 그러던 차에 코리안 디아스포라 여성으로서 같은 동포(민족)지만 문화 배경이 다른 여성들과 세대를 뛰어넘어 삶이야기를 나눈다니 묘한 기대감 반 설렘 반이었다.

삶이야기 참가자로 만난 여성들은 나를 포함해 우즈베키스탄 출신 한 명, 북한 출신 한 명, 중국 출신 한 명, 남한 출신 세 명이었다. 그들은 40대 한 명, 50대 두 명, 60대 두 명, 70대 한 명으로 가장 최근에 하고 있는 일은 대학원 공부·가족돌봄 노동·목회·글 쓰는 일·봉사 등 다양했다.

구술자의 이야기는 대부분 자신의 부모, 나아가 조부모와 증조부모 세대가 출발점이었다. 그러다 보니 선대 이야기는 모두 한반도 식민지 시대, 분단의 시대와 이어졌다. 북한에서 온 참가자와 중국에서 온 참가자의 증조부모·조부모·부모 세대는 북한과 중국을 오갔고, 우즈베키스탄동포는 3대에 걸쳐 러시아와 우즈베키스탄 등 가족의 이주가 폭넓게 나타났다. 이는 그대로 한민족의 이산 경로와 겹쳐진다.

남한 참가자의 조부모 세대는 일제강점기에 독립운동과 마을 수장 활동을 하며 동시대에 다른 역사적 위치에 있었으나 참가자

간 긴장과 갈등은 생기지 않았다. 조부모·부모 세대를 배경으로 하니 참가자가 나고 자란 고향 이야기는 한반도의 식민지, 전쟁에 따른 100여 년간의 이산 역사 조각을 드러내고 맞춰가는 역사복원 작업이 되어갔다.

우즈베키스탄동포: 할아버지, 할머니는 블라디보스토크에서 살았고 엄마와 아빠도 러시아에서 태어났어요. 블라디보스토크 쪽에서. [그 후] 우즈베키스탄 와서 결혼했어요. 왜냐면 우리 언니가 41년 때 태어났어요. 37년 때 우즈베키스탄에 들어가니까.

북한동포: 제 조상으로부터 이야기한다면, 제 증조할아버지 [고향은] 함경북도 ○○군이래요. 왜정 때 살기 곤란해서 중국 만주에 가서 자리 잡았어요. 연길 위에 작은 마을.

중국동포: 엄마는 아빠는 평안북도, 할아버지 시대 때 중국 이주해온 것 같아요. 저는 3.5세대 아니면 4세대인 것 같습니다. [소학교] 2~3학년 때까지만 해도 가난했던 것 같은데 식구가 너무 많았고 할머니, 할아버지랑 증조할머니까지 살았던 기억이 나요.

남한동포: 외가 쪽이 일제 때는 독립운동도 하고 자금도 보내고 은밀하게 활동을 한 분들인데요. 광주학생운동 주역 문중[이기도 해서] 굉장히 항일의식이 많았고.

남한동포: 자수성가하신 외할아버지는 그 고을의 수장이었고요. 폭동이 났을 때 집에 있던 분들이 다 몽둥이로 매를 맞고 피해 갔는데 할아버지는 그 당시 인심을 안 잃어, 안 돌아가시고.

누구나 삶이야기를 시작하려는 순간 '어디서부터 시작해야 하나' 싶어 망설여진다. 그런데 막상 자신의 삶을 30분 동안 구술하고 나면 많은 아쉬움이 남는다. 이를 보완하기 위해 삶이야기는 30분 구술이 끝나면 참가자들이 30분 동안 질문해 발표자가 자신의 삶이야기를 완결하도록 돕는다. 이는 마치 주인공의 독백에 이어지는 등장인물 간의 대화 같다.

남한 여성들은 이주 동포 여성들이 본국에서 어떻게 [한]민족 언어를 배웠는지, 중앙아시아권과 사회주의권 나라에서 어떻게 기독교 종교를 알았는지, 한국을 어떻게 생각하고 있었는지 궁금해했고 이주 동포 여성들은 자신의 경험과 생각을 허심탄회하게 답해주었다. 나는 남한동포가 "북한사람들은 정말로 빨간 사람인 줄" 알고 자랐다는 얘기를 들으며 속으로 적잖게 놀랐다. 내가 중국에서 자랄 때 '자본주의 나라'와 관련해 적대적인 이념과 지식을 배운 기억이 떠올랐기 때문이다.

남한동포: 고려인학교 있나요?

우즈베키스탄동포: 고려말 배우는 기관이 있었어요. 중앙아시아 그쪽 다 사회주의 국가[라서], 다 북한에서 교과서를 내보낸 거예요. 남한만 다르지.

남한동포: 우즈베키스탄 종교가 무슬림이라고 그러셨잖아요. 무슬림인데 하나님을 처음 만나게 된 그것이 어떻게……?

우즈베키스탄동포: 91년 구소련 때 선교사님들 많이 들어왔어요.

우리 시골은 처음 들어온 분은 고려인인데, 한국분인데 미국에서 살다가 들어왔어요. 그때 선교사님들 집마다 다니며 사람마다 다 죄인이라고. 주일날에 교회 나오라고. (웃음)

중국동포: 90년대 선교사들이 연길에 많이 들어왔어요. 선교사들이 다 가족을 데리고 오세요. 아이들에게 [중국어] 과외를 했어요. […] 가장 믿기 어려운 게 갈비뼈 뽑아서 [여자를 만들었다는 거]랑 죄인[이라고 하는 거]. 내가 이렇게 노력하며 살아왔는데 죄인이라 하다니. (웃음)

남한동포: 저희가 자랄 때 '북한 빨갱이' 이런 말 많이 썼기 때문에 북한사람들 정말 빨간 사람들인 줄 알았어요. 지난번에 텔레비전에 내셔널지오그래픽에서 북한을 보여주더라고요. 남한에 대한 동경이 많이 있어요?

북한동포: 제가 북한에 있을 때는 남한에서 잘산다는 소문은 들었어요. 사람마다 다 차 있고 잘산다 하더만요. 잘살아봤음 좋겠다, 생각은 했어요. 텔레비전 열 시면 끝나는데 어느 날 조선 드라마가 나와요. 〈사랑이 뭐길래〉, 이게 뭐야? 남조선꺼 같은데 신기하고 재미나더만요. 부부간에 '야, 자' 하고 처음으로 그거 봤어요. 진짜 저렇게 잘사는가? 호기심이 영 많았죠.

삶이야기는 단순히 연구자가 연구를 위해 다른 사람의 생애사를 듣고 녹취록을 작성하는 것이 아니라, 당사자들이 서로 다른 참가자의 생애사를 경청하고 묻고 관계를 맺는다는 점에서 가치 있는 일이다. 특히 일방적인 구술생애사가 아니라 서로 협력하는 구술생애사[1]로 한 사람이 삶이야기를 완결하도록 도움으로써 퍼즐을 맞춰가듯 한반도 여성의 역사를 모을 수 있다.

> 남한동포: ○○대사관 내에 한국인 직원이라는 거는 경계지대에 서식하는 인간군 [같았어요]. 검은색도 아니고 흰색도 아니에요. 양쪽의 입장을 다 배우면서 중간지대 고민하는 묘한 배역이라는 생각이 들었어요.

남한동포 참가자가 자신을 검은색도 흰색도 아닌 '회색'이라고 표현하는 이야기를 들으며 나는 그동안 집단으로만 생각했던 '남한 여성'을 개별적 삶의 서사가 있는 '개인 여성'으로 생각하게 되었다. 나아가 나와 똑같은 개별 여성으로서 만남을 이어갈 수 있겠다는 생각도 들었다. 순간, 내면에서 조용히 차이와 다름이 이해와 공감으로 넘어가는 듯한 느낌을 받았다.

여성의 언어로
여성의 삶을 말하다

참가자들은 북한·중국·우즈베키스탄·남한 등 다른 지역에서 살았지만 가족의 생계를 감당했던 어머니 세대와 함께한 기억, 딸이었기에 희생하고 감수해야 했던 생활의 무게처럼 여성으로서의 삶의 노동이 놀랄 만큼 비슷했다.

1950~1980년대에 어린 시절을 보낸 동포 여성들은 어렸을 때 생계부양자 역할을 기대했던 아버지보다 어머니가 온 식구를 먹여 살리느라 온갖 일을 하며 실질적 생계부양자 역할을 한 것으로 기억하고 있었다. 또한 큰딸로 태어나 동생들의 학비를 책임지고, 집을 마련하기 전에는 시집가지 않겠다며 가장 역할을 했던 그 시절을 고백했다.

아이를 낳고 키우는 일은 그냥 '집안일'이 아니다. 일제강점기와 분단, 냉전을 경험한 그 시절의 코리안 디아스포라 여성과 어머니는 최소 세 명 이상의 자녀를 낳아 키우는 가족 재생산과 식구를 먹여 살리는 생계 책임을 고스란히 짊어졌다. 이를 흔히 희생이라 하지만 실은 '노동'이라 불러야 한다.

북한동포: 아버지가 윗병으로 환자. 어머니가 삼 남매 키우며 집시 생활. 혼자 벌어가지고 세 식구 어머니, 아버지까지 다섯 식구 먹여 살리려니까 정말 곤란. 옷을 가마에다 씻어 말려가지고. 이런 생각도 나고 그래요.

중국동포: 열여덟 살 때 아빠가 돌아가시고. 학업에 대한 고민. 언니, 저, 남동생 삼 형제. 어머니가 우리 세 자매를 키우느라 고생 많았죠.

남한동포: 아버님은 굉장히 인자하시고. 살면서 아버님 살아계실

때 저희에게 한 번도 화를 내지 않으셨던 반면에 굉장히 무책임하다, 그런 생각을 많이 가졌어요. 돈을 벌어오고 그런 걸 잘 못하셨던 것 같아요. 자녀들 학비 때문에 어머니가 고생을 많이 하셨고, 집에 가면 엄마가 안 계셔서 쓸쓸했던 기억이 있고요.

남한동포: 우리 때만 해도 70년대 학번. 믿을 건 나밖에 없구나. 동생들 학비도 제가 대야 하고. 우리 집을 사기까지는 시집을 안 가겠다. 남동생이 졸업하고 사우디 중동 건설 붐. 쿠웨이트와 사우디 삼사 년. 번 돈 다 저축하고 드디어 샀어요.

1990년대 냉전체제가 무너지고 글로벌 사회로 진입할 무렵, 북한은 오히려 배급 제도가 무너지면서 많은 여성이 식구를 먹여 살리기 위해 '장삿길'에 나서지 않을 수 없었다. 삶이야기 참가자 북한동포도 남편이 1990년대에 제대하고 배급이 끊어지면서 보따리 장사에 뛰어들었고 '굶어 죽지 않기 위해 죽을힘을 다했던' 시절을 고백했다. 북한동포들은 그 시절을 '고난의 행군' 시기로 기억한다.

배급 제도가 무너지면 북한동포 여성들은 암시장과 장마당에서 합법과 불법의 경계를 넘나들며 보따리 장사를 했다. 나라가 망하고 체제가 무너져도 여성들은 그렇게 가족을 지켜냈다. 그만큼 그들은 당당하고 떳떳했다.[2]

북한동포: (남편이) 93년도에 제대됐어요. 제가 그[때]부터는 경제

적으로 고생 많이 했어요. 그담부터는 영감이 제대돼서 배급도 안

주지. 온통 온 나라가 굶어 죽은 사람 많이 봤어요. 장삿길에 나서

지 않으면 안 되겠다. 기름 한 병에 100원 했는데 승산 가면, 평양

시외로 가면 120원 해요. 기름 열두병 싸서 매고 70리 걸어가면,

아침 새벽에 떠나면 저녁 때 돼요. 배낭 기똥차게 무거워요. 배낭

을 받고 올라가는데 앞이 깜깜해요. 내 전 재산인데.

1950~1980년대에 어린 시절을 보낸 참가자들의 부모 세대

는 분단과 냉전 시기에 모두 가난한 생활고를 겪었지만, 여성이라

는 이유로 배움의 기회마저 더 제한받았다.

여성이 공식적으로 교육을 받게 된 역사는 100여 년에 불과

하다. 한반도에서는 1898년 처음 여성이 정치에 참여할 권리, 직업

을 가질 권리, 교육받을 권리를 주장한 '여권통문女權通文'을 발표했

는데 이것은 한국 최초의 여성인권선언문으로 불린다. 역사를 보

면 여성은 이 당연한 권리를 투쟁해야 얻을 수 있었다.

일제강점기와 분단으로 남한, 북한, 중국, 러시아·CIS(독립국

가연합) 지역에 흩어져 살았던 동포 여성들의 어머니 세대는 여전

한 가부장적 문화 인식 탓에 남성보다 더 배움의 기회를 박탈당했

다. 여성을 '가르치지 않는' 가부장적 문화 속에서 배움의 기회를

박탈당한 채 살아온 어머니들은 가슴속에 '한'이 맺혔고 자신의 자

녀는 차별 없이 키우리라 다짐하며 세대를 거쳐 서서히 여성의 교

육권을 찾아온 것이다.

·

남한동포: 어머니 집에서 여자를 공부시키지 않는, 엄마 너무 공부가 하고 싶었대요. 한이 맺혀 계셨어요. 6.25 전쟁 중에 피난 가서 결혼을 했다, 6.25 전쟁이 나를 완전히 다른 사람으로 만들었다, 전쟁만 아니었으면 고생을 안 했을 거다 그 생각을 하신 것 같아요.

중국동포: 엄마가 지금도 "꿈을 꾼다. 학교 가는 꿈을 꾼다."라고 말하세요. 외할머니 집에서 어머니 형제가 네 명이었는데 계속 오빠만 학교 보내고, 자기는 중학교 중퇴한 것이 한이 되어 '내 자식은 차별 없이 학교를 보낼 거다'라고 다짐하셨다고 해요.

우즈베키스탄동포: 아빠는 계속 농사 댕기면서리, 엄마는 공장에서 일하면서 가족 살리겠다고. 자녀 다섯 명 있으니까, 먹고살아야 했으니까. 많이 배와도 못 봤어요.

시집살이 이야기는 너도나도 코리안 여성들의 공통 서사로 흘러나왔다. 어린 나이에 시집가 친정 부모보다 시집 부모와 더 많이 살면서 시집 어르신을 모신 삶이야기는 남한, 북한, 중국, 우즈베키스탄이 '똑'같았다. 시집살이는 그야말로 아들 낳기를 강요받고, 시집 어르신을 돌보고, 남편의 권위에 복종하는 등 사회문화적으로 여성에게 요구한 전통적인 성 역할이었다.

대학 교육까지 받은 남한동포 여성은 "여자는 가정 살림을 해야 한다."라고 강조하는 아버지에게 가정교육을 철저하게 받았다고 한다. 그녀는 시댁 어르신을 돌보느라 마흔네 살에 이른 갱년기를 겪는 바람에 늘 "초조하고 불안하게 살아왔다."라고 고백했다. 우즈베키스탄동포 여성은 시집살이를 하느라 정작 낳아서 길러준 친정 부모는 돌보지 못해 마음이 아팠던 사연을 털어놓았다.

남한동포: 첫딸을 낳고선 애기를 더 이상 못 낳겠다. 시아버님은 "우리 집안 망했다." ○○씬가 뭔가 양반인가 그래요. 아들도 못 낳고 어떡하나……. 임신해 아들 낳아.

우즈베키스탄동포: 열아홉 살 먹으니까 [시집을 갔는데] 제가 시어머니[하고] 더 많이 살았어요. 25년 살았어요. (웃음) 부모님들하고 자주 못 댕겼어요. 그렇게 안 멀었는데 시집살이하면[서] 부모님들 [집에] 가겠다고 말도 못 하고 1년에 한 번씩 댕겼어요. 너무 마음이 아파요. 부모님들한테 대접 못 하고 살았으니까.

남한동포: 여자라고 가정교육을 철저하게 받았고……. 아버지가 여자들은 일하는 것을 원치 않으셨어요. 대학을 졸업하면 일을 못 하게 했어요. 저는 생활에 매달려가지고. 내가 자식을 키워야 했는데 시댁 어른들 치다꺼리하고……. 우리 애들 뒤돌아보니 잘해주지 못하고, 신랑이 "미안하다. 고맙다."라고 진심으로 말한다. 처음에 시집가니깐 누가 신랑인지 모르겠다, 한잔하시면 아버님이…… 시증조부님이. 아버님한테 듣는 말, 엄마를 모시기 위해 들였지……. 아버님부터, 신랑은 말할 것도 없고 할머니도 그렇고.

북한동포 여성은 "모여서 이야기를 나눠보니 남편 잘 만난 사람은 하나도 없는 거 같다"라며 남편한테 받았던 권위적, 강압적 요구 때문에 심장병까지 얻어 "제일 무서운 게 남편"이었다고 고백했다.

전쟁과 재난, 분단과 건국 그리고 산업화 시기에 여성은 삶의 짐을 남성과 같이 짊어지고 역사의 주체로 당당하게 살아왔지만 가정 내에서는 가부장적 문화에 짓눌려 여성의 전통적인 역할을 요구받으며 고통을 감내했다. 사회는 여성이 그 전통적인 역할에서 해내는 '일'들을 그냥 여자가 하는 것으로 치부해왔고 '여자가 감당하는 일'을 은폐했다.

그렇지만 삶이야기 참가자들은 북한에서 장사를 한 동포, 중국에서 대학교 직원으로 일한 동포, 우즈베키스탄에서 유치원 교사로 일한 동포, 남한에서 ○○대사관 직원으로 일한 동포 여성으로 세대를 거쳐 여성의 전통적 성 역할에 맞서 자신의 노동 영역을 개척해가고 있었다.

1990년대 이후 동포 여성들은 어떻게 한국에서 다시 만났을까? 그들의 삶이야기에는 이주 동포 여성들의 21세기 이주 역사가 고스란히 담겨 있다.

일제강점기 때 증조할아버지가 북한에서 중국으로 건너가 살았던 북한동포 여성은 중학교 때 중국과 북한의 국경 지역인 도문에서 북한으로 건너가려다 붙잡힌 일이 있다. 강 건너 북한 쪽 산에는 '조선으로 오라'는 흰 글씨가 적혀 있었다고 했다. 중국보다 북한의 경제 사정이 나았던 1959년의 일이다.

결혼 후 그녀는 세대주(남편)가 "조선사람은 조선에 살아야 한다며 조선으로 가겠다."라고 해서 다시 북한으로 이주했다. 이후 40여 년을 북한에서 살다가 사라진 딸을 찾아 중국을 거쳐 남한으로 이주한다. 탈북해서 중국으로 건너간 북한동포는 중국에서 신분이 불안해 한국 이주를 결심하는 경우가 많다. 일단 가족 중 누군가가 탈북해 한국으로 이주하면 가족 상봉을 위해 연쇄적으로 한국 이주를 감행한다. 그런데 이들의 '탈북 – 한국행'은 사활을 건 국경 넘기다.

> 북한동포: 2001년도에 우리 딸이 갑자기 없어졌어요. 딸 없어져서 얼마나 속을 태웠는지 모릅니다. 본가에 [전화해서] 딸이 중국에 가지 않았나 [하니까] 중국 와서 죽었다는 겁니다. 내가 너무 기가 막혀서 죽으나 사나 가야겠다. 3년 시도해서 여권 냈어요. 거기 여권 한다는 건 하늘의 별 따기예요. 여덟 명의 수표(보증)를 받아야 여권을 해줘요. 이 사람은 도망 안 친다, 충성심도 높다. 여권을 해 줘가지고 3년을 걸쳐 중국에 오니까 야가 한국에 와 있잖아요. 한국에 와서 뇌종양 돼서 수술을 하고. 기가 딱 막히더만.

중국, 러시아·CIS 지역 동포 여성들은 1990년대부터 한국기업이 현지에 진출하고 경제교류가 활발해지면서 한국을 인지했고 한국과의 접점이 늘어나자 한국으로 이주하기 시작했다. 가령 중국동포 젊은이들은 1990년대부터 중국에 진출한 한국기업에서 통역사, 관리자 역할을 하다가 한국으로 이주했다. 이들은 유학을 오거나 2007년 도입한 방문취업(H-2) 비자와 2008년 도입해 대학교 학력 이상 동포에게 발급하는 F-4 비자(외국국적동포 국내거소신고증)로 한국에 입국하기도 한다. 같은 동포 출신이지만 H-2는 '외국인'으로, F-4는 '동포'로 기재한다

> **중국동포:** 스물한 살 때 한국 유학생들이 나에게 고향을 물어서 지린성 ○○시라고 했더니, 한반도 고향을 묻더라. 나와 한반도가 연결되어 있구나, 느꼈어요. 엄마 쪽은 전라도 전주, 아버지 쪽은 평안북도가 고향. 나의 한반도와 연결된 역사를 찾기 시작했습니다. 조선족이라는 것이 자랑스러웠는데 옌볜대학교 가서 옌볜조선족자치주가 있다는 것을 그때 알게 되었습니다. 한국 유학생 덕분에 한반도와 연결되었고 대학교 연구원 교환프로그램으로 왔다가 한국에서 석박사 공부를 시작했습니다.

> **우즈베키스탄동포:** 고려인들은 진짜로 말하자면 37년 때 [우즈베키스탄] 들어가서 잘 만들었어요. 부자들 시골들이 되었어요. 고려인이 들어온 데는 다 부자들 되었어요. 구소련 다 깨지니까 다 나가게 되었어요. 러시아 나가고 한국으로 많이 나왔어요. [나도] 처음에 온 건 우즈벡에서 빚이 있었어요. 몇 년 벌이해도 그 빚은 못 갚아요. 너무 월급 적어서. 그때 97년 때, 그때 너무 힘드니까 제가 나왔어요. 한국을.

고려인동포는 구소련 지역에서 척박한 환경 속에서도 벼농사와 목화 농경으로 농장을 성공적으로 일궈 노동 영웅이라는 칭호를 받았다. 덕분에 그 나라에서 소수민족으로서 자랑스러운 위치를 구축해왔다. 그러나 냉전체제 붕괴로 구소련이 해체되고 독립한 여러 국가에서 자민족 우대정책을 펼치면서 고려인은 차별 대상이 되었다. 이들 중에는 러시아나 해외로 이주하는 쪽을 선택하는 사람도 있었는데 한국은 그들이 가고자 하는 국가 중 하나였다.

우즈베키스탄동포: 서울에 나와서 전단지 [붙이는 일]도 하고. 아파트 27층 가서 다 이렇게 붙였는데 [경비 아저씨가 와서] "아줌마 이거 붙였지?" "네." 가서 다 떼라고. 다시 오지 마라고. 욕한다고. 일자리 없으면 살 데 없고 먹을 거도 없고…….

북한동포: 탈북자들 이렇게 많이 와 있는지도 몰랐어요. 복지관에 찾아가서 탈북자 활동하는 거 없나 [찾다가] 어떤 교회 가니까 노래도 하고 춤도 추고 경로당, 복지관 공연하는 자원봉사단이 다 50~60세 그래. 나도 거기 좀 들어가자, 실버합창단. 낮에는 연습하고 저녁에는 경로당, 복지관, 어려운 이웃 사는 데 봉사하고. 어찌나 삶이 재미나고 [그랬는지]. 지금은 실버합창단이 없어졌어요. 나처럼 금방 의지할 데 없는 사람들이 한 푼이라도 벌어야 살겠으니깐 조금이라도 버는 쪽으로 나가지.

중국동포: 남편은 [중국에서] 은행을 다녔는데 한국 와서 차별을 [겪으면서] 적응을 못 했어요. 심적 갈등이 심각했던 동안이 있었

습니다. 대학원 공부하면서 중국어 알바, 체류자격외 활동 허가증을 받아야 하는데 그걸 모르고 했다가 벌금을 [내야 했어요]. 나는 왜 외국인인가? 저희 엄마는 '조선사람'이라고 합니다. 2008년부터 동포 비자가 발급되어 남편이랑 같이 받았는데, "와 우리 드디어 동포되었어!"

여성들의 삶을 놓고 인터뷰할 때 가장 많이 나오는 말 중 하나가 "내가 살아온 이야기를 다 하자면 책을 써야 한다"는 것이다. 그만큼 여성들의 삶은 책을 써야 할 정도로 삶에 무게감이 있다. 그들의 삶은 한마디로 기록하지 않은 '책'이라고 할 수 있다.

남한동포 참가자의 말처럼 삶이야기는 동포 여성들의 "미니 자서전"이자 난생처음 부담 없이 '마음껏 이야기할 수 있는 시공간'이었다. 서로의 자서전을 경청하고 공유하다 보면 중국동포나 북한동포보다 한국말이 어려운 우즈베키스탄동포의 사정, '살아온 경험은 달라도 모두 조선동포'라는 동포 정체성 그리고 북한동포가 한국 국적을 받는 것과 외국인 신분으로 살았던 중국동포나 우즈베키스탄동포가 놓인 현실을 교차해서 이해할 수 있다.

남한동포: 여성들 만나 이념이나 정치, 이런 이슈 떠나 이런 모임 귀하게 생각하게 되는 것 같아요. 미니 자서전을 쓰는 거잖아요. 나 자신에 대해서 연속해서 프레젠테이션해본 적이 없어요. 남을 지루하게 할까 걱정이 되고 의구심이 생겨서 센스 있게 입을 닫아

버리죠. 맘껏 전을 펼쳐주시니까 온갖 이상한 얘기 하게 되네요. 그래서 넘 감사드려요.

남한동포 : 참 좋은 게 상대방의 입장에서 보고, 여러 사람을 한꺼번에 만나서 여러 시각으로 볼 수 있어서 좋았고. [이 모임을] 추천한 분이 "자기, 후회하지 않을 거야. 의미가 상당히 있을 거야."라고 했는데 가서 감사하다고 얘기를 해야겠어요.

우즈베키스탄동포 : 중국이나 북한에서 온 동포들보다 힘든 건 우리가 언어 모르는 게 가장 힘들고, 일 쉽게 찾는 다른 동포보다 우린 한국말 잘 모르고 못 알아듣고. 그런데 다 잘 들어주고, 많이 좋은 말도 듣고, 사람마다 다 힘든 시간도 있고, 외롭게 산 시간도 있고. 그러나 기쁜 시간도 많이 있지. 이 시간도 아름다운 시간이라고 생각해요.

북한동포 : 제가 이런 [자리는] 처음이에요. 한국 분들하고 어울리는 것도 처음이고. 얘기를 들어보니깐 네 개 나라의 경험이 만났는데 고향은 달라도 마음은 오직 하나다, 조선동포의 마음. 살아온 경험은 달라도 다 비슷비슷하다. 조선동포는 이별을 해서 지금까지도 살아가야 하나, 이게 마음이 아프다. 나이 먹어서 배운 것도 많고, 느낀 것도 많고.

삶이야기가 끝나고 2주 후 나를 포함한 참가자들이 후속 모임을 열었다. 우리는 우즈베키스탄동포 참가자의 초청을 받아 경기도에 있는 우즈베키스탄동포들의 공동체 농장에서 다시 만났다.

우즈베키스탄동포들은 100여 년 전 우즈베키스탄 지역의 황무지를 일구던 할아버지, 할머니처럼 고려인 공동체를 일궈가고 있었다. 우리는 그들과 우즈베키스탄식 만두인 만티와 꼬치구이 샤슬릭을 함께 만들어 나눠 먹었다.

진행자는 어떻게 공감의 조력자가 될 수 있는가

'조각보'에는 현재 남한, 북한, 중국, 일본, 우즈베키스탄 출신의 진행자가 있다. 참가자의 출신 지역에 맞춰 진행자도 그 지역 출신으로 배치하며 삶이야기 1회에 보통 3~4명의 진행자가 참여한다. 처음부터 지역별로 안배한 진행자를 안정적으로 준비한 것은 아니었다.

2012년 대화문화아카데미는 악셀 슈미트 괴델리츠 선생을 초청해 '남북주민 상호이해 프로그램'을 기획했는데 이때 조각보의 김숙임 이사장이 진행자로, 내(윤은정)가 남한 주민으로 참여해 삶이야기를 했다. 그 프로그램을 함께 경험한 두 사람은 이후 한동안 진행자 역할을 전담했다.

그 뒤 다시 만난 코리안 여성들이 허심탄회하게 삶이야기를 나누기 위해서는 진행자의 역할이 무엇보다 중요하다고 여겨 매년 1회 삶이야기 진행자 워크숍을 진행하고 있다. '조각보'의 진행자 워크숍은 삶이야기에 참여한 동포 여성들이 진행자로 성장하도록 돕고, 삶이야기를 평화를 위한 대화 운동으로 확산하는 것을 목표로 한다. 진행자 교육을 받으려면 먼저 참가자로서 삶이야기를 경험해야 한다. 이후 삶이야기의 역사, 철학, 목표, 규칙을 익힌 뒤 보조진행자 활동을 거쳐 진행자가 된다.

진행자 워크숍을 경험하며 여러 북한동포, 중국동포, 일본동포, 우즈베키스탄동포가 진행자로 성장했다. 우즈베키스탄 출신 진행자는 우리말보다 러시아어가 익숙한 구소련 지역 동포들의 통역 역할도 맡는다. 덕분에 의사소통이 어려워 참여가 제한적이던 중앙아시아 동포들이 부담을 덜고 삶이야기에 참여하게 되었다. 이처럼 다양한 지역 출신의 동포 진행자가 활동하기 시작하면서 참가자들의 만족도와 신뢰감은 상승했다. 자신과 사회문화적 경험이 비슷한 사람이 진행자로 함께하면 참가자는 좀 더 편안해한다. 같은 지역 출신 진행자가 동석할 경우 내 편에서 이야기를 들어줄 사람이 있다는 믿음과 안도감이 생기기 때문이다.

> 북한동포: 북한사람 가느냐 하고 맨 먼저 물어봤다. 같은 북한에서 왔으니깐, ○○(북한동포 진행자) 선생님이 어머니처럼 의지가 된다.
>
> 우즈베키스탄동포: 프로그램이 만족스럽다. 말을 조금밖에 못 해서 어떻게 하나 생각했지만, 감사했다.

사회주의 국가 출신 진행자는 그 스스로 이주를 경험했기에 탈냉전 이후 체제 격변기에 국경을 넘나들며 어려운 과정을 겪은 이주 동포들을 자연스럽게 이해한다. 이는 큰 역사에 스며 있는 작은 역사로 동포들이 겪은 이산과 이주의 삶을 해석하고 전달하는 기반이 된다. 또한 이들은 삶이야기 진행자 경험을 거듭하면서 이주 동포를 수용하는 인식이 높아지고 기꺼이 코리안 디아스포라의 역사를 알리는 안내자가 되려고 노력한다. 다양한 지역 출신의 동포 진행자가 활동하는 것은 참가자의 신뢰를 높이고, 참가자가 보내는 믿음은 다시 진행자의 성장에 도움을 주는 선순환을 일으킨다.

우즈베키스탄동포 진행자 : 한국분들에 대한 편견이 깨진 게 있었다. 혼자만 사는 느낌을 받았는데, 고려인에 대해 여러 사람이 모인 자리에서 이야기할 기회를 주셔서 감사하다.

북한동포 진행자 : 진행을 할 줄 모르는 제가 진행하는 거에 대해서 잘 응해주시고 받아주셔서 감사하고. 저는 각자의 삶을 다 들으면서 공부가 많이 됐고 이런 게 남북한의 오해를 풀어가는 시발점이 되겠다. 엄청난 오해와 불신 속에서 남한은 남한사람끼리 북한은 북한사람끼리 모이고, 통일이 되면 더 심각할 텐데 이런 프로그램 더 열심히 해야겠다는 확신을 하게 되었어요.

참가자들의 자전적 이야기는 수시로 민족사와 만나기 때문에 진행자들은 이를 살필 수 있는 역사관, 동포들의 다면적 입장을 헤아리는 세계관을 갖고자 분발한다. 그래야 참가자를 파악하고 수시로 목적지에서 벗어나는 이야기의 방향을 잡아주며 안내할 수 있기 때문이다. 예를 들면 생애 전 시기를 골고루 말해야 하므로 특정 시기에만 몰입해 빠트리는 이야기가 없는지 파악해야 한다. 한 사람의 이야기가 끝나면 잘 정리하고 다음 사람이 새로운 이야기를 시작하도록 안내하는 것도 중요하다. 나아가 이야기가 흐르는 동안 참가자 전체가 몰입할 수 있도록 분위기를 이끌어야 한다.

그러나 만반의 준비와 학습에도 현장에서는 항상 새로운 숙제가 생긴다. 삶이야기의 진행 방식은 늘 같지만 참가자는 매번 다르기 때문이다. 구성원에 따라 경우의 수가 달라지고 진행자는 번번이 새로운 길 위에 선다. 어떤 상황이 펼쳐지든 진행자는 여섯 명의 참가자가 공평하게 자기 시간을 사용하게 하고, 경청과 질문으로 타인의 삶이야기에 정중히 참여하게 해야 한다. 고개를 끄덕이거나 추임새를 넣는 호응 방식도, 얼굴을 돌리거나 인상을 쓰는 비언어적 평가 혹은 판단도 하지 않아야 한다고 거듭 안내하며 굉장히 모범적인 대화를 완성하고자 애쓴다. 그렇지만 한 참가자의 이야기가 끝나고 다음 참가자가 이야기를 시작하는 순간, 진행자는 아무도 모르게 속으로 긴장한다.

> 남한동포: 조용필 공연이 막 끝나고 지방 소도시 무명 가수가 다음 무대에 올라선 그런 기분이네요. 너무나 힘듭니다.

옌볜의 민족정신으로 시작해 문화혁명기 서사를 거쳐 개혁개방기 중국사까지 꿰는 앞 참가자의 이야기가 끝난 뒤, 다음 차례인 참가자가 이렇게 말문을 열었다. 타인의 진실을 알기 전에 타인의 삶과 자신의 삶을 비교한 것이다. 참가자의 경험과 경력, 말솜씨에 따라 누구의 삶은 더 훌륭하고 누구의 삶은 덜 훌륭한 것 같은 분위기가 은연중에 생긴다.

아무리 비언어적 판단마저 삼가달라고 부탁해도 동석한 참가자들의 호응도는 조금씩 다르다. 자칫 삶이야기가 더 많은 고생, 더 다양한 경험을 경쟁하는 자리가 될 수도 있겠구나 싶은 순간이 온다. 이럴 때 진행자는 '아차' 싶다. 삶이야기 참가자였다가 1년 뒤 중국동포 진행자로 참여한 이해웅도 그 순간을 짚어냈다.

> 이해웅(중국동포 진행자): 구술자의 이야기에 경청과 지지를 보내는 사인으로 "참 존경스럽고 대단합니다."라는 말로 마무리했는데, 이는 의도치 않게 다음 구술자가 이야기를 시작하는 데 위축감을 가져다주는 영향을 가져오게 되었다. 담담하게 진행하려고 했음에도 불구하고 이런 '과'한 표현은 금지해야 할 필요가 있다.

진행자가 하는 어떤 표현은 평가나 편견이 되어 참가자에게 영향을 미친다. 그러니 진행자는 삶이야기를 진행하는 동안 귀는 열고, 입은 닫고, 눈은 부지런히 살펴야 한다. 즉, 집중하고 신중해야 한다. 이야기가 방해를 받으면 조용히 손을 들거나 눈짓, 미소

같은 비언어적 표현으로 상황을 정리한다.

그렇게 준비하고 다짐해도 참가자들로서는 삶이야기 방식의 대화가 처음이라 문제는 반복해서 생긴다. 경험이 많고 이야기의 호흡도 긴 참가자는 정해진 시간이 지나도 말을 맺지 못한다. 반대로 드러낼 것이 없고 드러내기도 싫다는 듯 주어진 시간보다 이야기를 일찍 끝내는 참가자도 있다. 짧아진 이야기만큼 길어진 질문 시간에도 "예, 예, 그렇지요" 하고 단답으로 끊는다.

다른 참가자의 이야기에 과몰입해 격한 호응과 추임새를 넣으며 분위기를 흩트리는 참가자도 있다. 발표자의 이야기를 듣고 질문을 던지다가 갑자기 자신의 삶이야기로 빠져버리기도 한다. 심지어 본인 차례를 마치면 마치 모든 일정이 끝난 것처럼 다른 사람의 이야기에 집중하지 않는 참가자도 있다.

미리미리 안내해도 휴대전화를 켜났다가 전화음이 울리면 전화를 받으러 자리를 떠나기도 한다. 판단, 평가, 충고가 아닌 상대방을 더 잘 이해하기 위한 질문을 해달라 부탁해도 '왜 결혼하지 않느냐', '그래도 아이는 낳아야지' 하는 염려를 진심으로 던진다. 이런 말을 들은 어느 참가자는 아예 밤 교류 시간에 참석하지 않음으로써 불편함을 드러내기도 했다.

진행자는 이 모든 상황에 자연스럽게 개입해 부드럽게 정리해야 한다. 주어진 이야기 시간을 초과하면 손을 들어 보이고, 분위기가 산만해지면 더 바른 자세와 더 고운 미소로 이야기하는 사람에게 집중하는 모습을 보인다. 적절하지 않은 질문은 적절하게 바꿔 더 친절한 어조로 말하는 모습을 보인다.

중요한 건 진행자가 '저렇게 해야 하는구나' 하고 느끼도록 보여주어야 한다는 점이다. 이렇게 하는 것이 공감대화 방식이라고 참가자들에게 보여주어야 한다. 하지만 실패를 거듭하면 진행자는 제지의 의미로 손을 들어 보이기보다 멈추라고 말하게 된다. 나도 그랬다. 남의 이야기 시간에 뛰어들어 긴 조언을 즐기고 있는 참가자에게 "도움 말씀은 휴식 시간에 해주시면 좋겠다"라고 말한 경험이 있다. 오랜 시간이 흘렀지만 지금까지도 불편한 기억이다. 말투는 정중했으나 참가자에게 충고한 셈이다. 누구도 뭐라 하지 않았지만 그 순간 대화가 평등하지 않았음을 모두 느꼈을 것이다. 진행하는 방식, 진행자의 태도가 그대로 공감대화의 형식이 되기에 더욱 그렇다.

내가 진행자가 아니라 참가자로 처음 삶이야기 모임에 갔을 때가 생각난다. 당시 내가 모임에 대해 알고 있는 것은 남북 출신 주민이 만나 살아온 이야기를 나누는 1박 2일 프로그램이라는 간략한 내용이 전부였다. 직업과 나이가 다양한 여섯 명의 남북 출신 주민과 두 명의 진행자 그리고 괴델리츠 선생을 비롯해 모임을 기획한 관계자, 통역사, 기록자 등 열댓 명이 모였다.

넓고 환하고 조용한 공간에는 인원수만큼 의자가 원형으로 놓여 있었다. 앞서 다섯 명의 생애사를 듣고 나는 마지막 차례였다. 산 같고 강 같은 그들의 이야기에 비하면 내 인생은 뒤뜰처럼 고요해서 딱히 할 말이 떠오르지 않았다. 그래도 규칙에 따라 어린 시절

이야기부터 풀어가는데 일곱 살 무렵 엄마를 기다리던 고갯길을 말하다가 울컥했다.

고개를 숙이고 마음을 추스르기까지 5분 이상 흐른 것 같았다. 자기 구술 시간이 30분이니 그중 5분의 침묵은 꽤 길다. 그러나 누구도 북받치는 내 침묵을 깨고 들어오지 않았다. 모두 조용히 기다려주었다. 덕분에 나는 중년이 되도록 넘지 못했던 일곱 살의 고갯길을 그때 비로소 넘을 수 있었다. 그리고 그 자리에서 모두가 보여준 침묵과 기다림은 내게 '공감대화'의 기준이 되었다. 그날 남북한 주민의 삶이야기를 지켜본 괴델리츠 선생은 이렇게 총평했다.

"감동적인 시간이었다. 한국에서 두 번째 하는 것인데 전혀 낯설지 않다. 인간의 근본적인 이야기를 해주었기 때문에 우리가 인간적인 관점에서 공감할 수 있었다. 누구나 눈물의 순간, 눈물의 지점이 있다. 나도 펑펑 울 수밖에 없는 내 눈물의 지점을 안다. 눈물이 터지는 그 지점은 인생의 가장 중요한 지점이다. 그 지점을 말하지 않으면 그 삶을 이해할 수 없다. 감정을 마음껏 표현했으면 좋겠다."(〈남북주민 상호이해 프로그램〉, 2012년 9월)

실제로 삶이야기의 많은 참가자가 이야기 도중 눈물을 흘린다. 내가 살아온 이야기를 조용히 들어줄 뿐인데 그것만으로도 존중받는 느낌이 들었고 덕분에 솔직히 말할 수 있었다고 한다. 그 솔직함이 공감과 이해를 낳는다. 그래서 삶이야기 진행자는 한 사람이 이야기를 시작하고 끝마칠 때까지 시간을 지켜준다. 그 시간

동안 아무도 그 사람의 이야기를 방해하지 않도록 돕는 데 집중한
다. 그뿐이다.

그리고 공감대화로 편견을 넘어선 사람들은 서로 다르게 살
아온 삶을 위로하고, 역사적 현실에 공감하며, 이제 우리가 무엇을
함께하면 좋을지 의논한다.

> 님한동포: 내 이야기를 내가 모르는 분들과 어떻게 나눌까 생각했
> 는데 같이 이야기를 하고, 한 시간 정도 그분들의 삶이야기를 들
> 으면서 그 사람에 대한 의미가 깊어지더라. 이 시간이 치유도 되
> 고, 위로도 되고, 이 사람들의 역사를 만나면서 나의 생애가 확장
> 되는 느낌을 받았다.
>
> 남한동포: 이런 형식 자체가 우리 삶을 풍요롭게 하고, 자기를 깊게
> 돌아볼 수 있게도 하고, 우리가 어디로 가게 될 것인가에 대한 지
> 평을 열어주기도 하겠다는 생각이 들었다.

삶이야기는 평등한 대화 속에서 각자의 인생을 돌아보게 한다. 여
기에 무언가 평온하게 존중받는 느낌, 조용히 자극받고 깨닫는 순
간, 무수한 여성의 개인적인 삶이 역사로 엮이는 감동이 있기 때문
이다. 이러한 느낌과 깨달음과 감동이 일상으로 이어지도록 조각보
에서는 삶이야기 참가자들과 동창회를 하고, 역사 투어를 하고, 함

께 포럼을 하며 연대의 끈을 놓지 않고 계속 연결한다.

경계를 넘어 한자리에 모인 여성들이 다양한 억양과 말투로 들려준 삶이야기는 국사가 무시하고 잘라버린 수많은 개인과 가족의 역사다. 국가 권력과 제도에 갇히지 않고 경계를 넘나든 초국가적 삶의 방식은 식민과 분단과 냉전 시대를 살아온 한민족의 생존 전략이었다.[3]

역사가 후려치고 가면서 산산조각 난 코리안 디아스포라 여성들은 각각의 지역에서 색깔을 입히고, 다시 한국에서 만나 '조각보'로 역사의 공백을 채우고, 한반도 역사를 아시아와 중앙아시아로 확장하는 연결망을 만들고 있다. 코리안 디아스포라 여성들이 지닌 역사적인 힘, 다시 말해 대륙을 횡단하며 수많은 고난을 이겨낸 삶 속에 내포된 에너지와 비운의 역사를 뛰어넘는 힘은 곧 분단을 넘어설 힘과 갈등을 넘어설 힘[4]이기도 하다.

4부

공감대화란
무엇인가

8장

공감대화의
이론과 방법

정병호

공감은 '다른 사람의 감정이나 경험을 이해하는 능력'을 뜻하는 영어 'empathy'를 번역한 말이다. 이러한 공감(共感, 함께하는 또는 같이하는 느낌)은 감정적 느낌을 강조하면서 동감이나 동정sympathy, 연민compassion과 비슷한 뜻으로 자주 쓰이고 있다. 사실 동정과 연민은 내면에서 자연스럽게 우러나는 정서적 느낌이지만, 공감은 자신의 판단력을 유지한 채 타인의 감정을 이해하는 인지적 능력이란 의미가 강하다. 다시 말해 공감의 뜻은 '상대방과 처지를 바꿔 생각해보자'는 역지사지易地思之와 비슷하다.

실제로 empathy는 1909년 미국 심리학자가 '다른 사람이나 예술작품, 자연에 자기감정을 투사해서 체험하는 감정이입(~저럼 생각해보기, 느껴보기)'을 뜻하는 독일어 'Einfuhlung'을 번역하면서 그리스어 em(안으로)과 pathos(연민의 정을 자아내는 성질)를 결합해 만든 말이다. 이는 주로 '다른 사람의 생각이나 감정을 아는' 일종의 심리적 기술이라는 뜻으로 사용한다.*

공감의 위기

최근 인류학, 심리학, 생물학, 교육학 분야는 공감이 사람들의 의식과 사회관계에 미치는 의미나 역할을 새로운 관점에서 활발하게 연구하고 있다. 다양한 인간집단의 교류와 접촉이 늘어나는 글로벌 시대에 오히려 다른 사람을 이해하는 능력이 약화되는 현상이 나타나고 있기 때문이다. 이러한 사회적 공감 능력 결핍은 인류의 생존을 위협한다.

공감은 인류의 생존 열쇠다. 인간이란 동물은 큰 집단을 만들고 협력한 덕분에 지구상에서 번성할 수 있었다. 개개인의 인간은 약해도 집단은 강하다. 그런데 집단을 만들고 협력하려면 공감과 소통이 필요하다. 특히 공감 능력이 뛰어난 사피엔스란 종種은 전 지구적으로 교류하고 협력하는 체제를 구축해 그것에 의존해서 살고 있다. 이는 마치 거미가 자신이 짠 거미줄에 매달려 사는 것과 비슷하다.

공감은 동물 세계에서 가장 중요한 생존 기술인 '친절함'의 바

---

* 타인 입장에서 그들이 어떻게 느끼고 생각하는지 이해하는 인지적 공감cognitive empathy을 비롯해 타인과 같은 감정을 느끼는 정서적 공감emotional empathy, 타인의 아픔이나 고통을 상상하며 통증을 느끼는 신체적 공감somatic empathy, 고통받는 사람이나 동물을 돕고 싶어 하는 강한 연민을 뜻하는 동정적 공감compassionate empathy도 모두 넓은 의미에서 공감 개념에 속한다.

탕이다. 인간의 친절한 마음은 무력한 아기가 살아남게 하고, 자신과 유전자가 비슷한 친족을 돕게 하며, 다른 이들과 협동하게 해서 집단 번성을 돕는다. 협력은 인간에게 절대적으로 필요하다. 한데 우리는 생물의 경쟁 속성에만 주목해 '약육강식'이라는 왜곡된 해석을 자연법칙처럼 배워왔다.

"생물학자들의 죄가 크다."

진화생물학자 최재천 교수의 말이다. 생물학자들이 생존경쟁에서 살아남는 방법은 오로지 주변을 제압하고 이기는 것이라고 믿도록 했기 때문이다. 사실 진화 역사에서 가장 다정하고 협력적인 종은 바로 인간이다. 인간은 서로의 마음을 알아채고 함께 손잡는 다정한 동물이라 살아남은 것이다.[1]

생물학만 적자생존 원리를 권력과 경쟁의 논리로 왜곡한 것은 아니다. 이는 모든 근대학문이 함께 저지른 잘못이다. 그들은 제국주의의 침략을 합리화하고 자본주의의 승자독식 원리를 뒷받침했다. TV 프로그램 〈동물의 왕국〉은 약한 동물을 잡아먹는 포식자를 '왕'이라 했고, 오디션 프로그램은 "2등은 아무도 기억하지 않는다"라며 사람들을 극단적인 경쟁으로 내몰았다. 이처럼 모든 것을 점수화해 경쟁시키는 교육, 성과를 입증해야 살아남는 직장, 사회적 약자를 무참하게 짓밟는 차별사회는 사람들이 남을 이기기 위해 발버둥을 치며 살게 했다.

고도산업사회로 갈수록 공감 능력이 쇠퇴하고 아예 공감 능력이 마비된 사람도 늘어난다. 더구나 교류와 이주로 마주치는 '다른 집단'을 향한 경계심은 SNS와 가짜뉴스로 폭넓게 퍼져나가 혐오 감정을 퍼트린다. 아울러 디지털 소통 방식은 폐쇄적 집단편향도 심화한다. 이런 현상은 인류가 처한 문제를 해결하기 위해 필수적인 글로벌 협동 역량을 약화한다.

미래학자 제레미 리프킨Jeremy Rifkin은 인류가 직면한 파멸 위기를 극복하는 길을 '공감 확산'에서 찾고자 했다. 그는 《공감의 시대》란 책에서 각양각색의 많은 사람이 일상적으로 접촉하는 세계화 과정은 공감적 유대를 강화할 기회라고 했다. 비록 이질적 존재와의 접촉에 따른 외국인 혐오증, 정치적 포퓰리즘, 테러 등 폭력적 현상이 주목받고 있으나 지구촌 차원의 에너지 · 상품 · 자본 · 노동의 거대한 협력 인프라와 경계를 넘나드는 사이버 소통 네트워크가 공감 분위기를 확산한다는 것이다.[2]

사실 BTS나 〈오징어 게임〉 같은 한류 문화 현상은 글로벌 대중문화 인프라 덕분이지만 새로운 차원의 디지털 문화 교류는 공감을 확장하기도 한다. 이제 한 문화권을 넘어 전 인류와 소통하는 '공감 문명'이 실체를 드러내기 시작했다. 이 문명은 인류뿐 아니라 지구를 감싸는 생명권까지 공감적 유대를 확장해야 하는 절체절명의 과제를 안고 있다. 지구 위기에 대처하려면 시공간을 뛰어넘어 공감 능력을 더욱 확대해야 한다. 생태환경을 지키고 이질적 집단과도 조화롭게 사는 것이 미래세대를 위하는 일이기 때문이다. 그러한 공감 능력은 아무리 더디고 답답해도 한 사람 한 사람이 만남과 대화로 익힐 수밖에 없다.

공감 능력과 대화

공감은 능력이다. 스탠퍼드대학교 심리학자 자밀 자키Jamil Zaki는 "공감은 다른 사람이 어떻게 느끼는지 [인지적으로] 알고, 그의 감정을 함께 [정서적으로] 느끼면서, 그를 돕고 싶은 [배려하는] 마음이 생기는 통합 과정으로 사람 간의 거리를 뛰어넘게 하는 일종의 정신적 초능력"이라고 했다.[3] 이 능력은 기질보다 기술에 더 가까워서 배우고 연습하면 상당히 효과적으로 키울 수 있다. 과거에는 대가족과 공동체 구성원들의 활발한 상호작용으로 공감 능력을 자연스럽게 익혔지만, 핵가족으로 분화한 오늘날에는 이 능력을 키우려면 문화적으로 기획한 프로그램이 필요하다.

2009년 4월 〈뉴욕타임스〉는 특집으로 '미국 교실에서 일어나고 있는 공감 혁명'을 다뤘다. 그만큼 공감 능력 계발은 최근 교육 분야의 중요한 과제로 떠올랐다. 그 대표적인 것은 어린아이들의 공감 교육 프로그램으로 캐나다 교사 메리 고든Mary Gordon이 시작한 '공감의 뿌리Roots of Empathy'다. 이는 유치원을 방문한 아기와 부모의 애착 관계나 배려하는 모습을 보고 이들이 느끼는 감정을 상상하며 친구들과 이야기하면서 다른 사람의 감정을 읽고 소통하는 법을 익히는 것이다. 이와 비슷한 방식의 교육을 받은 초중등학교 학생들은 공격성, 폭력, 반사회적 행동이 줄고 협동심이 늘었으며 배우려는 욕구와 사고능력이 크게 향상되어 학업성취도가 높아졌다. 덕분에 공감 교육은 남을 배려하고 평화를 사랑하는 세계시민

을 키우는 교육이라는 평가를 받고 있다.[4]

다른 사람과의 첫 만남에서 공감 능력을 발휘하면 서로 이해하고 이해받는 관계, 서로 더 알수록 이해가 넓어지는 관계, 서로 존중과 배려가 오가는 관계로 발전하기 쉽다. 그런 관계는 소통과 연대, 조화와 치유의 힘을 지속해준다.[5] 실제로 세계 여러 곳에서 이러한 공감의 힘을 활용한 평화교육 프로그램을 진행하고 있다. 이스라엘과 팔레스타인 청소년들이 함께 여름 캠프를 하며 서로 협력해서 문제를 해결하게 하는 '평화의 씨앗Seeds of Peace' 프로그램[6]이나 한국과 일본 청년들이 일제 강제노동 희생자를 함께 발굴하면서 서로를 이해해가는 '동아시아 공동 워크숍'도 적대적인 집단을 향한 편견을 넘어 화해하게 하는 프로그램이다.[7]

공감 훈련 프로그램의 공통 특징은 '대화'다. 다른 사람이 무엇을 어떻게 느끼는지 자신이 이해한 만큼 말로 표현하면서 소통하는 것이 가장 효과적이기 때문이다. 특히 문화 차이가 크거나 정치적 입장이 달라서 서로에 대한 편견이 강한 집단 구성원이 공감하게 하려면 다른 문화를 있는 그대로 존중하는 문화상대주의적 대화 프로그램이 필요하다.

공감대화 프로그램

지난 백 년간 교육학, 심리학, 인류학, 철학 등 여러 분야에서 다른 집단 사람들과 '대화'

로 상호이해 관계를 구축하는 프로그램을 꾸준히 연구하고 실천해왔다. 참가자의 성격과 대화 목적에 따라 방법은 조금씩 다르지만 이들이 모두 공유하는 핵심 요소는 '공감'이다. 이 책에서 소개하는 공감대화 프로그램은 참가자들이 서로 공감하게 하는 집단대화의 기본 원칙과 방법을 모아 지침으로 삼았다(구체적인 진행 방법은 이어지는 '공감대화 프로그램 가이드' 참고).

1920년대 초 미국의 고등학교 교사 레이첼 데이비스 뒤부아Rachel Davis DuBois는 인종차별을 받던 흑인과 중국인, 민족 · 종교의 차별 대상이던 이탈리아인과 유대인 등을 학교로 초청해 다른 문화에 관한 강연을 듣고 대화하는 상호이해 프로그램을 시작했다. 이는 오늘날 여러 나라에서 시행하고 있는 다문화 교육의 원형이라고 할 수 있다. 그러나 소수자를 향한 편견과 고정관념을 극복하려면 '정서적 접근'이 함께 이뤄져야 한다는 것을 깨달은 뒤부아는 지역사회의 가정집 거실이나 교회 응접실, 주민센터 회의실 같은 공간에서 서로 문화 배경이 다른 25~30명의 참가자가 함께 이야기하는 프로그램을 개발했다.[8]

집단대화 프로그램은 참가자들이 서로 자신의 어린 시절이나 가족생활, 학교 경험, 일과 직업 등 모든 사람이 공통으로 겪는 생애 과정의 경험을 이야기하며 "상대방의 이야기에서 인간적인 공통점을 발견하고 서로 친밀감을 느끼면서 평화롭고 즐거운 공존을 향한 감성 연결, 즉 새로운 집단성 형성의 계기가 되도록" 한다.[9] 또한 집단대화는 만남에서 비롯된 '자아 성찰'이 공감이 만들어낸 진정한 '연결'로 이어져 참가자들 간에 '유대감'이 형성되는 것을 목표로 한다.

문화인류학자 마거릿 미드Margaret Mead는 젊은이와 노인, 유대인과 기독교인, 백인과 흑인, 구이민자와 신이민자가 한자리에 모여 이야기를 나누는 집단대화 프로그램을 "진정한 사회적 발명a real social invention"이라고 평가했다.[10] 그리고 1960년대에 시민권 운동 Civil Rights Movement을 이끈 마틴 루서 킹Martin Luther King의 부탁을 받은 뒤부아는 흑백 인종 간 집단대화를 진행하며 진정한 사회통합을 위해 헌신했다.

뒤부아의 선구적인 집단대화 프로그램은 오늘날 유럽 사회에서 널리 활용하는 '문화 간 대화intercultural dialogue' 프로그램의 모델이 되었다.[11] 유럽통합으로 하나가 된 다양한 국가 구성원이 서로의 문화를 존중하며 공존할 길을 찾던 유럽연합은 '문화 간 대화'를 주요 정책과제로 삼고, 이를 새로운 이민자와 난민의 사회통합을 위한 프로그램으로 적극 활용했다.[12]

문화 간 대화는 '문화는 고정된 것이 아니라 역동적으로 변하는 것'이라는 인식을 바탕으로 한다. 이에 따라 다른 문화 구성원이 이주해 들어오면 기존의 문화 구성원들과 함께 새로운 문화를 만들어가고, 이주민과 소수자 집단의 불평등과 차별 문제를 적극 해결하며, 다른 문화의 지식보다 다른 집단 사람들과의 관계 설정과 관계 개선을 중요하게 여긴다.[13] 이 책에서 소개하는 삶이야기 프로그램의 모델인 독일의 동서포럼도 유럽 사회에서 다양하게 시도

하는 '문화 간 대화' 중 하나라고 할 수 있다.

동서포럼은 독일 통일 이후 서독 사람들의 차별의식과 동독 사람들의 모멸감에 따른 사회적 갈등을 해소하기 위해 동독 실향민 출신 서독 외교관 악셀 슈미트 괴델리츠가 시작한 집단대화 프로그램이다.[14] 이 프로그램에서는 다른 체제에서 살아온 동서독 사람들이 서로를 인간적으로 이해하고 이질감을 극복하도록 자신이 살아온 삶의 경험을 솔직히 이야기하게 했다. 모임에 참가한 서독 사람들은 경쟁에 따른 두려움과 실패하고 좌절한 경험을 이야기했고, "사회주의 때 이런 것 많이 해봐서 지겹다"라고 하던 동독 출신들도 상대방의 약점을 찾아 비판하던 버릇을 극복하고 서로 공감하며 눈물을 흘리는 사람이 많았다고 한다.

1998년부터 20년 동안 동서독 주민 약 3천 명이 동서포럼에 참가해 서로를 이해하고 새로운 공동체성을 확인했다. 이 프로그램은 가해와 피해의 역사가 있는 독일과 폴란드 국민 간의 상호이해 프로그램, 독일 주민과 터키 이주민 사이의 편견 극복 프로그램에도 쓰였다.

아쉽게도 상대방을 있는 그대로 존중하고 이해하는 데 중점을 두는 '문화 간 대화'에는 문화적 가치관과 입장 차이로 발생하는 성차별 문제, 종교적 관용 문제, 자연 자원 이용 등 첨예한 갈등 과제 해결을 논의하기가 힘들다는 한계가 있다. 이에 따라 미국 정치학자 마이클 라빈더 제임스Michael Rabinder James는 서로 다른 관점을 이해하면서 새로운 차원의 해법을 도출하기 위한 '비판적 문화 간

대화Critical Intercultural Dialogue'를 제안했다.[15]

비판적 문화 간 대화는 문화 차이가 커서 상대방 관련 지식과 정보가 부족하거나 역사적 가해집단과 피해집단 관계처럼 입장 차이가 클 경우, 상당한 시간과 노력을 기울이지 않으면 이해하기가 불가능하다는 대화 자체의 한계를 인정하는 것에서 출발한다. 이럴 때는 상대방 문화를 '비판'하기에 앞서 '이해'부터 해야 한다.

다시 말해 상대방 문화와 관련해서 기존 상식을 말하는 게 아니라 자신과 대화하는 상대방을 이해하기 위한 질문을 던져야 한다. 질문하면서 자신의 가치관도 절대적이 아닌 임시적, 상대적이라는 것을 돌아보고 기존 가치관을 바꿀 수 있음을 경험하는 것 자체가 문화 변화의 가능성을 연다. 그 자리에서의 대화로 합의나 결론에 이르는 데 실패한다 해도 인식변화가 시작된다는 점에서 실질적 목적은 거두는 셈이다.[16]

'비판적 문화 간 대화' 이론은 다른 관점을 수용하면서 함께 해결방안을 탐색하는 공감대화가 가능하도록 하는 세 가지 조건을 정리해준다. 첫째, 참가자는 서로의 관점에 개방적 태도를 보여야 한다. 우선 '판단'을 멈추고 다른 사람의 마음이 되어본다. 둘째, 서로의 관점을 이해해야 한다. 상대방을 있는 그대로 인정하고 그가 살아온 배경을 이해하려 노력한다. 그 사람이 겪은 일을 자신이 겪는 것처럼 상상하면서 내 마음을 넘어선 우리의 마음, 즉 공동 자아를 추구하는 것이다. 셋째, 서로 평등한 조건에서 소통해야 한다. 모든 사람은 평등하다는 인식 아래 다른 사람을 압도하려는 마음의 관성을 성찰하고 반성하는 태도로 대화한다.

공감대화를 진행하려면 참가자들이 공정하다고 여길만한 대화 조건을 꼭 마련해야 한다. 무엇보다 참가자 구성부터 대화 시간과 공간까지 평등하게 조성한다. 이야기 내용은 사회에 떠도는 풍문, 상식, 지식, 주장보다 자신의 경험을 토대로 한 것이어야 한다. 특히 의견보다 느낌을 표현하고 나누는 것이 좋다.

참가자들은 개방적인 자세로 이야기를 경청하고 상대방을 더 잘 이해하려는 목적으로 질문한다. 이때 평가, 판단, 충고, 조언하는 말은 삼간다. 공감대화는 상대를 설득하려는 토론이나 논쟁 자리가 아니다. 대화 목적도 동의가 아니라 이해다. 참가자들은 이야기하고 들으며 공감적 카타르시스를 느낀다.

공감 능력을 일깨워 사회집단 간 갈등으로 상처받은 사람들의 화해와 치유를 모색한 대표적인 사례는 남아프리카공화국의 '진실화해위원회'다. 이는 희생자가 겪은 끔찍한 고통과 비통한 심정을 가해자가 직접 듣고 피해자의 아픔에 공감하는 한편 죄의식을 느껴 용서를 구하도록 하는 기구다. 이처럼 마음에서 우러난 화해로 진정한 평화를 이룩하는 '회복적 정의restorative justice'[17]도 이야기가 전해주는 공감을 토대로 한다.

북아일랜드의 NGO 단체 '기억을 통한 치유Healing Through Remembering'는 신구교도 간의 오랜 갈등과 충돌 역사가 남긴 상처를 치유하기 위한 다양한 '스토리텔링' 프로그램을 진행하고 있다. 스토리텔링은 생각, 경험, 입장이 다른 사람들이 자발적으로 참가해 진행자를 사이에 두고 그 자리에서 나온 이야기의 비밀을 서로 보장하기로 약속한 뒤 각자 자신의 이야기를 하고 상대방의 이야기를 듣는 프로그램이다.[18] 참가자들은 자신의 이야기를 다른 집단 사람들이 경청해주는 것만으로도 존중받고 치유되는 느낌이라고 했다.

범죄자나 약물의존증 환자들의 재활과 치료를 목적으로 스위스 심리학자 앨리스 밀러Alice Miller가 개발한 '치료 공동체Therapeutic Community' 프로그램도 참가자가 둥글게 둘러앉아 각자 개인적인 경험을 이야기하는 방식으로 진행한다. 미국과 일본도 교도소에서 이 프로그램을 진행하고 있다. 그 핵심은 자신이 겪은 일을 '다시 이야기retelling'하면서 '감정의 언어화 능력'을 기르는 동시에 타인의 이야기를 듣고 그 입장에서 상상해보는 능력을 키우는 데 있다.[19] 이렇게 여러 사람이 한 사람의 이야기를 함께 들어주는 것 자체로 치료 효과가 있다고 한다. 그런 점에서 공감대화는 개개인에게 잠재되어 있는 공감 능력의 재활 프로그램이라 할 수 있다.

삶이야기의 힘

사람과 사람의 진정한 이해에서 가장 중요한 것은 상대방의 삶의 경험을 알고 공감하는 일이다. 그런데 대개는 그 당연한 일을 생략하고 지역, 직업, 학력, 가족 같은 단편적인 정보만으로 상대방을 규정하며 살아간다. 심지어 다른 나라에서 다른 말을 하며 살아온 사람들을 대하면서도 그 최소한의 이해 과정조차 흔히 생략한다. 자신에게 익숙하지 않은 존재를 무지와 무관심으로 대하면 상대방을 향한 편견과 고정관념은 더욱 굳어지고 만다.

이 책에서 소개하는 공감대화 프로그램은 우선 참가자들의 삶이야기로 개개인의 삶의 맥락과 관점을 '이해'하게 하고 질문으로 자신의 상식과 가치관을 다시 돌아보게 했다. 물론 참가자의 성격이 다양해 모두가 받아들이는 공정한 조건을 충족하기는 어려웠으나 대화 조건과 규칙을 상황에 맞게 절충하고 변경하면서 공감대화가 이뤄지도록 했다.

2012년 가을, 나는 독일 '동서포럼'을 이끄는 괴델리츠 선생과 함께 남북한 주민들의 삶이야기 프로그램을 실험적으로 진행해볼 기회를 얻었다. 탈북민들은 함께한 남한 사람들이 자신의 어려움을 솔직히 이야기하면서 극복하고자 애쓰고 있는 모습에 깊이 공감했다고 말했다. 처음에는 북한에서 늘 하던 총화 시간의 자아비판과 비슷하지 않을까 생각했는데, 표면적인 말이 아니라 삶 자체를 이해하려는 사람들을 보고 충격에 가까운 감동을 받았단다. 또 그렇게 적은 사람들이 이야기를 나누는 것이 통일에 무슨 도움을 줄까 생각했으나 자신이 수백 명 앞에서 했던 통일교육 강연이나 남북한 주민 수십 명의 교류 모임보다 마음속에 훨씬 깊고 오래가는 울림이 있었다고 말했다.

덕분에 우리는 공감대화를 위한 중요한 원칙 세 가지를 배울 수 있었다. 첫째, 참가자 구성이 평등해야 한다. 누군가가 위축되지 않도록 배려하는 것은 중요하다. 둘째, 공정하게 진행해야 한다. 모두가 주어진 시간을 온전히 자기 시간으로 사용하게 한다. 셋째, 자신의 경험과 느낌만 이야기한다. 주장이나 의견 제시, 비판, 토론을 삼가고 이야기하는 사람의 삶 자체를 이해하고자 함께 노력한다. 이 원칙을 응용해 우리는 '한민족다문화 삶의 역사 이야기' 프로그램을 기획했다. 다양한 한민족 구성원들이 둘러앉고 보니 모두가 한민족 문화의 한 퍼즐 조각처럼 평등하게 느껴졌다.

"뭐~ 어데서 왔느냐 하는 말은 있지만 어떻게 살았느냐 하고 물어보는 사람들은 거의 없었습니다."

한국에 와서 벌써 14년을 살았다는 한 사할린동포 노인이 말했다. 식민지 조선에서 제국의 변방으로 떠밀려간 부모에게서 태어나 냉전의 경계에 얽혀 돌아오지 못하고 '국민' 이전의 존재로, 무국적 난민으로 살아온 사람이 관심 어린 질문을 받고 감격해서 한 말이다.

"영감 잘 만난 사람은 하나도 없네!"

북한에서 온 여성이 이렇게 말하자 조선족, 사할린동포, 우즈베키스탄동포, 재일동포뿐 아니라 남한 여성들까지 모두 고개를 끄덕이며 웃었다. 여성평화운동단체 '조각보'가 진행하는 여성들의 삶이야기 모임에서 나온 말이다. 과연 그랬다. 식민과 전쟁으로 얼룩진 역사 속에서 남성들은 그리 의지할 만한 가장 역할을 하지 못했다. 그들은 국가권력의 통제 아래 노동력으로 동원되거나 군대에 끌려갔고 좌절하여 가족을 괴롭히는 폭군이 되기도 했다. 오히려 무시당하던 여성들이 비상한 시대에 가족을 구하는 살림과 돌봄의 달인이 됐다.

"별일을 다 해봤어."

전쟁과 재난으로 모든 것을 잃은 상황에서 여성, 특히 어머니들은 어떻게 해서든 가족을 살리고 아이들을 키웠다. 또 아무리 척박한 환경에서도 '남자일 여자 일 가리지 않고 죽을힘을 다해' 뿌리를 내렸다. 배급 제도가 무너지면 암시장과 장마당에 뛰어들어 합법과 불법의 경계를 넘나들며 보따리 장사를 했다. 나라가 망하고 체제가 무너져도 그렇게 여성들은 가족을 지켜냈다. 그만큼 그들은 당당하고 떳떳했다.

"나라도, 가족도 중요하지 않아. 요즘은 내가 우선이야. 너무 좋은 거 있지!"

겹겹의 책임감에 눌려 살던 한 여성이 토로한 말이다. 그들은 여전히 두근거리는 성과 사랑을 이야기하고 새로운 꿈도 펼쳤다. 오래전의 불륜 경험도 털어놓고 최근 결정한 이혼 사실을 밝히기도 했다. 각자 살아온 시대와 환경은 달랐어도 그들은 진솔한 삶이야기에 여성으로서 공감하고 새롭게 자신의 삶도 돌아봤다. 여성들의 대화 모임은 뜨겁고 활기찼다.

'경계를 넘는 삶이야기'는 불평등한 사회관계 속에서 억압받으며 살던 사람들에게 해방을 체험하게 했다. 평소 편견과 차별에 눌려 목소리를 내지 못하다가 자기만의 시간과 공간을 보장받는 그 모임에서 눌러둔 자기 이야기를 처음 했다는 이주민 소수자도 있었다. 그들은 자신을 있는 그대로 존중해주는 사람들과 만나 흔히 누리지 못하던 희열과 기쁨을 느꼈고, 보잘것없다고 여겼던 자신의 삶이야기를 경청해주는 다른 참가자들 덕분에 자아존중감이 높아졌다고 했다. 다른 집단 구성원을 이해함으로써 편견을 해소하고 동시대를 살아가는 사람으로서 연대 의식을 싹틔우는 계기가 됐다. 아무도 설득하거나 설교하지 않았다. 다만 참가자들의 삶이야기와 모두가 나눈 공감대화가 그런 결과를 만들어냈다.

식민, 이산, 분단, 전쟁, 냉전과 탈냉전이란 세계사적 격동의 시대를 살아온 사람들은 단순한 피해자들이 아니다. 역사의 격랑을 헤쳐온 그들의 지혜와 끈질긴 생존전략은 놀라울 정도다. 그 삶이야기에는 국사에 실리지 않은 민족의 역사가 오롯이 담겨 있다. 노년층의 프로그램 제목에 '삶의 역사life-history'를 넣은 것은 이들이 살아온 삶의 민족사적 의미를 존중하기 위해서였다. 그 대화 모임은 참가자들이 역사적 존재로서 긍지를 느끼며 서로의 경험을 공유하는 장으로 펼쳐졌다.

국군 출신 할아버지와 인민군 출신 할아버지는 총부리를 맞대고 살아온 삶을 이해하고 화해의 술잔을 들었다. 빨갱이 딸이라고 파혼당한 여성이 민간인을 학살한 군인의 딸을 안아주었고, 북한체제를 떠나 온 탈북민은 남파 간첩 장기수의 신념에 경의를 표하기도 했다. 분단과 전쟁, 이념대립의 당사자이자 피해자인 그들은 서로 살아 온 이야기를 들려주고 또 들으며 눈물을 흘렸다. "당신도 고생했구려. 그런 처지에선 그렇게 할 수 밖에 없었겠네요."

상대의 아픔을 공감하며 위로했다.[20]

한민족 구성원의 화해와 치유에 주력한 경계를 넘는 삶이야기 프로그램은 '뜨거운 갈등 문제'를 주제로 한 대화나 사회변화를 위한 연대활동을 시도하지 않았다. 그러나 세월호 참사를 겪은 안산시를 중심으로 진행한 '시민활동가들의 삶이야기 모임'은 대화로 형성한 신뢰와 공동체 의식을 토대로 자발적인 후속 모임을 거듭하며 지역사회 재활을 위한 연대활동을 전개했다.

한편 여성평화운동단체 '조각보'는 '다시 만난 코리안 디아스포라 여성들의 삶이야기' 모임 이후에도 지속적인 만남으로 초국가적 여성 네트워크를 구축하는 한편, 이주민과 여성 등 소수자 차별 문제를 비판하고 시정하기 위한 연대활동을 하고 있다. 이는 차별 문제에 관한 비판적 인식을 바탕으로 지속적인 공동체 관계망을 다진 실천적 공감대화 프로그램이라 할 수 있다.[21]

존중과 화합을 위한 공감대화

경계를 넘는 공감 능력은 오늘날 한국 사회의 중요한 과제다. 오랜 분단으로 단절된 남과 북 주민들의 만남은 이미 탈북민 입국으로 가시화했다. 과거 사회주의권 국가에 살던 동포들의 국내 이주가 활성화하고 다민족·다문화 이주민이 급증하는 상황에서 이미 한 세대가 지나고 있다.

선진국이 된 대한민국은 국제 난민들도 선호하는 나라다. 그런데 한국 사회의 다양성이 급격히 커지면서 새로운 이주민 집단을 향한 편견이 더욱 강해지고 있다.

한국 사회의 기존 구성원 간의 공감 위기도 심각하다. 특히 분단과 전쟁 트라우마로 심화한 남북 대립은 상대방을 쳐부숴야 할 적으로 비인간화했다. 이를 복제한 남남갈등은 다시 지역, 이념, 세대, 성별, 계급, 장애 등 모든 사회적 경계를 정쟁 도구로 삼아 충돌을 부추겼다. 이러한 경계를 더욱 심화하는 것은 각 집단의 취향에 맞춘 편향된 디지털 미디어 환경이다. 자신과 비슷한 사람들끼리만 교류하는 폐쇄적 소통구조가 자리 잡으면서 집단 간 갈등은 더욱 심해졌다.

지난 10년간 진행해온 '경계를 넘는 삶이야기' 프로그램에서는 남한 내의 소위 좌-우, 보수-진보 진영에 속하는 사람들이 함께 참가하는 모임도 여러 차례 이뤄졌다. 그 과정에서 우리는 한국 전쟁과 남북 대치 상황 속에 장기화한 집단적 증오 감정도 넘을 수 없는 벽은 아니라는 것을 확인했다.[22] 공감대화가 우리 사회의 갈등을 바로 해결할 수는 없겠지만 오늘날 사회적 경계를 따라 심화하고 있는 대립을 넘어 상생으로 가는 존중과 화합의 도구로 활용할 수 있을 것이다.

이 장은 〈통일인문학〉에 발표한 '경계를 넘는 삶이야기: 상호이해를 위한 문화간 대화 프로그램'(89집, 2022)과 〈평화와 통일〉에 발표한 '통일교육 프로그램으로서의 공감대화: 남북한 주민들의 삶이야기'(창간호, 2022)에 담긴 내용을 기반으로 전면 개정한 글임을 밝힌다.

9장

공감대화
프로그램 가이드

정병호

오늘날 같이 문화변화가 급격한 시대에는 세대 간, 집단 간 가치관
과 생활양식 차이가 마치 '다문화' 차이만큼 다를 수 있다. 따라서
아무리 오래 알고 또 가깝게 지내는 사람이라도 서로의 삶에 대한
존중과 이해가 무엇보다 중요하다. 서로에 대한 오해와 편견을 극
복하는 출발점이기 때문이다. 나의 관점에서 상대방의 삶을 평가하
는 것이 아니라 그가 보는 세상과 그가 사는 삶을 그 사람의 입장에
서 이해하는 공감 감수성이 필요하다.

공감대화는 일반적인 토론이나 논쟁과는 다른 대화 방식이다.
대화의 목적도 동의가 아니라 이해다. 이러한 공감대화를 직접 시
행해보고자 하는 사람들을 위해 공감대화의 진행 방법을 정리한
'공감대화 프로그램 가이드'를 마련했다. 가이드는 한양대 글로벌
다문화연구원에서 시행해온 '경계를 넘는 삶이야기'를 비롯한 다
양한 공감대화 프로그램과 여성평화운동단체 조각보의 '다시 만난

코리안 여성들의 삶이야기' 프로그램의 운영 경험을 주요 참고 사례로 했다.

참가자

참가자는 공감대화의 주제와 목적에 따라 구성한다. 특히 서로 대립하는 집단 간의 편견과 차별을 극복하기 위한 모임일 경우에는 양쪽 집단 참가자 수가 같아야 한다. 집단별 참가자 수가 어느 한쪽으로 기울면 이후 시간과 공간, 상호작용 등 모임의 전 과정이 불평등하게 이뤄질 가능성이 크기 때문이다.

설령 참가자 수를 같게 해도 주류집단과 비주류집단 사이에는 권력 불균형이 생기기 쉽다. 차별받는 사람은 자신을 특별히 불쌍하게 여기거나 특별한 사람으로 대상화해 피해의식에 사로잡힐 수 있다. 이를 고려해 '한민족다문화 삶의 역사 이야기' 모임에서는 조선족, 고려인, 사할린동포, 재일동포, 재미동포를 비롯해 사회 배경이 다양한 남한 출신이 고루 참가하게 해 어느 한 집단을 특별히 대상화한다고 느끼지 않도록 했다.

그러나 사회집단뿐 아니라 남녀, 세대, 학력, 직업, 직위 등에서 모두 균형을 갖춘 완벽한 모임을 구성하는 것은 사실상 불가능하다. 우리는 최선의 조합을 만들고자 노력한 다음 기울기가 생기는 부분은 진행자가 진행의 묘를 살려 보완하게 했다.

참가자를 섭외하고 모으려면 먼저 '삶이야기' 모임의 성격과 의미를 잘 소개해야 한다. 예를 들면 '낯선 사람들과 함께 떠나는 여행'처럼 당사자에게 흔치 않은 기회이자 의미 있는 경험이 될 것이라는 점을 알린다. 흔히 여행을 떠나 자신에게 익숙한 것들의 의미를 새롭게 새기듯, 낯선 사람들과 삶이야기를 나누는 짧지만 깊은 만남은 자신이 살아온 삶을 되돌아보는 좋은 기회가 될 거라고 모임의 의미를 미리 알려주는 것이 좋다.

'경계를 넘는 삶이야기' 같은 공감대화 모임에는 자신을 이해해주는 좋은 사람들과 함께 먹고 자면서 교류하는 몸과 마음의 휴양 retreat 이라는 의미도 있다. 특히 가족을 비롯한 주변인과의 인간관계에서 상처를 받은 참가자들은 오히려 낯선 사람들과의 공감대화로 깊이 위로받고 치유되는 느낌이라고 말한다.

평소에 자기 일에만 몰입해 살아온 사람들의 사적인 삶이야기도 다른 집단 구성원이 참가하는 공적 자리에서 발표하면 새로운 차원의 사회적 의미를 지닌다. 이것은 한민족다문화 모임이 제목에서부터 '삶의 역사 이야기'라며 의미를 강조한 이유이기도 하다. 이는 개인을 역사적 존재로 보고 그 삶에 주목한다는 뜻이다.

식민과 분단, 냉전 시대를 거치며 각기 다른 나라와 다른 체제에서 한민족 구성원이 겪은 삶의 경험은 문자로 기술한 국가 중심 역사에서 대부분 주변으로 밀리거나 사라져갔다. 한국처럼 급격히 확장·분화하는 사회에서는 국가나 거대 사회조직 단위의 공식 기록인 역사가 누락한 개개인의 삶의 경험을 담아낸 구술사와 생애사의 중요성이 매우 크다. 같은 맥락에서 '경계를 넘는 삶이야기' 참가자의 다양한 삶이야기는 동시대를 살아가는 초국가적 한민족 구성원이 함께 쓰는 일종의 협력생애사이자 온전한 민족사로 그 의미가 깊다.

대화모임 참가자 수는 모임의 목적, 장소, 시간에 따라 다르지만 개개인의 삶이야기를 충분히 공유할 수 있으려면 6~12명이 적당하다. 그동안의 경험을 통해 보면 1박 2일 모임은 6~8명, 2박 3일은 10~12명이 이상적이다. 더 적은 수가 참가하면 참가자들의 상호작용 기회가 줄어서 활발한 대화가 이루어지기 어렵다. 참고로 1박 2일간 진행된 남북이해 모임은 6명이 참여했고, 노년층 참가자가 대부분인 한민족다문화 모임은 8명으로 시작했으나, 삶이야기 시간이 길어지자 피로감을 느껴서 6명 참여가 기본이 되었다.

참가자가 전체 일정 중간에 빠져나가는 것은 모임의 흐름과 분위기에 방해가 된다. 처음 참가를 섭외할 때부터 전체 일정에 참여한다는 것을 반드시 확인하고 확답을 받아야 한다. 전 일정 참여가 어렵게 된 경우에는 가능한 빨리 주최 측에 사정을 알려야 한다는 것도 말해둔다. 그룹별로 예비 참가자를 미리 섭외해두면 긴급하게 대체 참가자를 충원할 때 유용하다.

참가자를 실제로 섭외해보면 먼저 참가한 사람을 통해 다음 참가자를 추천받는 것이 가장 좋은 방법이다. 자기 경험을 바탕으로 적절한 사람을 소개해주고, 모임의 취지를 개인적으로도 전달해주기도 해서 크게 도움이 된다. 하지만 추천하는 사람은 대개 같은 그룹 혹은 같은 동네 사람일 경우가 많은데, 여럿이 동시에 한 모임에 참가하게 하면 이미 익숙한 사람들끼리 어울리면서 다른 참가자들과 새로운 관계 형성을 소홀히 하기 쉽다. 또한 다른 사람들 앞에서 자기 집단에 대한 이야기를 하는 것에 대해 함께 온 사람이 불편한 감정을 느끼기도 한다. 비슷한 이유로 가족 구성원 중 두 명(특히 부부)이 동시에 참여하는 것은 좋지 않다. 서로를 의식해서 검열기제를 작동시키거나 자기방어적인 반응을 보이기 때문이다. 추천받은 사람들을 그룹별로 분류해놓고, 프로그램 일정을 조율해서 각각 다른 시기에 참여하도록 하는 것이 좋다.

진행자

진행자가 참가자에게 안내할 내용은 크게 세 가지이다. 첫째, 이야기와 경청. 삶이야기 프로그램에서 가장 중요한 것은 잘 듣기임을 강조할 필요가 있다. 낯선 사람의 삶이야기를 듣는 것은 누구에게나 생소한 경험이기 때문이다. 둘째, 공감과 편견 해소. 한두 마디 말만 듣고 타인을 규정해왔던 과거의 습관을 떨치기 쉽지 않기 때문이다. 따라서 다른 사람의 경험을 그의 입장에서 생각해보며 경청하도록 권한다. 셋째, 관용과 실천. 이 모임을 통해서 경험한 다른 사람들의 삶의 방식에 대한 이해를 바탕으로 다른 집단과의 입장 차이를 극복하고자 하는 태도를 갖는다. 이것은 이성적 설득이 아니라 정서적 공감을 통해 시작된다. 진행자는 그러한 내적 변화를 체험하는 통과의례를 집전하는 사람이다. 다만 너무 엄숙하지 않게 자유로운 분위기에서 진행하는 것이 좋다.

진행은 참가자들과 배경이 비슷하거나 최소한 그 입장을 이해할 수 있는 사람이 이끈다. 참가자들이 평등한 분위기에서 편안하게 삶이야기를 하려면 모임의 중심 역할을 하는 사람 중에 자신이 동일시할 수 있는 사람이 있다는 느낌이 중요하기 때문이다.

한민족다문화 모임에서는 국경을 넘는 이주 경험이나 소수자 경험이 있는 사람 중 성별과 세대를 고려해 최소한 두 명 이상이 모임을 진행했다. 여성평화운동단체 조각보에서는 한민족 여성들을 출신 지역에 따라 '진달래(북한), 무궁화(남한), 민들레(중국), 해바라기(러시아, 중앙아시아)'로 부르며 참가자 구성에 따라 공동으로 사회를 보도록 다양한 출신배경의 진행자를 양성했다.

진행자는 말문을 여는 사람이다. 참가자는 대부분 주어진 시간 안에 어떤 이야기를 얼마나 해야 할지 가늠하기 어려워한다. 그래서 진행자가 먼저 10~15분으로 압축한 삶이야기를 함으로써 시범을 보일 필요가 있다. 진행자는 자신이 참가자들과 어떤 인연이 있는지 소개하고 누구나 공감할 수 있는 어린 시절과 가족, 교육, 직업, 취미활동 등 구체적인 생활 경험을 언급해 참가자들이 삶이야기 소재를 찾는 데 참고하도록 한다. 각자에게 주어진 한 시간 대비 3분의 1이나 4분의 1로 축약한 진행자의 삶이야기로 어떤 내용을 공유할 수 있는지, 그 모임에서 삶이야기를 나누는 것이 얼마나 귀한 기회인지 미리 느껴보게 하는 것이다.

개인의 성향이나 사회체제에 따라 자기 자랑을 앞세우는 참가자도 있고 주로 좌절 경험을 이야기하는 참가자도 있다. 남한이나 서독처럼 경쟁적인 자본주의 사회에서 살아온 사람들은 질병, 결혼과 가족 문제, 사업실패 같은 약점으로 보일 만한 이야기는 잘 하지 않는 편이다. 동독이나 북한처럼 집단을 강조하는 사회에서 성장한 사람은 공개적으로 자아비판을 하던 조직 생활 형식에 따라 규범적으로 올바른 이야기를 해야 한다는 강박관념이 강할 수 있다.

따라서 진행자가 먼저 실패담이나 좌절 경험을 이야기하는 것은 참가자가 방어기제를 내려놓고 삶이야기의 균형을 잡도록 도움을 준다. 이 모임이 개인적인 일상 경험을 있는 그대로 이야기해도 괜찮은 편안한 자리라는 것을 사전에 느끼도록 만들어주는 셈이다.

진행자의 가장 중요한 역할은 순조롭고 매끄러운 진행이다. 삶이야기 시간은 분위기가 너무 활기차서 들떠도 안 되지만 무겁게 착 가라앉는 것도 미리 방지해야 한다. 진행자가 이 모든 것을 조율해야 하므로 적절한 진행은 '예술art'에 가깝다.

진행자의 존재감이 너무 두드러지거나 반대로 무기력하게 기계적인 것은 좋지 않다. 또한 지시하는 방식의 말보다 비언어적 요소(표정, 눈짓, 제스처 등)를 활용해 참가자들이 정해진 시간을 지키고 타인의 이야기를 경청하되 충고·조언·평가·비판을 하지 않도록 이끌어야 한다. 나아가 진행자는 어느 한쪽으로 쏠리지 않도록 때로는 침묵으로, 때로는 추임새로 균형추 역할을 하면서 모두가 존중받는 경험을 하게 한다.

가끔은 진행자의 적극적인 개입이 필요하다. 간혹 자신의 경험보다 시사적 주제나 공식 담론을 이야기하는 데 주력하는 참가자도 있다. 종교적 신앙이나 추상적인 철학을 장황하게 말하는 경우에도 진행자의 적절한 개입이 필요하다. 서로를 이해하기 위한 공통주제인 어린 시절, 가족생활, 교육 경험, 사회활동을 더 자세히 소개하도록 주의를 환기하거나 경험과 관련된 질문을 해서 이야기의 흐름을 조정하는 것이 좋다.

특히 진행자는 모든 참가자가 평등하게 자기 시간을 쓰고 존중받도록 해야 한다. 시간과 공간을 너무 세밀하게 나눠 엄격히 지키도록 하는 것은 자연스러운 소통을 방해하는 측면이 있지만, 이야기하는 시간부터 앉는 자리까지 평등원리에 충실한 대화 자리를 만들면 오히려 참가자들은 그 틀 안에서 자유롭게 자발적으로 이야기한다.

프로그램 진행

모임 안내와 자기소개

참가자들이 모두 도착하면 먼저 진행자가 모임의 취지와 전반적인 흐름을 간단히 안내한다. 모임을 소개한 뒤에는 진행자들이 간략히 자기소개를 하고 참가자들도 앉은 순서대로 돌아가며 5분씩 자기소개를 한다. 자기소개가 너무 간략할 경우 짧게 보충 질문을 하고, 경력을 장황하게 나열하면 적절히 개입해 초기에 모임 분위기를 조성한다.

진행자의 모임 소개와 삶이야기 시범을 통해서 언어적으로 분위기를 전달할 뿐만 아니라 공간과 시간의 섬세한 구성을 통해 일반적인 사회관계와는 다른 방식의 만남과 소통을 위한 자리라는 것을 미리 감지할 수 있도록 하는 깃이 좋다.

모임 안내와 참가자들의 자기소개 그리고 진행자의 삶이야기가 끝나면 모두 함께 식사하거나 산책을 해서 분위기를 바꾼 뒤 정식으로 첫 번째 삶이야기 세션을 시작한다.

삶이야기 세션

1. 순서 정하기

진행자는 참가자들의 짧은 자기소개를 직접 듣고 삶이야기를 하는 순서를 확정해서 알려준다. 이것은 식사나 산책 시간에 다른 진행자들의 의견을 듣고 협의해서 결정하는 것이 바람직하다. 참가자 중에는 매력적인 이야기꾼도 있고 내성적이거나 말주변이 없는 사람도 있다. 또한 극적인 삶을 산 사람이 있는가 하면 비교적 평범하게 살아온 사람도 있다. 한국 사회에서는 주로 나이 많은 남성, 직책이 높은 사람, 말을 잘하는 사람이 먼저 이야기하면서 모임을 주도하는 경향이 있다. 이런 상황을 무의식적으로 되풀이하지 않도록 참가자 한 명 한 명의 특성을 고려해 삶이야기 순서를 정하는 것이 좋다.

모임마다 참가자들의 구성에 따라 때론 이야기꾼 참가자가 첫 순서를 맡아 모두의 활기를 불러일으킬 필요도 있고, 때론 평소에 억눌려 살아온 사람이 말문을 열 필요도 있다. 그 점에서 모든 모임에 일반적인 원칙을 그대로 적용하기보다 모임마다 전체 흐름을 고려해 삶이야기 세션과 순서를 창의적으로 구성하는 것이 좋다. 비유하자면 개개인의 삶이야기는 그 자체로 완결한 단편소설이고 모임 전체는 하나의 단편소설집 같다고 할 수 있다. 더러는 주제 면에서 서로 연결된 하나의 장편소설 같기도 하다.

2. 개인별 삶이야기와 대화

삶이야기를 하는 동안 진행자는 모두가 경청하는 분위기를 만들어야 한다. 즉, 참가자들이 개인적으로 소중한 삶의 경험을 편안하게 반추하며 이야기하는 자리가 되도록 존중하는 태도를 지켜주어야 한다.

참가자들은 이곳에서 무슨 이야기를 해도 안전하게 보호받는다는 느낌을 받아야 한다. 따라서 진행자는 삶이야기 중에 참가자들이 다른 말을 하거나 자리를 이탈하지 않도록 확실히 알린다. 특히 휴대전화 사용과 전원 끄기를 거듭 안내하고 확인한다.

한 사람이 자신의 삶이야기를 마치면 둘러앉은 사람들이 자연스럽게 박수를 보내기도 한다. 이 경우 진행자가 유의해야 할 점이 있다. 아무리 감동적인 이야기를 들었어도 진행자는 '훌륭합니다', '감명 깊었습니다'라고 언어로 표현하지 않아야 한다. 진행자의 반응과 평가에 민감한 다른 참가자들이 상대적으로 위축될 수 있어서다. 방금 마친 삶이야기를 칭찬하거나 평가하는 방식의 요약 정리도 하지 않는 것이 바람직하다.

한 사람의 삶이야기를 듣고 나면 다른 참가자들은 남은 시간 동안 질문을 한다. 이때 진행자는 질문은 하되 비판이나 토론은 하지 않는다는 공감대화 모임의 원칙을 다시 언급한다. 실제로 주어진 시간 동안 압축해서 삶이야기를 하다 보면 가족, 결혼, 교육, 직업 등 그 사람을 이해하는 데 필요한 이야기를 극도로 축약하거나 아예 생략하기 쉽다. 다른 참가자들이 어떤 영역에 왜 관심이 있는지 말하고 궁금한 것을 질문하면 그것에 대해 보충 답변을 하는 것이 바람직하다.

질문 시간은 일방적 이야기narrative 형태의 생애사life-history를 대화dialogue로 보완하면서 이것이 '협력적 구술생애사collaborative life-history'가 되는 과정이라고 할 수 있다. 이러한 방식의 대화를 통해서 발표자는 참가자들의 진지한 관심을 느끼고, 참가자들은 의식적으로 그의 삶과 자기 삶의 경험을 비교해본다.

진행자는 삶이야기와 질문 시간이 활기차게 진행되도록 해야 한다. 발표자가 삶이야기 중간에 길을 잃고 어쩔 줄 모르면 가벼운 농담이나 추임새로 기운을 북돋을 수도 있고, 한 가지 주제에 빠져서 이야기의 균형을 잃으면 인생사의 다른 측면(가족, 교육, 사회활동 등)을 상기시켜서 치우친 내용을 보완하도록 한다.

간혹 비판적인 질문도 나온다. 이럴 때 진행자는 자연스럽게 개입해 질문에 즉답하기보다 관련된 다른 삶이야기로 보충하도록 분위기를 전환한다. 사회 문제를 두고 견해차를 보이거나 가치관에 따른 토론으로 이어질 수도 있는데, 이 경우에도 진행자가 개입해 발표자의 삶을 온전히 이해하기 위한 자리임을 환기하고 공감 대화의 중심 주제로 돌아오게 해야 한다.

참가자들이 질문하지 못하고 막연해할 때도 진행자는 다른 사람들이 관심을 가질 만한 질문을 해서 대화의 물꼬를 여는 것이 좋다. 다만 진행자와 발표자가 일문일답하는 청문회 같은 분위기로 흐르지 않도록 주의한다. 진행자는 다른 참가자들이 다양한 질문을 하도록 유도하고 발표자의 대답으로 그의 삶을 더 깊이, 더 구체적으로 이해하게 해야 한다.

이처럼 모두가 참여하는 질의응답 시간을 활용해 함께 삶이야기를 더욱 풍요롭게 구성함으로써 보람을 느끼도록 하는 것이 바람직하다.

3. 마무리

한 사람의 삶이야기 발표와 질의응답이 끝나면 2~3분 동안 그 사람의 삶을 조용히 반추한다. 이는 여러 사람 앞에서 개인적인 이야기를 해준 사람을 정중하게 존중하는 표현이자 그 이야기를 들은 사람들이 스스로 마음을 가라앉히고 느낌을 정리하는 시간이기도 하다. 일종의 침묵명상 같은 의례적 마무리 과정이라고 할 수 있다.

그만큼 삶이야기는 말하는 사람이나 듣는 사람 모두에게 비일상적인 경험이다. 그러한 모임을 주관하면서 때로는 의례적 분위기를 만들고 이끄는 사람이 바로 진행자다. 이것이 일상생활과 다른 성스러운 경험이 되도록 조용한 음악이나 종처럼, 여운이 있는 의례적 수단을 활용할 수도 있다.

시간과 공간 구성

소수의 참가자가 삶이야기를 나누는 공감대화 모임은 개개인을 충분히 존중하고 대접하는 여유 있는 시간과 공간 구성이 중요하다.

공식 대화 모임

시간 구성은 공감대화 모임의 주제, 참가자의 규모와 특성에 따라 달리할 수 있다. 일반적인 삶이야기 모임은 참가자의 개인별 삶이야기 시간을 각각 한 시간으로 정한다. 각자에게 주어진 시간 중 먼저 30~40분은 자기가 살아온 삶을 이야기하고, 남은 20~30분은 다른 참가자들의 질문을 듣고 대답하면서 함께 삶이야기 내용을 구성한다. 별도로 마무리 침묵명상 시간 3분을 정하고 휴식 시간을 그보다 좀 더 길게 잡는다.

개인별 삶이야기 사이에는 짧아도 휴식 시간이 꼭 필요하다. 한 사람, 한 사람의 삶이야기가 독립성을 띠도록 구획하는 시간을 독일의 '동서포럼'이나 한국의 '남북이해 모임'처럼 두 집단 간의 편견 해소가 목적인 경우에는 서로 다른 배경의 남녀 두 명으로 하나의 세션을 구성한다. 매 세션이 끝날 때는 식사나 산책 같은 활동을 위한 자유시간을 배정해 기분전환을 하고 새로운 마음으로 다음 세션의 삶이야기에 집중할 수 있게 한다.

주로 70세 이상의 고령층이 참가한 한민족다문화 모임에서는 참가자 한 명의 이야기가 끝날 때마다 10~20분간 휴식을 취하고, 한 세션이 끝나면 식사나 산책 같이 기분전환을 할 수 있는 활동을 했다. 젊고 집중력이 좋은 지역활동가나 다문화 전문가의 공감대화 모임에서는 세 명씩 세션을 구성해 오전과 오후로 나눠 진행했다.

이런 방식의 삶이야기 프로그램은 당일 모임은 4~6명, 1박 2일 모임은 6~8명, 2박 3일 모임은 8~12명이 적당하다. 3박 4일이 넘는 장기 모임은 열두 명 이상도 가능하며 이때는 말로 하는 공감대화뿐 아니라 활동적인 공동작업도 함께 진행하는 것이 이상적이다. 주된 대상이 청소년이나 아동이면 개인별 이야기는 20~30분으로 짧게 구성해 참가자 수를 늘리고 다양한 공동 체험 활동을 한다.

비공식 교류

공감대화 모임은 공식적인 삶이야기 시간뿐 아니라 비공식 교류를 위한 시공간 확보도 중요하다. 개개인이 자유롭게 소통하며 정서적 교감을 할 수 있기 때문이다. 비공식 교류는 보통 휴식, 식사, 산책, 뒤풀이 시간에 활발하게 일어난다. 그러므로 참가자들이 더욱 긴밀하게 상호작용하면서 실질적인 대화를 나누도록 이러한 시간을 기획하고 준비하는 것이 좋다.

1. 휴식

세션 중간에 참가자들이 간단하게 대화를 나누고 기분전환을 하도록 휴식 시간을 충분히 확보하는 것이 좋다. 5분 정도 짧게 쉬는 시간을 주고 빨리 다시 모이라고 다그치는 식은 곤란하다. 간단한 다과를 준비해 함께 먹고 마시며 이야기하게 하면 공식적인 삶이야기 시간보다 더 활기찬 대화가 이뤄진다.

2. 식사

음식을 함께 먹으면서 대화하면 정서적으로 깊은 소통이 가능하다. 이때 가능한 한 삶이야기 대화 모임 때와 다른 참가자 옆에 앉거나 마주 보고 이야기하도록 배려한다. 진행자는 다른 참가자들 사이에 흩어져 앉아 함께 대화한다. 특히 개인 의견이라면서 충고, 제안, 평가, 비판하는 사람이 사적 대화 자리를 주도하지 않도록 한다. 제한된 시간에 더 깊은 대화가 이뤄지게 하려면 식탁에서 굽거나 끓이는 음식은 피하는 것이 좋다.

3. 산책

처음 보는 사람들 앞에서 자신의 삶이야기를 하는 것은 긴장감을
높이고, 다른 사람의 삶이야기를 집중해서 듣는 것은 피곤을 안겨
준다. 그러므로 하루에 한 번쯤은 산책이나 요가 같은 육체 활동으
로 긴장감을 풀고 기분전환을 하게 해야 한다. 2박 3일이 넘는 모임
에서는 점심 식사 후 낮잠 시간을 두어 개인적으로 숨 돌릴 시간을
주기도 한다. 함께 산책하거나 길게 휴식을 취하면 참가자들은 개
인적으로 깊은 대화를 나누며 친분을 쌓기도 한다.

4. 뒤풀이

공식 일정을 마친 뒤 가벼운 음주와 여흥을 곁들인 친목 시간을 즐
기는 것도 좋다. 이는 개인적으로 긴장을 풀 기회이자 친밀감을 쌓
을 계기를 마련해준다. 뒤풀이에는 함께하는 시간의 '비일상성'을
확인하고 평소와 다른 차원의 일체감을 공유하게 하는 다양한 방식
이 있다. '일탈' 경험에 가까운 과도한 음주와 가무도 그중 하나다.

　예를 들어 젊은이가 많이 참가하는 '동아시아 공동 워크숍'과
'한민족 디아스포라 워크숍'에서는 밤늦도록 음주와 함께 많은 대
화를 나눈 반면, 노년층이 참가하는 '한민족다문화 삶의 역사 이야
기' 모임에서는 짧고 가벼운 뒤풀이를 하고 충분한 수면과 휴식을
취했다. 독일의 동서포럼은 가볍게 와인을 마시는 파티를 했다. '경
계를 넘는 삶이야기' 모임은 뒤풀이가 끝난 뒤 여성들끼리 자연스
럽게 '잠옷 모임'을 하며 역동적인 비공식 교류를 했다.

공감대화 전체 일정(삶이야기 모임 사례)

1박 2일 (토-일 사례)

1일		2일	
10:00	도착		아침 식사
	모임 안내	9:00~11:20	삶이야기 세션 3
	자기소개	11:20~13:00	산책, 점심 식사
	삶이야기 시범(진행자)		(참가자 6명일 경우)
12:00~13:00	점심 식사	13:00~15:00	마무리 모임, 수료식
13:00~15:20	삶이야기 세션 1		(참가자 8명일 경우)
	휴식, 산책	13:00~15:20	삶이야기 세션 4
16:00~18:20	삶이야기 세션 2	15:20~17:00	마무리 모임, 수료식
18:20~19:30	저녁 식사		
19:30~20:30	개별 휴식		
20:30~22:00	어울림 시간		

2박 3일 (금-토-일 사례)

1일		2일		3일	
17:00~18:00	도착		아침 식사		아침 식사
18:00~19:00	저녁 식사	9:00~11:20	삶이야기 세션 1	9:00~11:20	삶이야기 세션 4
19:00~21:00	모임 안내	11:20~13:00	산책, 점심 식사	11:20~13:00	산책, 점심 식사
	자기소개	13:00~15:20	삶이야기 세션 2		(참가자 8명일 경우)
	삶이야기	15:20~16:00		13:00~15:00	마무리 모임
	시범(진행자)	16:00~18:20	삶이야기 세션 3		수료식
21:00~22:30	어울림 시간	18:20~20:00	저녁 식사		(참가자 10명일 경우)
		20:00~22:00	어울림 시간	13:00~15:20	삶이야기 세션 5
				15:20~17:00	마무리 모임
					수료식

* 1일 도착 시간을 학교, 직장 등 평일 일정을 조정해서 미리 모일 수 있다면, 오후 2~3시 정도에 일정을 시작하고, 첫날 저녁에 첫 번째 세션 진행을 할 수도 있다.
* 참가자가 많을 경우에는 각 세션 시간을 조정하고 중간 휴식 시간을 줄여서 삶이야기 세션을 늘릴 수 있다. 그러나 전체 일정이 빡빡하면 그만큼 비공식 교류 시간이 줄고 피로도가 높아져 심리적 여유를 잃기 쉽다는 점을 참고하자.

공간 구성

삶이야기 모임 장소는 편안하게 대화할 수 있는 곳이어야 한다. 공식 대화뿐 아니라 식사, 숙박, 산책 같은 비공식 교류 활동도 함께 할 수 있는 독립적인 공간이 바람직하다. 이런 장소에서 일상생활의 관성을 잠시 내려놓고 다른 사람들과 이성적으로 대화하고 정서적 교류를 하면 공감 경험을 할 가능성이 커진다.

흔히 비일상적 만남과 영적 체험을 위한 공간으로 종교 시설을 연상할 수 있다. 대표적으로 가톨릭에서 '피정'을 하는 '수도원', 불교의 '선방'이나 기독교의 '기도원' 등이 있다. 그러나 특정 종교 시설을 활용하면 다른 종교 신자들이 불편하고, 또 종교 규범을 지켜야 하는 엄숙한 장소여서 일반인들이 편하게 이용하기 어려운 경우가 많다. 평등한 대화모임 장소는 조용하면서도 세속적 편안함과 비일상적 휴식이 가능한 공간이 좋다. 작은 집단이 독립적으로 사용할 수 있는 연수 시설이나 펜션 등이 현실적으로 활용 가능한 공간이다.

공감대화 모임 준비의 첫 번째 과제는 참가자들의 성격을 고려해 접근하기 쉬우면서도 정서적 안정을 꾀할 수 있는 편안한 장소를 확보하는 일이다. 독일 동서포럼의 '생애사 모임'이 주로 열리는 괴델리츠 장원은 소규모 호텔 시설이 있는 농장으로 한적한 농촌에 있다. 남북이해모임은 깊은 계곡에 있는 '바람과 물 연구소'에서 진행했다. 한양대 글로벌다문화연구원의 '경계를 넘는 한민족 모임'은 한양대 에리카 캠퍼스의 게스트하우스에서 이뤄졌다. 주

말의 대학 캠퍼스는 대체로 한산한 편이고 이주민 소수자들은 평소에 와보지 못했던 곳이라 아주 좋아했다.

다문화 청소년과 아동을 위한 프로그램은 서울 남산기슭의 유스호스텔 공간을 활용했고, 지역활동가들의 모임은 펜션과 생활연수시설에서 진행했다. 한편 여성평화운동 단체인 조각보는 'DMZ생명평화동산'을 비롯한 여러 연수시설과 서울시 '문학의 집'에서 코리안 디아스포라 여성들의 삶이야기 프로그램을 진행했다.

삶이야기를 나누는 공간은 모든 참가자가 편안하게 둘러앉아 이야기할 수 있는 곳이어야 한다. 가령 사무실이나 교실 등의 공간보다 응접실 혹은 휴게실 같은 곳이 바람직하다. 특히 주변의 방해를 받지 않는 조용하고 차분한 실내 공간이 적당하다. 그런 측면에서 너무 자극적인 장식이나 소음이 없는 곳이 좋다.

삶이야기 모임의 참가자가 모이는 자리에는 둥글게 둘러앉도록 편안한 의자를 배치하는 것이 좋다. 직사각형 테이블이나 주인과 손님의 자리가 정해진 응접세트는 앉는 자리의 상하를 구별해 공감대화를 방해한다. 참가자들이 서로 마주 보고 앉는 집단 간 대치 방식 배치도 바람직하지 않다. 만약 진행자가 두 명이라면 진행자의 자리를 한쪽에 배치하지 말고 마주 보고 앉게 하는 것이 좋다. 아무래도 진행자가 있는 쪽이 상좌가 되기 때문이다.

사람들이 둥글게 둘러앉도록 하되 그 앞을 테이블이나 책상이 가리지 않고 개방적으로 마주 보게 한다. 노트북, 필기도구 등을 앞에 펼쳐 놓고 메모하는 일 없이 서로 얼굴을 마주 보고 상대방 이야기에 집중하도록 하는 것이 중요하다. 가운데에 낮은 응접탁자나 동그란 깔개를 놓고 그 위에 꽃, 자연물, 종, 탁상시계 2~3개(발표자와 진행자가 시간을 보도록)를 배치하며 음료는 각자 의자 옆에 둔다. 서로 불편하지 않을 정도의 거리를 두는 동시에 '무릎을 맞대고' 이야기하는 기분을 느끼도록 하는 것이 좋기 때문이다.

다과 테이블은 공감대화를 진행하는 공간의 입구 근처에 별도로 준비한다. 휴식 시간에 바깥바람을 쐴 수 있는 테라스나 정원이 붙어 있는 방이 최상이다. 공식 대화 공간과 식사나 어울림 모임 같은 비공식 교류가 이뤄지는 공간은 구별하는 것이 좋다.

통과의례

삶이야기 세션을 모두 마친 다음에는 전체 모임을 마무리하는 대화시간을 보낸다. 이는 헤어지기 전에 모임을 회고하는 한편 공통 관심사를 놓고 의견을 교환하는 시간이다. 개개인의 삶이야기가 주로 과거를 돌아보는 내용이었다면 이때는 앞으로 어떻게 살 것인지 미래를 생각해보거나 이야기한다.

진행자는 서로 엇갈리는 주장을 하는 토론 자리가 되지 않도록 각자 짧게 느낌과 의견을 밝히도록 한다. 사회적으로 함께할 수 있는 일은 없는지 미래과제를 두고 의견을 제시하게 하는 것도 좋다. 다른 사람의 삶이야기를 편견 없이 이해한 다음 함께 미래를 그려보는 것은 이 프로그램의 중요한 과제다. 모두가 공유하는 느낌이나 합의하는 의견이 뚜렷하면 그 내용을 재확인하는 말로 모임을 마무리해도 괜찮다. 마무리 대화 모임은 의례적인 3분 침묵명상으로 전체 모임을 되돌아보며 마친다.

참가자에게 삶이야기 모임은 짧은 만남 경험일 수도 있고 새로운 사회관계의 시작일 수도 있다. 그러므로 개개인이 이 모임을 추억하며 함께한 사람들과 연결되도록 삶이야기 모임을 상징적으로 의미화하는 작업이 필요하다. 이는 삶이야기를 나누고 공감하며 감동했던 공통 경험이 하나의 '마디'가 되도록 만드는 통과의례라고 하겠다.

이 모임은 대화 주제와 참가자의 성격에 따라 다양한 양식의 의례로 기념할 수 있다. 우선 모임을 마치고 헤어지기 전에 수료식을 하면서 '수료증'을 주고 기념사진을 찍는다. 이것은 가장 기본적인 작업이지만 개개인에게는 기념으로 남고 주최 측에는 공식 기록으로 남는다. 나아가 이는 거듭되는 모임의 성과를 축적하고 모든 참가자와 의미 있는 관계를 지속하게 하는 중요한 일이다.

실제로 '한민족다문화 삶의 역사 이야기'와 '경계를 넘는 삶 이야기' 모임 참가를 기념해 한양대 글로벌다문화연구원이 발행한 수료증은 여기에 참가한 여러 한민족 이주민 노인에게 큰 의미로 다가왔다고 한다. 한국 대학의 연구기관이 주최한 행사에 자신이 주체적으로 참가해 개인적인 삶이야기를 들려주었다는 공식 기록물이자 증명서이기 때문이다. 사할린동포 노인들은 이 수료증을 액자에 담아 벽에 걸어놓기도 했다.

독일 동서포럼은 참가자들의 자유로운 대화와 사생활 보호를 위해 '생애사' 대화 내용을 녹음하거나 녹취하지 않는 것을 원칙으로 한다. 매회 참가자들의 충실한 만남과 의식 변화 자체를 가장 중요한 의미로 여기는 까닭이다. 다만 공적 지원을 받은 독일인과 폴란드인의 집단 간 대화는 양국 언어로 쓴 단행본으로 출간한 바 있다. 이들은 매년 역대 참가자들이 모이는 일종의 '동창파티'도 열고 있다. 생애사 모임을 진행하는 괴델리츠 장원이 도시에서 멀리 떨어진 농촌이라 독일 전역에 거주하는 참가자들은 모이기 좋은 베를린 시내에서 모임을 열고 있다.

여성평화단체 '조각보'는 2021년까지 10년간 모두 28회의 삶이야기 모임을 진행했다. 이들은 기수별로 자발적인 동창모임을 여는데 매년 열리는 '총동창회'에서는 학술발표와 문화공연도 한다. 그동안 참가한 코리안 디아스포라 여성들이 한국뿐 아니라 중국, 일본, 사할린, 중앙아시아 전역에 거주하는 터라 코로나 시기에는 온라인으로 동창회를 했다.

이처럼 삶이야기로 연결된 국제적 여성 연대는 끈끈하고 활발하다. 이들은 지난 10년간 진행한 삶이야기 대화 내용을 일부 편집해 《Herstories, 다시 만난 코리안 디아스포라 여성들의 삶이야기》를 출간했다.

한양대 글로벌다문화연구원의 삶이야기 모임은 한국학술재

단의 연구비 지원으로 진행한다. 따라서 참가자들의 사전 동의를 얻어 집단대화 내용과 진행 과정을 녹화하고 녹취해 역사적 기록물로 남겼다. 또한 프로그램의 의미를 사회적으로 공유하기 위해 〈국경을 넘는 삶의 역사: 나는 미래다〉 사진전(작가 손승현)을 여러 차례 개최했고, 동창회를 겸한 '한민족다문화 어울림 축제'를 열기도 했다. 나이가 학술발표와 강연회 등으로 '경계를 넘는 삶이야기' 내용과 의미를 학계나 관련 단체에 알렸다. 공감대회 방법론을 책으로 발간하는 《공감대화》 역시 이 프로그램을 사회적으로 의미화하는 작업의 일환이다.

진행 주체와 비용

소수의 참가자를 위한 집단대화 모임은 상대적으로 고비용 프로그램이다. 다수를 대상으로 하는 표준화한 강습이나 수련회에 비해 준비와 진행에 품이 많이 들고 그에 따른 비용도 꽤 발생한다. 무엇보다 참가자의 배경을 신중하게 고려해 모임을 구성하고 개개인을 존중하는 맞춤형 프로그램을 진행하려면 장소비, 숙식비, 진행자 사례비, 업무추진비 등을 상정해서 준비해야 한다. 자체 교육시설을 갖추거나 자원봉사 인력을 풍부하게 확보하면 필요한 경비 중 상당 부분을 절약할 수 있지만, 기본적으로 안정적인 예산과 인력을 확보하고 진행해야 프로그램이 지속가능하다.

독일 동서포럼의 경우 참가자가 일정한 회비를 내고 참가하
는 것을 원칙으로 한다. 괴델리츠재단 소유의 괴델리츠 장원에서
2박 3일 동안 진행하는 '생애사 모임'에 참가할 때 숙식비를 포함
한 참가비는 200유로(약 25만 원, 2015년 기준) 정도다. 참가비는 개
인 부담이 원칙이고 동독 출신자도 똑같이 부담한다. 다만 경제적
여건이 어려운 참가자나 '청년 리더십 프로그램'의 경우 외부 후원
을 받아 장학금 형태로 참가 경비의 일부나 전부를 지원한다.

사회적으로 억압받는 소수자나 아직 경제력이 없는 미래세대
를 위한 대화 프로그램을 진행하려면 이들을 위한 특별한 재정지
원이 필요하다. 독일 동서포럼은 지방정부 차원의 사회통합 사업
비 지원을 받아 독일인 주민과 터키 출신 이주민의 '생애사 모임'
을 진행하고, 독일 중앙정부 지원으로 독일인과 폴란드인의 역사
적 상처를 치유하는 대화도 진행했다. 독일 프리드리히 에버트 재
단은 동서포럼 방식으로 진행한 첫 번째 남북이해모임을 재정적으
로 지원했다.

한양대 글로벌다문화연구원은 2012년 가을부터 한국연구재
단의 시민교육 지원사업 '치유의 인문학' 프로그램에 선정되어 '한
민족다문화 삶의 역사 이야기' 모임을 진행했다. 2015년부터 3년
간 진행한 안산 지역사회 주민들의 삶이야기 모임 '다문화 도시 공
동체의 치유와 재생'과 2018년부터 2년간 진행한 '경계를 넘는 삶
이야기' 모임은 한국연구재단의 공동 연구사업에 선정돼 '민족과
국민 범주의 분화와 충돌: 초국가적 한인 이주와 민족 정체성의 서

사적 재현' 연구비 일부를 활용했다.

여성평화단체인 사단법인 '조각보'는 개인 후원자들의 후원과 중앙정부·지방자치단체의 사회공동체 지원사업 후원으로 '다시 만난 코리안 디아스포라 여성들의 삶이야기' 모임을 진행했다. 이는 매년 여러 활동가의 헌신과 노력으로 각종 공모사업의 재정지원을 받아 진행했다는 점에서 특히 자발성과 자율성이 높은 프로그램이라고 할 수 있다.

이 장은 〈통일인문학〉에 발표한 '경계를 넘는 삶이야기: 상호이해를 위한 문화간 대화 프로그램'(89집, 2022)와 〈평화와 통일〉에 발표한 '통일교육 프로그램으로서의 공감대화: 남북한 주민들의 삶이야기'(창간호, 2022)에 담긴 내용을 기반으로 전면 개정한 글임을 밝힌다.

공감대화 사례
여섯 번의 1박 2일, '시민'이란 이름으로 연결된 사람들

김기영

프로그램을 어떻게, 왜 진행하게 되었나

한양대 글로벌다문화연구원은 2015년부터 3년간 인문도시 지원사업 '다문화도시 공동체의 치유와 재생: 삶의 이야기를 통한 참여인문학'을 진행했다. 그 1박 2일 삶이야기 프로그램에서 우리는 안산지역의 노동자, 통일운동가, 세월호 관련 지원단체 활동가, 이주민과 이주노동자, 마을공동체 활동가, 공무원, 교사, 연극인, 문화예술가 등을 만났다. 각자의 활동 영역에서 누구보다 치열하게 살아온 그들은 한자리에 모였어도 같은 이야기를 다르게 하면서 서로 겉돌았다.

특히 2014년 4월에 발생한 세월호 참사는 안산 사람들에게 집단 상흔을 남겼다. 마치 섬처럼 환경, 노동, 통일, 문화예술 등 각자의 분야에서 강건하게 활동해온 안산의 시민단체 활동가들은 이때 한마음으로 희생자를 추모했다. 다시는 일어나지 말아야 할 사회적 참사인 세월호 사건은 강철 같이 공고했던 고립무원의 시민단체들을 하나로 엮는 중요한 계기로 작용했다. 하나의 점과 점으로 각자도생各自圖生했던 사람들이 연대의 중요성과 필요성을 깨달은 것이다.

이들은 개인이 아닌 단체로, 삶이야기가 아닌 일 이야기로 만나왔기에 자주 얼굴을 보면서도 끈끈한 네트워크를 구축하기가 어려웠다. 그 탓에 각자의 분야에서 일하는 활동가들은 정신적으로 피폐해져 있었지만 어디서도 '힘들다'는 말을 쉽게 꺼내지 못했다.

다행히 이들은 삶이야기에서 함께 일하면서도 서로에게 한 번도 들려주거나 말하지 못했던 경험과 감정을 나누며 지금까지와 다른 종류의 신뢰 관계를 쌓았다. 또한 안전한 공간에서 자신의 이야기를 꺼내놓음으로써 치유를 받는 경험도 했다.

누구를, 어떻게 섭외했나

참가자의 면면은 다양했다. 1회 참가자는 세월호 유가족 지원단체 활동가, 생활협동조합 이사, 시민운동가, 다문화학교 교장, 다문화협동조합 대표, 귀환동포 지원단체 간사였다. 2회 참가자는 안산시 공무원, 노동운동가, 통일운동가, 안산 YMCA 사무총장, 마을공동체 활동가였다. 이후 주제를 정하기 시작하면서 3회 차는 다문화와 관련된 일을 하는 사람들, 4회 차는 세월호와 관련된 일을 하는 사람들을 초대했다.

특히 4회 차는 세월호 참사가 일어난 지 2년 뒤인 2016년 5월에 진행했는데 안산에 사는 세월호 특조위 조사관, 다큐멘터리를 찍은 영화감독, 참사를 기록으로 남긴 작가, 유가족 치유공간 대표, 마을세월호기록모임 카페 매니저가 모였다. 5회 차와 6회 차에는 문화예술인, 동포지원센터 활동가, 교사, 대안학교 교장, 마을활동가가 함께했다.

연구팀은 2015년 5월 세계인의 날을 기념해 '다문화도시 안산의 위치를 묻다'라는 심포지엄을 열었다. 그런데 아쉽게도 한양대학교 에리카 캠퍼스는 안산에서 하나의 점으로 존재했다. 대학의 사회참여, 지역 공헌 같은 슬로건을 내세우긴 했어도 실천은 미미했다. 그런 이유로 심포지엄을 열고도 구체적으로 답해줄 사람을 찾기 어려워 말하기와 묻기를 멈출 수밖에 없었다. 대신 연구팀은 '삶이야기'에서 잘 듣기로 했다. 한데 누구를 어디서 섭외해야 할지 그 실마리를 찾는 것부터 오랜 기간 헤맸다. 안산의 시민사회단체 활동가 중에서 1박 2일 동안 워크숍에 참가할 수 있는 사람을 찾되 연령대는 다르고 남녀 비율은 같게 하려 했기 때문이다. 무엇보다 자신의 삶이야기를 '발화'할 수 있는 사람이 필요했다. 그처럼 조건이 늘어날수록 섭외 가능성은 낮아졌다.

우선 프로그램을 설명하기가 어려웠다. 일단 생면부지의 사람에게 전화를 걸어 한양대 글로벌다문화연구원 아무개라고 자기소개를 한 뒤 "당신의 삶이야기를 들려줄 수 있나요?"라고 묻는다. 수화기 저편 상대가 "네?"라고 되물을 때 섭외자는 재빠르게 말을 잇는다.

"독일의 괴델리츠 박사가 만든, 동서독 출신의 독일인들이 만나 각자 살아온 삶을 이야기하면서 서로의 편견을 극복하고 화해하는 프로그램인데……."

아직끼지 끊지 않고 듣고 있으면 절반은 성공이다. 이쪽의 곤혹이 저쪽의 당혹과 만나면 그 섭외는 불발로 끝난다. 사실 프로그램의 의미와 가치를 설명하기보다 누구의 소개로 연락했고, 그가 어디로 전화하라고 했다며 인맥에 기대는 쪽이 훨씬 성공률이 높았다. 특히 먼저 경험한 사람이 지인에게 "내가 해보니 괜찮은 프로그램이던데 당신도 참가해보는 게 어때?"라고 추천 권유하는 방식이 가장 무난했다.

그다음 장벽은 1박 2일이라는 시간이었다. 독일에서는 최소 2박 3일이나 3박 4일 동안 적지 않은 비용을 내고 참가한다지만 한국에서 시간을 내는 데는 엄청난 각오와 결심이 필요하다. 실제로 시민사회단체 활동가들은 바빠서 죽을 시간도 없다는 서늘한 농담을 일상적으로 할 정도다. 안산에서 가장 바쁜 이들의 시간을 1박 2일이나 요구하는 것은 쉽지 않았다. 더구나 활동가들은 남을 돕느라 바빠서 자신을 돌볼 새가 없었다. 자신에게 온전히 1박 2일의 시간을 내는 데는 당위가 필요했다.

'바빠서', '시간 내기 어려워서', '다른 일정이 있어서' 등 완곡

하게 에둘러 거절하는 이가 다수였으나 어느 활동가는 불쾌한 목소리로 화를 내며 전화를 끊기도 했다. "내 삶을 왜 당신들에게 이야기해야 하는가?"라며 되물은 이도 여럿이었다.

삶이야기의 치유적 성격은 아예 제대로 설명하지도 못했다. '협력'해서 삶이야기를 하면 '치유'가 일어날까? 홈쇼핑에서 판매하는 물건처럼 기능성과 가성비를 똑 부러지게 설명할 수 없으니 진땀을 흘리며 더듬거릴 수밖에 없었다. 다행히 안산에서 오래 생활한 한 연구원이 그동안 쌓아온 신뢰 관계를 기반으로 다정하고 정중하게 부탁해 참가자들을 섭외해주었다.

첫 만남에서의
어색함을 어떻게 풀었나

연구진도 삶이야기에 참가해 자신의 삶이야기를 털어놓았다. 일종의 시범으로, 진행자가 먼저 삶이야기를 시작한 것이다. 유년 시절부터 살아온 환경, 가정 배경, 성장통, 진학과 취업, 결혼과 가족 생활, 현재의 고민까지 저마다 파란만장했다. 자신의 삶이야기를 하러 온 시민사회단체 활동가들은 타인의 삶이야기를 들으며 깜짝 놀랐다. 마치 서로를 비추는 거울처럼 타인의 이야기에 투영된 자신의 모습을 보며 만감이 교차해 당혹스러워하기도 했다.

연구진은 "내가 보니까 거기 있는 박사'들'이 제일 힘들게 산 것 같던데~"라는 후일담을 전해 듣기도 했다. 연구진이 일부러 망가진 삶이야기를 꺼낸 것은 아니다. 그들은 그저 살아온 이야기를 했을 뿐이다.

사실 연구진은 대부분 말하기보다 '듣기'로 협력을 구성해갔다. 그들은 충고, 조언, 평가, 판단을 내려놓고 열심히 들었다. '존경스럽습니다', '이제 마음의 빚을 내려놓아도 될 것 같아요', '긍정적 마인드 멋집니다' 같은 말도 하지 않기로 약속했다. 긍정적으로 보이는 어떠한 말도 결국은 평가와 판단을 포함하고 있고 이는 다음에 말하는 사람에게 또 다른 부담을 안겨줄 수 있어서다. 연구진은 무슨 말이라도 하고 싶은 바로 그 마음을 내려놓고 잠시 침묵함으로써 하나의 이야기 매듭지었다.

그러나 아무리 촘촘히 구성해도 말하기에 따른 부담이 불편감으로 이어지기도 한다. 삶이야기 4회 차에 참가한 세월호 관련 다큐멘터리 제작자 김승환은 자신의 이야기 순서에 팔짱을 끼고 눈을 감은 채 입을 꾹 다물고 있었다. 긴 침묵 속에 시간이 흐르는 소리만 가득했다. 진행자는 당황했으나 기다리는 쪽을 택했다. 잠시 쉬면서 주변을 환기하거나 참가자의 마음이 가라앉기를 기다리되 이도 저도 여의치 않으면 다음 순서로 전환하는 것이 낫다.

가장 우선해야 할 것은 존중이며 친절한 모습의 권유조차 대상자에게 부담을 줄 수 있는 상황은 피해야 한다.

5회 차 참가자 최미숙은 1박 2일 중 가장 마지막 순서였다. 처음 자기소개를 할 때 "나를 키운 건 8할이 외압이었다"라고 호기롭게 참가를 수락했음에도 불구하고, 그녀는 점점 얼굴빛이 어두워지더니 급기야 눈물을 보였고 끝내 한마디도 하지 않은 채 이야기 시간을 종료했다. 진행자는 진땀이 나기 시작했고 다른 참가자들도 불편하긴 마찬가지였다. 어느 부분을 놓쳤는지^{missing} 찾고자 했으나 결국 발표자가 침묵한 원인은 '듣기 실패'가 아니었을지 짐작만 할 뿐 여전히 아쉬움으로 남았다. 하지만 그런 실패는 다른 곳에서 밑거름이 되었다. 눈물을 보인 그녀는 다시 만난 자리에서 "내가 왜 그랬나 몰라" 하며 머쓱해했지만 괜찮다는 말이 필요 없을 만큼 가까워진 느낌이 들었고 실제로 괜찮았다.

삶이야기로
서로 공감하고 연결된 순간

아름다운가게 상록수점 이야기가 책으로 남다

삶이야기 1회 참가자 최정식은 아름다운가게 상록수점에서 매니저로 일하다가 2014년 세월호 참사 이후 유가족 지원사업에 참여했다. 당시에는 어떤 도움이 필요하다고 하면 누구라도 발 벗고 나서던 때였다. 그러나 아름다운가게 본부에서 매니저의 외부활동에 문제를 제기하면서 갈등을 겪었다.

결국 최정식은 육아휴직을 내고 개인 자격으로 세월호 지원활동에 나섰다. 그는 치유공간 '이웃'에서 먼저 간 아이의 생일날 함께했던 사람들이 모여 기억을 모으는 '생일 모임'을 열자 카메라를 들고 사진을 찍었다. 또한 아름다운가게의 매니저 경험을 최대로 활용해서 유가족들과 협의해 행사도 만들고 분향소가 있던 안산 화랑유원지에서 '엄마랑 함께하장'을 준비하기도 했다. 모두가 힘든 상황이었고 누구라도 도와야 한다는 선의였으나 그 과정에서 그는 "유가족들에게 징글징글하게 상처를 받"았다. 그렇다고 어디가서 속내를 털어놓을 수도 없는 상황이었다.

그즈음 최정식은 삶이야기에 이야기 손님으로 초대받았고 "뭐 하는지는 모르지만 하여튼 좋은 프로그램"이라는 말을 듣고 참가했다. 그 모임에서 그는 "인식의 흐름대로 그냥 막 이야기를 했는데도 사람들이 너무 열심히 듣고 있는 신기한 경험"을 했다.

시간이 흘러 육아휴직 기간이 끝나고 아름다운가게 매니저로 복귀한 최정식은 한자리에서 14년간 사랑방 역할을 해온 아름다운가게 상록수점 폐점 결정 소식을 전해 들었다. 그는 그 이야기를 연구원 인문도시팀에 전했다. 인문도시팀은 공간이 사라지기 전에 '기록'으로 남기는 게 좋지 않을까 하는 상록수점 애용자들의 의견을 모아 참여관찰을 시작했다. 그렇게 삶이야기로 인문도시 연구팀과 연결된 최정식은 연구진의 시선을 아름다운가게로 안내했다. 연구진이 아름다운가게에서 만난 자원활동가와 고객은 인문도시 3년 차 프로그램의 내빈으로 초대받아 그 자체로 빛을 냈다. 그리고 가게 이야기는 1년 뒤 출판한 《아름다웠던 가게》로 존재감을 알렸다.

'삶이야기'를 '살아 있는 책읽기' 프로그램으로

세월호 참사 이후 유가족 지원사업을 해온 치유공간 '이웃'의 대표 김미경은 상당한 궁금증을 안고 삶이야기에 참가했다고 한다. 치유 공간 '이웃'은 세월호 피해자의 심리·정서 지원단체다. 1년 이상 유 가족 중심으로 사업을 진행한 그녀는 유가족뿐 아니라 그들을 돕는 활동가 역시 힘든 걸 아주 많이 봐왔다. 이것을 풀긴 풀어야겠는데 어떻게 해야 할지 몰라 고민하던 차에 삶이야기를 접한 것이었다.

활동가들은 정신적으로 피폐해졌지만 자존심이 세고 자부심 도 높은 사람들이라 상담을 제안하기가 조심스러웠고 김미경은 여 행이나 대안이 될만한 프로그램을 찾던 중이었다. 때마침 인문도시 삶이야기에 참가해달라는 요청이 와서 오히려 반가웠다고 한다.

"자기 얘기를 할 기회가 사실상 거의 없는데 온전히 자기 얘 기를 한다는 게 가능한지 궁금하기도 했어요. 제가 고민하던 시기 랑 딱 맞아떨어지기도 했고. 그런데 그보다 먼저 김 선배를 통해서 알고 있긴 했어요. Y의 김 총장이 안산에 온 지 얼마 안 된 사람이 었는데 둘이 되게 친한 거예요. 그래서 어떻게 그렇게 둘이 잘 알아 요? 옛날부터 알던 사이에요? 아니야, 거기서 처음 봤어. 그건 뭔데 요? 그랬더니 되게 특이한 경험을 했다고 그랬어요."

광주트라우마센터에서 진행하는 마이데이, 비폭력 대화, 공동 체 회복 서클 등 세상의 모든 대화 모임을 섭렵한 김미경은 재미있 을 거라는 생각을 넘어 '의도'를 갖고 삶이야기에 참가했다. 사실 치유공간이 해야 할 일은 세월호 피해자, 유가족, 희생학생 친구 들이 일상을 더 잘살도록 만드는 것인데 최근 그녀는 활동가들 때문에 고민이 많았다고 한다. 유가족뿐 아니라 활동가들을 위한 프로그램도 절실했다.

"굉장히 유심히 관찰하면서 참여했어요. 테이블보부터…… 이 분위기를 어떻게 연출하시려고 하는 건가, 진행자는 누군가. 그런데 딱히 진행자라고 할 게 없더라고요. 그 남자 선생님, 그분이 서두를 여는 방식…… 이런 게 지명해서 시작하고. 질문은 이제 다른 분들과 함께…… 하는 그 방식…… 제가 느낀 게 그거였어요. 진행은 있는 듯 없는 듯, 뭔가 되게 준비 많이 한 거 같은데 하나도 준비 안 된 거 같은 느낌."

그렇지만 막상 자신의 삶이야기를 시작하자 이야기가 술술 나왔다.

"처음이었어요. 제 이야기를 그렇게, 그것도 남들 앞에서 해본 적이 없어요. 어떤 주제나 일과 관련해서 필요한 이야기는 많이 해왔죠. 친구들 사이의 수다나 술 마시면서 하는 이야기들이야 뭐 맨날. 그런데 이 자리는 이제 당신만 이야기, 이 시간부터 이 시간까지 당신만 이야기하고 우리는 듣기만 할 거라는 걸 정한 상태로 이야기를…… 하는 걸 경험할 수 없죠, 보통 사람은."

그런데 막상 자신의 삶이야기를 풀어내고 난 뒤의 느낌은 "불편했다"고 한다.

김기영: 느낌은 어떠셨어요? 이야기를 쭉 다 하고 나신 다음에.

김미경: 불편하더라고요.

김기영: 그 불편감에 대해서 생각해보신 적 있으세요?

김미경: 음…… 뭐가 이렇게 터치, 아무도 터치 안 하고 혼자 말하는 그런 거……. 예를 들면 중간에 질문할 수도 있고, 물어볼 수도 있고. 그런 게 굉장히 자제되고 있다고 느끼는 상태에서 독백처럼 말하는 게 조금…… 불편하더라고요. 또 하나는 주제가 없이 말하는 거…… '이 주제 내가 정말로 말하고 싶어서 말하는 게 맞아?' '정말로 흥미 있어서 말하는 거 맞아?' 잘 모르겠는걸……. 그리고 듣는 사람이 나에 대한 사전 배경 없이 나를 듣는데, 어디까지 나를 이해할 수 있을까에 대해 전혀 감이 없는 상태에서 이야기를 하는 거. 그게 많이 불편했던 거 같아요.

김기영: 특히 후회되는 이야기가?

김미경: 그날…… 국보법 재판받은 이야기를 되게 많이 했는데 '적당히 할걸'이라는 생각을 많이 했어요. 왜냐면 그때 다들 뜬금없어하는 표정이었거든요. 그래서…… 그래, 이게 내가 물어보고 통제할 수 있는 상황이 아니니까. 발표자가 통제를 못 하잖아요. 되게 불안한 거거든요, 내가 통제할 수 없는 상황. 그래서 그건 좀 불안한 거 같아요.

김미경은 삶이야기에 참가한 자신의 경험을 되살렸다. 그녀는 자신의 삶이야기를 하는 것은 좋았으나 그 얘기가 타인에게 진정으로 '공감'받고 있는지 몰라서 느껴지는 불안감을 해소하고 싶었다. 이후 그녀는 치유공간 이웃에서 '살아 있는 책읽기'라는 프로그램을 만들었다.

우선 세월호 유가족을 지원해온 활동가 중 '주목받지 못한 사람'을 주인공으로 섭외한다. 이어 사전 인터뷰를 하고 타인에게 공개할 수 있는 정도의 이야기를 물은 뒤 영상으로 만든다. 삶이야기에 비해 안정감을 느끼며 이야기하도록 촘촘하게 재구성한 또 하나의 프로그램을 만들어 시행하고 있는 것이다.

한 사람 한 사람마다 소설책 한 권씩 보는 느낌이랄까

통일운동가 김용환은 2003년부터 범민련(조국통일범민족연합) 남측 사무처장으로 일하면서 당시 정동영 통일부장관의 금강산 관광 실무접촉 같은 업무를 진행했다. 그리고 그 뒤 4년간 옥살이를 했다. 2009년 이명박 정부는 특수잠입·탈출, 목적수행 등 국가보안법 7조 위반으로 그에게 징역 7년을 구형했다.

"아빠 다녀올게" 하고 인사한 뒤 집을 나섰다가 법정구속된 그날은 초등학교 6학년 아들의 겨울 방학식이 있던 날이었다. 출소 후 집에 돌아왔을 때 아들은 고등학생이 되어 있었다. 성장기에 함께 지내주지 못해 미안했던 아버지는 아들 이야기를 할 때 말이 더 느릿느릿해졌다. 그는 사동 마을공동체 감골주민회와 마을숲 통나무공방에 참여해 할 일을 찾고 있던 중 삶이야기에 초대를 받았다.

"저도 뭐 다른 사람들 이야기 쭉 들으면서 뭐…… 사람들마다 다 살아온 이야기들이 다르잖아요. 가정환경도 다르고 또 동네 풍경도 다르고, 사람 관계도 다르고. 또 뭐 성장한 배경과 뭐 이렇게 뭐 특색은 다 다르지만 어…… 그런 이야기를 쭉 듣는 게 되게 중요한 것 같아요. 그냥 한 사람 한 사람마다 뭐랄까요, 소설책 한 권을 보는 느낌이랄까? 소설 보면은 어…… 한 인물이 있고 인물의 정형이 소설에 쭉 표현이 되는데. 어…… 주인공이 됐든 주인공 옆의 누군가 친한 주요, 주요 등장인물이 됐든 그 사람들의 삶이 이렇게 보이잖아요. 내가 이야기하고 누군가가 들어준다는 거. 이런 거는 굉장히 좋은 것 같아요.”

출소 이후 할 일을 찾고 있던 김용환은 “안산지역의 시민사회 단체 상근자들, 활동하는 사람들이 그 단체의 틀을 넘어 서로 교류하는 일에 공감할 필요가 있다”라고 생각했다. 그러던 차에 몇몇이 이야기한다니까 부담 없이 ‘한번 가보자’ 하는 마음으로 참가했다고 한다. 그는 이 자리에서 오랫동안 노동운동을 해온 최 선생을 만났고 그가 살아온 이야기를 들었다.

시민 활동가들은 ‘우리끼리’ 끈끈하다. 다시 말해 노동운동, 통일운동, 환경운동은 각자의 영역에서 끈끈하게 연대한다. 그런데 그 ‘우리’라는 연대는 타인의 경계심을 높이는 동시에 외부와의 소통을 제약한다. 실제로 서로를 잘 알기보다 각자의 다른 방식을 두고 각을 세워온 것이 사실이다.

“그 친구는 예전에 노동운동 하러 들어왔기 때문에 저 옛날에 청년회 활동 할 때부터 알았거든요. 그런데 에…… 그런 이야기를 들어본 적이 없죠. 어떻게 살았고 어떻게 자랐고. 어…… 그런 이야기는 들어본 적이 없죠. 뭐 맨날 운동 이야기나 하고 그랬죠."

　김용환은 그 자리에서 처음 만난 안산 YMCA의 김 총장과 단박에 친해졌다. 안산이 넓은 듯 좁아서 YMCA의 전임 총장이 서울로 가고 새로 사람이 내려온다는 소문은 들어서 알고 있었는데, 그이를 삶이야기 프로그램에서 만난 것이다. 처음 이야기를 나누면서도 둘은 상대가 굉장히 오래전부터 알았던 친한 사람처럼 느껴졌고 그 뒤로 안산지역에서 많은 일을 함께하고 있다. 이들은 1년 뒤 '더좋은사회연구소'를 만들었다.

　"확실히 있어요. 그러니까 누군가와 내 이야기를 하고, 다른 사람들의 이야기를 듣고, 그러면서 공감하고 하는 게 관계를 굉장히 친밀하게 만드는 것 같아요. YMCA 총장 같은 경우는 그날 처음 봤죠. 그때 처음 보고 처음 이야기를 나눴는데 되게 친한 사람처럼 이렇게 느껴지고 또 그 뒤로 연구소부터 해서 어…… 지역에 다양한 일을 같이 많이 하고 있어요."

　김 총장은 자신의 삶이야기를 하면서 YMCA 역사를 줄줄이 나열했다. 부친이 YMCA에서 어떤 일을 했는지 어린 시절 내내 보고 자란 그는 스스로 인정하듯 '뼛속까지 Y맨'이었다. 다른 참가자들이 결혼과 자녀에 관한 질문을 해도 YMCA에서의 삶이 함께 묻어나왔다.

　그에게 '삶이야기'는 직관적인 어떤 기회였을까. 자신을 '프로그램의 최대 수혜자'라고 칭한 그는 지지 기반이 없던 안산에서 김용환의 관계망을 타고 빠르게 적응했고 둘은 많은 사업을 함께했다. 느릿한 말투에 그보다 더 느릿하게 걸음을 걷는 김용환과 달리 빠르게 말하고 종종걸음을 내딛던 김 총장은 안산 민주시민교육, 통일 기반 조성을 위한 조례를 함께 만들어 지역사회 곳곳에 뿌리 내리며 각종 사업을 일궈갔다. 얼굴이 까매지도록 안산을 누비면서 일한 김 총장은 2017년 마을만들기 전국대회를 안산에 유치하는 등 가시적인 성과를 냈다.

이처럼 삶이야기는 타지에서 온 낯선 이에게도 말할 기회뿐 아니라 공감할 기회를 준다. 나아가 이런 경험은 지역주민과 밀도 높은 관계를 형성하는 데 도움을 준다.

공감대화 이후 무엇이 달라졌나

1회 차에 참가한 한 사회복지사는 1박 2일 동안 초등학교의 한국어 강사와 이주여성을 만났다. 이후 그녀는 자신이 근무하는 복지관에 오는 중도입국 아이들을 위한 한글 교실을 기획했다. 한양대학교는 이들에게 공간을 제공하고 1박 2일 삶이야기에 참가한 이주여성을 한국어 강사로 초대해 한글 동화책 읽기 프로그램을 1년간 진행했다.

삶이야기 4회 차에는 세월호 관련 활동을 하는 사람들이 모였다. 그중 1년간 하루도 빠짐없이 안산에서 서울로, 목포로, 진상조사에 나선 세월호 특조위 조사관은 '세금 도둑'으로 몰리기도 했다.

누구에게도 위로받지 못한 그녀는 속병이 나서 건강이 나빠졌다. 1박 2일 동안 세월호 관련 다큐멘터리 영화를 만든 감독과 세월호를 기록한 작가, 마을의 세월호 관련 기록모임 진행자, 치유공간 대표가 한자리에 모여 서로의 삶을 나눴다. 둘째 날 마지막 모임이 끝나고 마을의 한 커피숍으로 뒤풀이를 하러 간 이들은 "우리끼리 한 번 더 하자"며 환하게 웃었다.

여섯 번의 1박 2일이 쌓이면서 노동자, 통일운동가, 마을공동체 활동가, 동포 지원단체 상근자, 공무원, 교사, 연극기획자, 이주여성, 이주민 지원단체 활동가 등은 서로 관계망 속에 들어와 서로를 연결하며 관계 맺음을 확장해갔다. 그 덕에 이루지 못한 꿈을 이루기도 했고 어렵고 힘든 일이 생겼을 때 서로에게 비빌 언덕이 되어주기도 했다. 공무원은 학교에 가서 강의했으며 교사는 아이들을 데리고 시민단체를 탐방했다. 인문도시 지원사업 마지막 3년 차가 되었을 때 참가자들은 한자리에 모여 총동문회를 열었다.

한자리에 모인 이들은 서로 이야기를 나누고 필요한 부분이 무엇인지 즉석에서 연대하는 모습을 보였다. 자신의 삶을 드러내서였을까, 아니면 타인의 삶을 들어주며 연민이 생겨서였을까. 공감대화는 어떤 사람에게는 치유 과정이었고 또 어떤 사람에게는 관계 형성 과정이었다. 그렇게 밀도 있는 경험은 안산의 시민사회를 촘촘히 연결하며 관계의 지평을 확장해주었다.

1장 한국에서 다문화로 산다는 것: 상처를 말하며 서로 연결되다

1   이 연구는 다문화 사회에 시민이 갖춰야 할 핵심역량을 [다름의] 인식, 관용, 수용, 공감, 소통, 협력, 반차별, 반편견, 세계 시민성으로 파악하고 그 각각의 교육자료를 만들었다. 이 교육 프로그램은 지금까지 이주배경청소년지원재단에서 '다가감'이라는 이름으로 진행하고 있다. 개발과정 보고서는 이주배경청소년지원재단 누리집에서 확인할 수 있다. 이향규, 양승주, 박성춘, 김옥순, 〈청소년을 위한 다문화감수성교육 프로그램 개발 연구〉, 이주배경청소년지원재단, 2013.

3장 한국, 탈북, 다문화 학생의 만남: 어떻게 함께 살 수 있을까

1   프로젝트의 상세한 내용은 다음 간행물 제4장에서 확인할 수 있다. 조정아 외, 《통일교육 컨텐츠 개발 IV (2)》, 통일연구원, pp.244~317, 2014.

4장 냉전의 한복판을 관통해온 사람들: 다름을 이해하고 같음을 뛰어넘기

1   테사 모리스 스즈키 저, 임성모 옮김, 《변경에서 바라본 근대-아이누와 식민주의》, 산처럼, 2006.
2   권헌익 저, 이한중 옮김, 《또 하나의 냉전-인류학으로 본 냉전의 역사》, 민음사, 2013.
3   윤택림 저, 《인류학자의 과거 여행-한 빨갱이 마을의 역사를 찾아서》,

역사비평사, 2003.

4 빅터 터너 저, 강대훈 옮김,《인간 사회와 상징 행위: 사회적 드라마, 구조, 커뮤니타스》, 황소걸음, 2018.

5 통차이 위니짜꾼 저, 이상국 옮김,《지도에서 태어난 태국 – 국가의 지리체 역사》, 진인진, 2019.

5장 밀려났다가 돌아오고 정착했다가 떠나는 사람들: 경계를 초월한 경험

1 아나톨리 쿠진 저, 문준일·강정하 옮김,《사할린 한인사: 19세기 후반기에서 21세기 초까지》, 한국외국어대학교출판부, 2014.

2 위의 책.

6장 젠더와 가족: 경계를 넘어 차별과 억압 경험을 나누다

1 이찬수, 김성철·이찬수 편,《평화의 여러 가지 얼굴》pp.176~204. 서울대학교출판문화원, 2020

2 정병호, '경계를 넘는 삶이야기: 상호이해를 위한 '문화 간 대화' 프로그램', 〈통일인문학〉 제89집. 2022. 03.

3 신현준 외,《귀환 혹은 순환: 아주 특별하고 불평등한 동포들》, 그린비, 2013.

4 신기영, '디아스포라론과 동아시아 속의 재일코리안', 〈일본비평〉 14, pp.22~49, 2016.

5 정희진,《아주 친밀한 폭력 – 여성주의와 가정폭력》, 교양인, 2016.

6 김유리, '다문화언어 강사, 그들의 해고투쟁에 관해', 〈매일노동뉴스〉, 2015. 12. 29

7 김현미,《우리는 모두 집을 떠난다: 한국에서 이주자로 살아가기》, 돌베개, 2014.

8 김현미, '결혼이주 여성의 가정(Home) 만들기: 문화 접경지대 번역자로서의 이주여성', 〈비교한국학〉 18(3), pp.145~174, 2010.

9 Anzaldúa, Gloria. 1999, *Borderlands/La Frontera: The New Mestiza*, San

Francisco: Aunt Lute Books

10 정현주, '다문화경계인으로서 이주여성들의 위치성에 대한 이론적 탐색: '경계지대', 억압의 '교차성', '변위' 개념에 대한 검토 및 적용', 〈대한지리학회지〉 50(3), pp.289~303, 2015.

11 안택원, 1994, '서울의 밤을 밝히는 러시아 보따리 장사들: 한, 러 관계의 명과 암', 〈한국논단〉 54, pp. 172~177.

12 '점입가경, 러시아-서구 끝모를 갈등', 〈신동아〉, 2008. 01. 24.

7장 **다시 만난 코리안 여성들: 사적이고 작은 이야기로 이산의 역사를 꿰다**

1 박준규, '경계를 넘는 인간', 자료집 〈이산 153년, 분단 72년, 삶이야기 운동 5년 보고 포럼: 코리안 디아스포라 여성들, 삶의 역사를 말하다〉 pp.27~31, 사단법인 조각보 주최, 2017.

2 정병호, '여성들이 만드는 조각보 민족사', 〈한겨레〉 칼럼, 2021년 10월; 윤은정·김숙임·김현미 편저, 《Herstories, 다시 만난 코리안디아스포라 여성들의 삶이야기》, 북코리아, 2021년, 10쪽.

3 정병호, '여성들이 만드는 조각보 민족사', 〈한겨레〉 칼럼, 2021년 10월; 윤은정·김숙임·김현미 편저, 《Herstories, 다시 만난 코리안디아스포라 여성들의 삶이야기》, 북코리아, 2021년, 11쪽.

4 김숙임, '한국 사회에서 여성들이 만든 삶이야기 운동', 자료집 〈이산 153년, 분단 72년 삶이야기운동5년 보고 포럼: 코리안 디아스포라 여성들, 삶의 역사를 말하다〉 pp.33~34, 사단법인 조각보 주최, 2017.

8장 **공감대화의 이론과 방법**

1 브라이언 헤어·버네사 우즈 저, 이민아 옮김, 《다정한 것이 살아남는다》, 디플롯, 2021.

2 제레미 리프킨 저, 이경남 옮김, 《공감의 시대》, 민음사, 2010.

3 자밀 자키 저, 정지인 옮김, 《공감은 지능이다: 신경과학이 밝힌 더 나은 삶을 사는 기술》, 심심, 2021.

4   M. Gordon, *Roots of Empathy*. Toronto: Thomas Allen Publisher, 2005.

5   데이비드 호우 저, 이진경 옮김,《공감의 힘: 인간과 인간이 만드는 극적인 변화》, 지식의숲, 2013.

6   John Wallach, *The Enemy Has a Face: The Seeds of Peace Experience*. US Institute of Peace. 2000.

7   정병호, '기억과 추모의 공공인류학: 일제 강제노동 희생자 발굴과 귀환', 〈한국문화인류학〉, 50(1), pp.3~46, 2017.

8   박재윤, '상호문화교육의 개척자 뒤브아의 집단대화를 활용한 정주민과 이주민 관계 개선 방안 모색', 〈숙명여자대학교 다문화사회연구〉, 13(2), p.212, 2020

9   N. V. Montalo, A History of the Intercultural Education Movement 1924-1941. Garland Publishing, Inc. 1982, p.278; 장한업, '뒤브와(R.D. Dubois)의 '상호문화교육'에 대한 현대적 조명', 〈교육의 이론과 실천〉, 20(3), p.127, 2015.

10 M. Mead, "Group Living as a Part of Intergroup Education Workshops", *The Journal of Educational Sociology*, 18-9, American Sociological Association, May 1945, pp.526~534.

11 W. Leeds-Hurwitz, "Intercultural dialogue". In K. Tracy, C. Ilie & T. Sandel (Eds.), *International encyclopedia of language and social interaction*, 2, Boston: John Wiley & Sons, 2015, pp.860~868.

12 The Council of Europe Ministers of Foreign Affairs, "Living Together As Equals in Dignity", *White Paper on Intercultural Dialogue*, May 2008.

13 장한업, '뒤브와(R.D. Dubois)의 '상호문화교육'에 대한 현대적 조명', 〈교육의 이론과 실천〉, 20(3), p.139, 2015.

14 악셀 슈미트 괴델리츠, '독일 통일 후 내적통합: 성과, 도전 그리고 전망', 〈FES Information Series〉, 2012. 4.

15 M. R. James, "Critical Intercultural Dialogue", *Polity*, 31-4, 1999, pp.588~589.

16 M. R. James, "Critical Intercultural Dialogue", *Polity*, 31-4, 1999, p.590; 현남숙·김영진, '다문화 사회에서 상호문화적 대화의 가능성', 《시대와 철학》 26(3), pp.163~165, 2015.; 김영진, '상호 이해를 위한 공감적 대화-그 의미와 조건', 《철학과 현상학 연구》 68, pp.132~134, 2016.

17 하워드 제어 저, 손진 옮김, 《회복적 정의란 무엇인가》, KAP, 2011.

18 전우택·박명림, 《트라우마와 사회치유》, 역사비평사, 2019.

19 브래디 미카코 저, 정수윤 옮김, 《타인의 신발을 신어보다》, 은행나무, 2022.

20 조정아 외, 《통일교육 컨텐츠 개발 IV(2)》, 통일연구원, 2014.

21 윤은정·김숙임·김현미 편저, 《Herstories, 다시 만난 코리안디아스포라 여성들의 삶이야기》, 북코리아, 2021.

22 조일동, '다름을 인정하기, 다름을 이해하기, 같음을 뛰어넘기: 협력생애사 과정에서 드러난 코리안 디아스포라의 국민과 민족 경계 연행에 대한 분석', 〈현대사회와 다문화〉 10(1), pp.1~29, 대구대학교 다문화사회정책연구소, 2020.

공감대화

첫판 1쇄 펴낸날 2022년 7월 11일
2쇄 펴낸날 2022년 12월 7일

엮은이 정병호
발행인 김혜경
편집인 김수진
책임편집 조한나
편집기획 김교석 김단희 유승연 김유진 임지원 곽세라 전하연
디자인 한승연 성윤정
경영지원국 안정숙
마케팅 문창운 백윤진 박희원
회계 임옥희 양여진 김주연

펴낸곳 (주)도서출판 푸른숲
출판등록 2003년 12월 17일 제2003-000032호
주소 경기도 파주시 심학산로 10(서패동) 3층, 우편번호 10881
전화 031)955-9005(마케팅부), 031)955-9010(편집부)
팩스 031)955-9015(마케팅부), 031)955-9017(편집부)
홈페이지 www.prunsoop.co.kr
페이스북 www.facebook.com/prunsoop　　**인스타그램** @prunsoop

ⓒ 정병호·이향규·김기영·조일동·문현아·최은영·이해응·윤은정, 2022
ISBN 979-11-5675-968-3 (93300)

이 저서는 2018년도 대한민국 교육부와 한국연구재단의 지원을 받아 수행한 연구결과물임
(NRF-2018S1A5A2A03 038716).